A FORÇA DA ESCRAVIDÃO

SIDNEY CHALHOUB

A força da escravidão

Ilegalidade e costume no Brasil oitocentista

COMPANHIA DAS LETRAS

Grafia atualizada segundo o Acordo Ortográfico da Língua Portuguesa de 1990, que entrou em vigor no Brasil em 2009.

Capa
Mariana Newlands

Foto de capa
Fotografia de Georges Leuzinger. Secagem de café na fazenda de Quititi, em Jacarepaguá. Rio de Janeiro, *c.* 1865. Museu Imperial/ IBRAM/ MinC.

Foto de quarta capa
Fotografia de Militão Augusto de Azevedo. Senhor com seus escravos. Acervo do Museu Paulista da Universidade de São Paulo.

Preparação
Cacilda Guerra

Índice remissivo
Luciano Marchiori

Revisão
Adriana Cristina Bairrada
Ana Luiza Couto

Dados Internacionais de Catalogação na Publicação (CIP)
(Câmara Brasileira do Livro, SP, Brasil)

Chalhoub, Sidney
A força da escravidão : ilegalidade e costume no Brasil oitocentista / Sidney Chalhoub. — 1ª ed. — São Paulo : Companhia das Letras, 2012.

Bibliografia
ISBN 978-85-359-2141-0

1. Abolição – Leis e legislação – Brasil 2. Brasil – História – Império, 1822-1889 3. Escravidão – Brasil – História 4. Escravos – Tráfico – Brasil – História 5. História social 6. Ilegalidade I. Título.

12-07395 CDD-981.04

Índice para catálogo sistemático:
1. Proibição do tráfico africano de escravos : Lei de 7 de novembro de 1831 : Brasil : Império : História Social 981.04

EDITORA SCHWARCZ S.A.
Rua Bandeira Paulista, 702, cj. 32
04532-002 — São Paulo — SP
Telefone: (11) 3707-3500
www.companhiadasletras.com.br
www.blogdacompanhia.com.br
facebook.com/companhiadasletras
instagram.com/companhiadasletras
twitter.com/cialetras

A Robert Slenes, Mestre.

Sumário

Agradecimentos 9

1. O grande medo de 1852 (à guisa de introdução) 13
2. Escravismo 33
3. Sob o domínio da ilegalidade 45
4. Modos de silenciar e de não ver 71
5. Em 1850, a precisão de calar sobre 1831 109
6. O que os escravos sabiam 141
7. O que os ingleses viam 175
8. Que se cumpra a lei 211
9. Liberdade precária 227
10. Machado de Assis (remate) 277

Notas 297
Fontes 329
Bibliografia citada 335
Créditos das imagens 341
Índice remissivo 342

Agradecimentos

A pesquisa que deu origem a este livro ocorreu no âmbito de projetos coletivos desenvolvidos no Centro de Pesquisa em História Social da Cultura (Cecult-IFCH/Unicamp) e financiados pela Fundação de Amparo à Pesquisa do Estado de São Paulo (Fapesp). Durante todo o período (de 2002 a 2011), contei com bolsa de produtividade em pesquisa do CNPq. Os colegas do departamento de história da Unicamp concordaram em me liberar para semestres de docência e pesquisa no exterior em 2004, 2007 e 2010-1. No último período, com apoio da Fapesp, estive por seis meses associado ao Spatial History Project e ao Center for Latin American Studies, Stanford University, onde redigi grande parte do texto. Como de outras vezes, quase toda a pesquisa foi feita no Arquivo Nacional, cujos funcionários me atendem com gentileza e eficiência.

Das instituições às pessoas. No Cecult conto há vários anos com o melhor grupo de colegas que é possível a alguém ter por perto: Claudio Batalha, Fernando Teixeira da Silva, Jefferson Cano, Maria Clementina Pereira Cunha, Michael Hall, Robert Slenes, Silvia Lara. Todos eles e diversos pós-graduandos da área de história social leram textos que escrevi nos últimos anos, comentaram, criticaram, ajudaram a melhorar argumentos e a decidir rumos de pesquisa. Dois agradecimentos especiais: os comentários minuciosos de Robert Slenes a um texto preliminar, que deu origem a muito do que está no capítulo 9, permitiram que eu "visse" finalmente a história que havia para contar; Silvia Lara me brindou com um exemplar ricamente rabiscado de todo o texto, indispensável para a preparação da versão final. Ainda no âmbito do Cecult, agradeço às várias gerações de bolsistas que têm trabalhado em seus bancos de dados, em especial o da Casa de Detenção da Corte. Mui grato, em especial, à Flávia Peral, por tanta ajuda, em assuntos pequenos ou grandes, breves ou demorados, individuais ou coletivos, o que houvesse. Martha Abreu leu o livro inteiro e me enviou uma mensagem de incentivo na hora certa, pois batia aquela impressão, amiúde repetida, de que o troço nunca ficaria pronto. João José Reis, meu irmão baiano, e Rebecca Scott comentaram um texto anterior e me inspiram com seus próprios escritos. Lilia Schwarcz indicou o caminho do capítulo introdutório. Marta Garcia e equipe, na Companhia das Letras, cuidaram do livro com atenção e gentileza, como sempre. Devo registrar que muitas das ideias que aparecem aqui foram ensaiadas em palestras, no Brasil e no exterior, ao menos desde meados da década passada. Não é possível mencionar cada instituição e respectivos colegas que me proporcionaram essas oportunidades de arriscar a exposição de argumentos ainda em elaboração.

Bolívar House, Stanford University. Não há como agradecer o que encontrei por lá. Zephyr Frank me acolheu no Spatial History Project, providenciou o vínculo com o Center for Latin American Studies (Clas), cuidou para que eu e minha família tivéssemos condições confortáveis de moradia em Palo Alto e a infraestrutura necessária de trabalho em Stanford. Além disso, compartilhamos várias horas de conversa sobre a história do Brasil, a Corte no século XIX, a literatura de Machado de Assis. Herbert Klein foi de uma generosidade ímpar, instituindo o cafezinho das quinze horas, uma ou duas vezes por semana, para conversar sobre a história do Brasil no século XIX, sobre as agruras da política norte-americana contemporânea, e por aí vai. Rodolfo Dirzo, diretor do Clas, e a equipe da Bolívar House — Megan Gorman, Angela Doria-La e Laura Quirarte — destinaram-me um escritório no sobrado, de quina, duas janelas de guilhotina enormes, de frente para um jardim maravilhoso. Ademais, deixaram-me em paz para escrever (a poucos quarteirões de uma biblioteca inacreditável), fizeram acontecer os eventos e palestras da hora do recreio, até arranjaram um jeito de me atender quando pedi para trabalhar na universidade durante o recesso de Natal e Ano-Novo.

Quanto à família... Meus filhos, Lucas e Lara, são agora adolescentes e acho que pela primeira vez viram o pai escrever um livro individual do qual lembrarão bem. Melhor nem perguntar o que acharam disso. O fato é que tê-los por perto, e atentos, dá outro sentido às cousas velhas. Obrigado, Sandra, sempre, ainda que não haja como agradecer. Meus pais, Nabih e Ermelinda, me receberam no Rio, anos a fio, de "férias", saídas diárias para o "parque de diversões" (vulgo Arquivo Nacional). Na reta final, quando precisava de algum esconderijo para terminar o texto, foi lá que encontrei guarida.

1. O grande medo de 1852 (à guisa de introdução)

Primeiro de janeiro de 1852. Naquele dia entraria em vigor um decreto do governo imperial, de 18 de junho do ano anterior, que instituía em todo o país o registro obrigatório de nascimentos e óbitos. Por outro decreto, datado do mesmo dia, determinava-se a realização de um recenseamento geral do Império, marcando-se para junho e julho de 1852 um cronograma dos trabalhos de distribuição, preenchimento e recolhimento das listas de família. Os dois decretos constituíam um pacote, iniciativa do governo para reunir dados copiosos e confiáveis sobre a população do país, dos quais carecia a administração desde sempre.[1]

Quanto a procedimentos, o decreto do registro civil de nascimentos e óbitos mandava fazer os assentamentos nos juízos de paz, a cargo dos escrivães respectivos, em livros próprios para cada finalidade. No caso dos recém-nascidos de condição livre, devia-se anotar data, hora e lugar do nascimento, nome, sexo, nomes dos pais em caso de filho legítimo, só da mãe não o sendo, de ambos se o pai reconhecesse o rebento no próprio ato do registro. No que tange a crianças escravas, quase tudo igual, salvo pelo lançamento do nome do proprietário, a cor do recém-nascido e, se concedida a liberdade, isto mesmo se declararia no ato. Controversa se mostrou a exigência de que os párocos só ministrassem o sacramento do batismo mediante a apresentação, pelo responsável, do registro de nascimento, que ademais havia de estar feito "no prazo de dez dias depois de dado à luz o recém-nascido". Nos óbitos, uma penca de informações — data e lugar do falecimento, nome, idade, estado civil, naturalidade, profissão, domicílio, nome dos pais, do cônjuge, a doença de que faleceu, se deixou testamento etc. —, mas o que pareceu preocupar as pessoas foi o requisito da certidão de óbito para que os administradores dos cemitérios ou "campos-santos" dessem sepultura aos cadáveres.

Em vez da execução do decreto do registro civil obrigatório, o que se viu em janeiro de 1852 foi um pandemônio, uma verdadeira "calamidade", segundo a perspectiva das autoridades públicas que redigiram os relatos de que dispomos sobre os acontecimentos — delegados e subdelegados, juízes de paz, juízes de direito, comandantes militares, clérigos, presidentes de província, ministros.[2] O "povo" se levantou em boa parte do Império. Motins importantes se espalharam pelas províncias de Pernambuco, Paraíba, Alagoas, Sergipe, mais episódios localizados no Ceará e Minas Gerais, além de apreensão e alerta geral no resto do país, a ponto de o governo recuar rapidamente e suspender a execução dos dois decretos em 29 de janeiro.

A população agiu de forma deliberada para obstar a entrada em vigor da exigência dos registros. Conforme os usos do tempo, novas leis eram anunciadas pelos vigários nas missas dominicais. Os amotinados vigiaram os emissários e a correspondência destinada aos municípios para arrebatar os textos dos decretos antes que chegassem ao seu destino. Grupos armados — homens e mulheres — invadiram as igrejas durante as missas para intimidar os padres e impedir a leitura da lei do registro civil. Escrivães e juízes de paz se viram ameaçados, às vezes perseguidos e agredidos, pois seriam eles os responsáveis pelos assentamentos. Autoridades policiais foram desarmadas e trancafiadas nas cadeias. Dezenas de amotinados se juntavam para promover correrias em vilas, atacar engenhos pertencentes às autoridades locais. Escondiam-se nas matas, agrupavam-se às vezes nos centros das vilas, centenas deles, chegou-se a mencionar ajuntamento de mil pessoas.

A refrega durou semanas, numa espécie de combate itinerante e intermitente, de uma comarca a outra, de uma província a outra, rebeldia em movimento, descentralizada, massa rebelde sem liderança aparente, porém determinada a fazer o que houvesse para impedir os registros obrigatórios de nascimento e óbito. Da parte dos governos provinciais, mobilizaram-se tropas policiais, batalhões de infantaria e artilharia e destacamentos da Guarda Nacional, além da ajuda de missionários capuchinhos, que se dispuseram a ir ao encontro dos "turbulentos", pregaram, rezaram, conversaram, lograram evitar maior truculência na ação das forças de repressão. Após um mês, parecia difícil contar os mortos e feridos. Havia uma dúzia de mortos em Pernambuco, alguns outros na Paraíba, em Alagoas, autoridades e militares entre eles, mas parecia difícil distinguir entre vítimas diretamente ligadas aos motins contra os decretos e outras, que logo se somaram às primeiras, associadas a acertos de contas pessoais e outros crimes ocorridos na esteira do colapso do aparato repressivo local, pois haviam se tornado corriqueiras as notícias de subdelegados e juízes de paz em debandada.

Revogados os decretos, arrefecidos os ânimos populares, como explicar o que havia acontecido? O ministro da Justiça à época, Eusébio de Queiróz, buscou associar a exaltação popular às lutas partidárias entre conservadores e liberais. Não fez isso de modo direto, pois não havia sido possível atribuir à oposição liberal qualquer ascendência maior sobre os "sediciosos", liderados de maneira inconstante, volátil, por gente "rústica", lavradores pobres mesmo, mais um tanoeiro aqui, um carpinteiro acolá. Por isso Eusébio de Queiróz fez apenas insinuações, partindo do fato de que a província de Pernambuco, cenário da rebelião praieira havia pouco tempo, fora a mais deflagrada pelos motins. Segundo o ministro conservador, havia uma "tolerância, que talvez pareça exagerada", em relação aos periódicos da oposição, que por meio deles organizava sociedades e divulgava ideias de reforma constitucional. Mesmo que "o amor do povo às Instituições" servisse de dique a tais pretensões "radicais", "estes abusos mantêm em alguns lugares um estado de agitação, que intimida os fracos, e dispõe os crédulos para aceitar os mais revoltantes absurdos". O ministro concluía que "Aí encontram explicação os movimentos sediciosos, a que arrastaram a gente mais rude e crédula por ocasião de executar-se o Regulamento No. 798 de 18 de Junho do ano passado".[3]

Eusébio de Queiróz admitia a existência de dificuldades práticas para a execução do regulamento, porém o fazia de forma bastante breve e circunscrevendo as queixas ao âmbito "dos habitantes dos lugares distantes dos povoados", apesar de vários dos motins terem ocorrido no cinturão rural em torno da cidade do Recife, alguns "no termo desta Capital", como era o caso das freguesias de Jaboatão, São Lourenço e Muribeca, ou em localidades próximas, como Pau d'Alho. É que, na lógica de graúdos como Eusébio de Queiróz e seus pares, um jeito de desdenhar a importância do levante popular consistia em atribuir a ele a pecha de cousa de "gente do mato", com isso querendo dizer que eram pessoas sem pensamento próprio, facilmente manipuláveis por "agentes da propaganda", estes interessados em promover a "anarquia" para embaraçar o governo, acusação usual dos conservadores ou saquaremas aos liberais seus adversários. Daí o vocabulário colorido que o ministro usava ao se referir aos "sediciosos": "gente menos ilustrada", "povo iludido", possuídos por "funesta e absurda alucinação", "bando desatinado", "magotes de homens armados" ("e até mulheres"), e assim por diante.[4] O interessante é que, ao relatar em detalhe as ocorrências nas províncias de Pernambuco, Paraíba, Alagoas e Sergipe, Eusébio de Queiróz concluiu que em todas elas os revoltosos tinham "idênticas pretensões", fundadas em "pretextos iguais". As "pretensões" eram evidentes: impedir a vigência do regulamento que os obrigava aos registros de nascimento e óbito, e decerto não queriam se submeter ao arrolamento exigido pelo recenseamento que viria adiante. Mas quais seriam os tais "pretextos iguais" que motivariam tanta gente, numa área enorme do Império, a se rebelar, se armar, confrontar autoridades? Havia alguma experiência comum entre eles que justificaria esse compartilhamento de perspectiva, para além da "ignorância" que os igualaria a todos, na visão do ministro?

Outro ministro, o visconde de Mont'Alegre, dos Negócios do Império, quiçá em vista das próprias características de sua pasta, pois à sua repartição precisamente caberia zelar pela execução do regulamento do registro civil e pela realização do censo, abordou em mais profundidade as questões práticas atinentes aos registros de nascimento e óbito.[5] Observou de início que o governo esperava mesmo dificuldades nessas iniciativas, devido à novidade delas, ao que se somava a "vasta extensão do território", a "falta de meios de comunicação", o isolamento e disseminação de grande parte da população, que além disso tinha "hábitos e vida excêntrica nos lugares mais desertos do interior". Por isso o ministério aguardava mais informações sobre os problemas que adviriam, para então tomar medidas destinadas a remover "os inconvenientes que fossem aparecendo". Soube-se logo, por "representações ao Governo", enviadas de "diversos pontos", que havia "algum clamor" a respeito de certos dispositivos, a saber, a proibição do enterro dos cadáveres sem a certidão de óbito emitida no prazo de até 24 horas após o falecimento, assim como quanto à necessidade do registro de nascimento para que o pároco ministrasse o batismo. Dizia-se que muita vez as pessoas moravam "à grande distância da residência do Escrivão", tornando impossível o atendimento dessas exigências. Apesar de, num primeiro momento, as reclamações terem parecido exageradas ao ministério, os testemunhos dos "doutos" reverendos bispos de Mato Grosso e Pernambuco dissiparam as dúvidas de que urgia alterar aspectos do regulamento do registro civil. A seção de Negócios do Império do Conselho de Estado ficara de elaborar parecer para orientar as mudanças.

Esse era o ponto em que estavam as cousas quando chegou a notícia de que as disposições do regulamento serviam "de pretexto a extraordinárias ocorrências na Província de Pernambuco e em mais quatro, com três das quais ela confina", obrigando o governo a uma ação mais célere e decisiva. Agora já não eram representações legalmente enviadas à administração, porém "ameaças, manifestações criminosas, reuniões armadas", que precisavam ser dispersadas e reprimidas. Ao examinar os ofícios que chegavam naquele fatídico mês de janeiro de 1852, o ministro soube que "a causa" dos motins residia "não na dificuldade de executar-se o Regulamento, *mas sim no boato arteiramente espalhado, e loucamente acreditado pelo povo rude, de que o registro só tinha por fim escravizar a gente de cor*" (grifo meu). Por um lado, o ministro do Império parecia concordar com o ministro da Justiça, pois considerava os populares uns "desvairados", possuídos por um "frenético delírio". Por outro lado, a visada do visconde de Mont'Alegre discrepava da de Eusébio de Queiróz em dois aspectos decisivos. Primeiro, ele não buscava com tanto afinco, como fazia o outro, "agentes da propaganda", indivíduos de naipe social diferente dos amotinados, quer dizer, agentes do Partido Liberal que estivessem instigando os revoltosos. Verdade que há o advérbio "arteiramente" na frase acima, mas o tom geral de imputação aos liberais é mais leve e secundário na análise geral do ministro do Império.

Disso se segue, e este é o meu segundo ponto, que, se Mont'Alegre compartilhava com Eusébio de Queiróz a opinião de que os "sediciosos" tinham uma mentalidade rudimentar, certamente em contraste com eles próprios, ministros da monarquia, tipo de alimária humana supimpa em luzes e civilização, reconhecia e explicitava bem a razão deles, insubordinados, os tais "pretextos iguais" que o ministro da Justiça omitira, ou sobre os quais silenciara: os revoltosos temiam que a finalidade do decreto fosse "escravizar a gente de cor". Na realidade, chegavam a apelidá-lo "Lei do cativeiro", pois o "povo rude" estaria "seduzido pela falsa ideia de o quererem cativar".

Temos agora, portanto, uma justificativa concreta, que havia articulado o entendimento de milhares de pessoas e as levado à insubordinação, em meia dúzia de províncias diferentes, compreendendo parte significativa do território nacional. Gente livre com medo de ser reduzida à escravidão. Mais precisamente, *gente de cor* livre com medo de ser reduzida à escravidão, como disse o ministro Mont'Alegre, pois eram negros os que tinham a sua vida pautada pela ameaça do cativeiro. Os relatórios dos ministros, apesar da sua dificuldade em lidar com a alteridade dos "sediciosos", deixam ver bem o objetivo deles (evitar a vigência do registro civil), a sua estratégia (impedir a divulgação do decreto pelos párocos e a sua aplicação nos juízos de paz) e o motivo que os levara à ação (temor de serem escravizados).

A gravidade da crise fez com que os presidentes das províncias mais conflagradas enviassem ao Ministério da Justiça documentação abundante sobre as ocorrências, com cópias de ofícios trocados entre as autoridades no calor da hora, no turbilhão de acontecimentos que buscavam entender e com os quais tinham de lidar. Apesar da centralidade de Pernambuco nos motins de janeiro, o primeiro conflito violento associado ao regulamento do registro civil de que se teve notícia ocorreu em Alagoas, no lugar chamado Mundaú-Mirim. Segundo o presidente da província, José Bento da Cunha Figueiredo, formou-se na localidade, em 26 de outubro de 1851, "um troço de cinquenta homens armados blasfemando contra o decreto, que se dizia havia de ser publicado naquela ocasião".[6] O subdelegado não conseguiu serenar os ânimos, por isso pediu socorro ao delegado do termo da Imperatriz, o qual se apresentou em 1º de novembro com uma força de cem homens da Guarda Nacional, que teria sido recebida "com uma carga de fuzilaria dos amotinados". Morreram duas pessoas no combate, ao que parece do lado dos sublevados.

A violência dessa primeira escaramuça pôs o presidente da província das Alagoas em movimento. Em meio a insinuações de que haveria "um espírito de anarquia" — isto é, a oposição liberal — a incutir bobagens na cabeça do "povo rude", Figueiredo reconheceu que eram duas as queixas dos amotinados: "a grosseira e miserável ideia" de que a finalidade do registro seria cativar pessoas livres e o "vexame e opressão contra a pobreza pelo ônus de pagarem a certidão ao escrivão de paz na ocasião dos óbitos".[7] Quanto ao primeiro ponto, "o perverso cisma do cativeiro", aduziu que "para rebelarem o povo" espalhava-se o boato de que "ia ser reduzida [à escravidão] a nova geração a fim de substituir os braços africanos". Ou seja, os amotinados acreditavam haver uma ligação entre o fim do tráfico africano de escravos, obtido recentemente por meio da aplicação da lei de setembro de 1850, e o regulamento do registro civil. Talvez até atribuíssem o fim do tráfico à pressão inglesa, o que os deixaria mais inseguros quanto às intenções do governo imperial. Ao menos no caso de Pernambuco, o juiz de direito de Santo Antão escreveu ao presidente da província, em 6 de janeiro de 1852, para informar que "o motivo pelo qual o povo se ostenta tão descontente e ameaçador, é porque diz que as disposições do Decreto têm por fim cativar seus filhos, visto que os Ingleses não deixam mais entrar Africanos".[8]

Na verdade, haveria uma relação entre o fim do tráfico africano e os dois decretos, o do registro civil e o do recenseamento: o registro de nascimento visava escravizar as gerações futuras; o arrolamento do censo tinha o fito de organizar o cativeiro de pardos livres jovens e adultos.[9]

Quanto à segunda reclamação dos populares, concernente aos pagamentos nos juízos de paz, o presidente das Alagoas determinou que os párocos não ficassem mais "obrigados a esperar pela certidão dos escrivães de paz para mandarem enterrar os corpos". Todavia, ao que parece, nada fez a respeito das certidões de nascimento, salvo reafirmar que a sua obrigatoriedade vigoraria a partir de 1º de janeiro, o que talvez explique que nesse dia mesmo, no termo da Imperatriz, tenha ocorrido a invasão de uma igreja no distrito da Lage do Canhoto, com os populares "obrigando ao Capelão a fazer os batizados independente das certidões do escrivão do juiz de paz; nesta ocasião até as mulheres dos sediciosos apresentaram-se munidas de armas ofensivas, gritando todos que o fim da Lei era cativá-los". O subdelegado quis enfrentar os revoltosos com uma força de vinte praças; contudo, teve o desgosto de ver que alguns de seus comandados também se mostraram "contra a publicação do mesmo Decreto". A população se dispersou após muita conversa, por "meios brandos". Não obstante, nos dias seguintes, na própria vila da Imperatriz, havia "mais de 200 homens armados" que "tinham por fim rasgarem o Decreto, assassinarem quem o lesse, e a todos quantos se opusessem a seus malvados intentos". Na noite do dia 2 de janeiro chegaram a disparar quatro tiros na porta do escrivão do juiz de paz.[10]

O presidente da Paraíba, Antônio Coelho de Sá e Albuquerque, em seu relatório sobre os motins, após o breve introito de praxe foi direito ao ponto: "A ideia de que o cativeiro dos homens de cor era o fim do registro espalhou-se, e em alguns espíritos fracos subiu à altura do fanatismo".[11] Isto em letra impressa, a ser divulgada. Em sua correspondência "confidencial" com Eusébio de Queiróz, acompanhada de documentos anexos escritos por outras autoridades da província, como o chefe de polícia e o juiz de direito da primeira comarca, há versões impressionantes sobre o que os insubordinados disseram e fizeram naqueles dias. Em ofício ao ministro da Justiça de 7 de fevereiro de 1852, o presidente conta que nas vilas de Campina Grande e do Ingá, segundo ouvira do juiz de direito que estivera nesses lugares, o povo armado exigia das "autoridades o Livro, que eles chamavam de cativeiro, as caixas de cordas, e palmatórias, e outros despropósitos iguais".[12]

Todavia, o documento mais inspirado no rol de ofícios relativos à Paraíba é indubitavelmente o enviado pelo chefe de polícia, Cláudio Manoel de Castro, ao presidente, Sá e Albuquerque, em 4 de fevereiro de 1852. Ao repisar a noção, cara às autoridades da Paraíba, de que os eventos lá não tiveram moto próprio, mas foram um transbordamento do que acontecia em Pernambuco, o chefe de polícia o fez em estilo de esculápio, comparando a rebeldia popular à propagação de uma epidemia: "A epidemia moral espalhada na atmosfera há muito tempo viciada [...] cujos miasmas contagiosos se comunicam mais ou menos nas classes da sociedade pela falta de religião, de instrução, e de trabalho" seria a causa da resistência ao registro civil que grassava em Pernambuco, e de lá contaminara a Paraíba, levando-a "a uma crise assustadora". O veneno inoculado na mente popular fora o de que "o Decreto citado tinha por fim arrolar a população de cor para reduzi-la ao cativeiro". O ofício do chefe de polícia prossegue com a melhor síntese que encontrei do repertório da ação popular, o modo como os rebeldes pareciam proceder em muitos lugares, nas diversas províncias, numa repetição de objetivos e estratégias que decerto espantou os contemporâneos doutras classes sociais:

> Assim, com as armas nas mãos, e movidos por alguns homens tão perversos, quanto ignorantes, diferentes grupos armados e sediciosos romperam nos excessos de rasgarem os editais dos juízes de paz, injuriarem as autoridades policiais, levarem os livros dos registros, como aconteceu nos termos do Ingá, Cabaceiras, Campina, e Alagoa Nova. Nestes dous últimos o número dos desordeiros foi mais considerável, e os excessos mais pronunciados; os delegados foram ameaçados de morte, os templos invadidos e profanados, os sacerdotes injuriados, e até o cartório de um escrivão do juiz de paz violado. Foi certamente uma calamidade pública! No termo de Bananeiras até as mulheres armadas de pedras esperavam que nas missas conventuais das capelas se lesse a Lei da escravidão para romperem-na. Em Pombal e Piancó têm sido algumas vezes coagidos os párocos a batizar sem as certidões, e as igrejas penetradas alta noite para se sepultarem os cadáveres sem as certidões exigidas.

De novo, a "plebe" em movimento, constituída por homens e mulheres, queria evitar a divulgação dos decretos e impedir que os escrivães dos juízes de paz conferissem as certidões. É curioso notar, nesse trecho, a ênfase dos revoltosos em rasgar papéis ou arrebatá-los das mãos das autoridades. O juiz de direito da primeira comarca, em ofício ao presidente Albuquerque de 6 de fevereiro de 1852, relatou os apuros pelos quais passara em Campina Grande, pois um grupo armado havia invadido a vila e de lá não saíra antes de obter os livros de registro de nascimentos e óbitos, além "de um exemplar do regulamento de 18 de junho de 1851". Quiçá os revoltosos achassem que as autoridades imperiais, várias delas os próprios graúdos das localidades, fossem useiras e vezeiras na produção de papéis destinados a reduzir à escravidão a gente de cor.

Ao cotejar os escritos dos presidentes das Alagoas e da Paraíba, vê-se uma espécie de debate entre eles quanto à interpretação dos acontecimentos. O presidente das Alagoas pensava que aquelas ações não poderiam ter sido "obra instintiva do povo, e do povo ignorante: é obra do cálculo da especulação, da anarquia!!..". Olhai a pobreza do campo, "procurai-lhe as causas radicais, e creio que as não encontrareis no coração dessa gente camponesa, que amassa o pão cotidiano com o suor do seu rosto [...], coitada!". Diante disso, concluía que fora tudo obra do "liberalismo enganador", que iludira a população com ideias "grosseiras" destinadas a promover a "guerra civil".[13] Já o presidente da Paraíba aparentava hesitação, achava "tarefa muito delicada e difícil" descobrir quem teriam sido "os verdadeiros autores desses males". No entanto, após "estudo que fiz dos acontecimentos", concluíra que não se podia atribuir "os movimentos populares" da província a agentes "provocadores" da facção política "distinta da do governo". Não teria havido "plano político" dos liberais nisso, mesmo que se pudesse identificar um ou outro dentre eles a se relacionar com os amotinados. O presidente da Paraíba asseverava, terminante: "crer que o preconceito não viveu vigorosamente no espírito do povo é recusar a verdade aos fatos".[14] Em suma, o medo de ser reduzido ao cativeiro se lhe afigurava como um sentimento popular autêntico, não instilado na "gente de cor" como algo exógeno.

O presidente de Pernambuco, Victor d'Oliveira, enfrentou esse debate em palpos de aranha, pois passara o período dos motins às turras com o seu chefe de polícia, Jerônimo Martiniano Figueira de Mello. Velho inimigo dos praieiros, de quem fora o principal algoz, o chefe de polícia via nos movimentos populares sintoma de que "a província estava conflagrada, e que uma medonha revolução começava sob a bandeira da Constituinte".[15] Victor d'Oliveira, ao contrário, empenhado em conciliar as classes proprietárias da província depois dos conflitos políticos sangrentos de três anos antes, combateu a partidarização que Figueira de

Mello alegava ver nos eventos e afirmou que, para júbilo dos pernambucanos, "semelhantes movimentos não denunciavam intervenção de partido algum político".[16] Embalado quem sabe por esse intuito de garantir a coesão da classe senhorial, o presidente da província exagerava ao dizer que os populares agiram "sem saberem aliás o que queriam, e sem terem chefes, nem reconhecerem direção alguma".[17]

Essa última afirmação de Victor d'Oliveira só faz sentido no contexto de suas querelas com Figueira de Mello. Seu intuito consistia em dissipar as imputações de que havia cabeças externas a direcionar a insubordinação popular. O outro modo de comprovar isso era precisamente mostrar a independência e autonomia dos "desvairados" e "turbulentos" que haviam incendiado a província. Por conseguinte, o presidente de Pernambuco adotava duas estratégias para fundamentar a sua interpretação dos eventos. Afirmava repetidamente o móvel dos insubordinados; um exemplo entre vários:

> na comarca de Pau d'Alho, onde mais notavelmente se apresentou em massa a população clamando contra aquele decreto, por ela apelidado — lei do cativeiro — espalhava-se geralmente, que a lei mandava registrar os nascimentos para escravizar a gente de cor, que d'ora em diante nascesse![18]

A outra estratégia foi enviar uma torrente de correspondência ao Ministério da Justiça, de modo a demonstrar o seu empenho e suposta habilidade na administração da crise e dar a ver, mais ou menos deliberadamente, que enfrentava um movimento social que pouco ou nada tinha a ver com as lutas partidárias da província, informado por motes e estratégias surpreendentes, ainda que de notável coerência e regularidade, bem observadas as cousas.

Basta uma vista d'olhos nas cópias de ofícios datados de dezembro para perceber como em várias localidades de Pernambuco os populares ensaiavam uma espécie de ritual de aviso às autoridades, advertindo-as de sua animosidade em relação ao registro civil, às vezes desafiando-as a levar adiante a publicação do regulamento. E que depois aguentassem as consequências... Em 19 de dezembro de 1851, no termo do Pau d'Alho, o subdelegado escreveu ao delegado suplente, alferes Porfírio da Silva Tavares, para informar que alguns habitantes da povoação haviam rasgado um edital que o juiz de paz mandara afixar. Além disso, havia dois sábados que uma "porção de gente armada" se reunia, deixava as armas guardadas em certas casas, porém prometia agir para obstar "outro edital, que dizem se há de afixar". O subdelegado observava ainda que "a gente baixa está mui audaz e dizem que quem primeiro morre é o vigário e o escrivão".[19]

Dias depois, em 22 de dezembro, foi a vez de o subdelegado suplente escrever ao mesmo alferes Porfírio para informar a respeito de "sinistras ocorrências" num lugar chamado Rosário de Cima:

> [...] aparecendo em dito lugar um boato de que ontem se daria ao prelo um papel, que o seu conteúdo é a declaração da escravidão e que eu como autoridade policial era quem o dirigia, e chegando eu na ocasião em que se tratava de tão notável ilusão, instaram-me para que declarasse se havia tal papel, respondi-lhes o que devia, empregando todo o esforço para despersuadi-los que tal não havia, enfim continuaram arrogantes José Ribeiro Aranha (tanoeiro) e Luiz, por apelido baeta, carpina, a extremo de me dizerem que eu não era capaz de ler tal papel, com outras insolentes ameaças [...].

Na continuação do ofício, o subdelegado explicou que tivera de tolerar as ameaças fingindo que não era com ele, pois havia muito povo reunido e diziam que, caso houvesse alguma detenção, seria inútil porque iriam arrebatar o companheiro das mãos da autoridade. As provocações continuaram no dia seguinte, em frente à igreja, durante a missa, e se completaram com o "sublevado grupo" a desfilar pelas ruas "tocando viola", "em ordem de marcha", detendo-se em frente às casas "dos tais cabeças, onde receberam aplausos". O alferes Porfírio, delegado suplente do Pau d'Alho, foi também o destinatário do que parece ser "o único documento escrito, apresentado pelos sublevados, que se conserva".[20] Seus autores se identificavam como "nós, pretos e pardos pobres", e queriam saber se era verdade que se leria em breve o "papel da escravidão".[21]

Se antes vimos que os amotinados de 1852 tinham certos objetivos, estratégias e motivos, agora se revelam atores da própria rebeldia, no sentido de que se engajavam numa espécie de teatro ou representação do mundo em que as hierarquias sociais ficavam em suspenso ou às avessas. Tocavam viola em desafio às autoridades, ao mesmo tempo que ostentavam a sua identidade de "pretos e pardos pobres". Esse momento de desforra popular foi sem dúvida fugidio, porém o fato é que se obteve a revogação dos regulamentos do registro civil e do recenseamento geral.

Apesar do reconhecimento tantas vezes repetido, por autoridades de alto a baixo da hierarquia do Estado imperial, de que os pretos e pardos livres pobres se rebelaram em 1852 porque achavam que seriam escravizados, há nesses papéis um silêncio ensurdecedor a respeito do que fazia com que tantas pessoas compartilhassem a experiência desse temor. Ministros, presidentes, juízes e delegados só interpretavam o que lhes diziam os revoltosos sobre a ideia de que o governo imperial tinha a intenção de escravizá-los por meio do filtro de seu ódio de classe: aquela "plebe", "povo rústico", era constituída por "fanáticos", "desvairados", "delirantes", "desatinados", "ignorantes", "bandidos". Jeito estouvado de registrar razões que não se queria ou não se podia entender. O assunto deste livro é precisamente a demonstração da confluência histórica desses dois processos: os modos pelos quais a força da escravidão tornava precária a experiência de liberdade de negros livres e pobres no Brasil oitocentista e as lógicas sociais e políticas de produção duma espécie de interdito à própria representação dessa situação.

Para este historiador, pesquisa histórica é indeterminação, por isso talvez a sensação perene de que tudo acontece mais ou menos por acaso. Lá pelos idos de 2002, eu vadiava no Arquivo Nacional em busca de fontes para um esforço de pesquisa em equipe sobre a história social urbana do Rio de Janeiro e de São Paulo. No caso do Rio, pensávamos em mergulhar em fontes sobre a freguesia de Santana no século XIX e nas primeiras décadas do XX. Em vez de arrolar documentos, que era o que cabia a cada um de nós naquele momento, enveredei logo por longa digressão num maço de ofícios da polícia da Corte referentes à década de 1830. A variedade enorme de temas abordados naqueles ofícios, a tentação de lê-los devagar, descobrindo ou imaginando conexões entre eles, fez-se vertigem.

Quem sabe devido à circunstância de que um dos eixos da pesquisa coletiva fosse a investigação de cenários em que as fronteiras entre trabalho escravo e trabalho livre se esmaeciam, tornavam-se incertas, saltaram logo daqueles papéis exemplos de pessoas livres detidas pela polícia por suspeição de que fossem escravas, cativos que se diziam livres e, o que me pareceu surpreendente, várias histórias de pessoas livres que se declaravam escravas ao serem presas pelos meganhas. O foco na complexidade das apropriações sociais das categorias de "escravo" e "livre", mais uma porção de outras, tais como "liberto", "ingênuo", "africano livre", "preto livre", "boçal" e "ladino", "africano" e "crioulo", mostrava-se estratégia segura, ou seguramente divertida, para a compreensão das lógicas de mudança histórica e das experiências dos sujeitos naquela sociedade. O procedimento consistia em ler muito devagar, sem tirar retrato de documento, tentando reconstituir na empiria as relações entre os ofícios, a troca de despachos à margem deles, a cronologia correta dos eventos referidos, a relação entre os conteúdos e as formas dos textos, de maneira a vislumbrar, ainda que às vezes só de relance, as maneiras de conceber, vivenciar, reproduzir e subverter categorias sociais amplamente compartilhadas e mui contraditoriamente apropriadas pelos sujeitos históricos.

Aos poucos, dois temas se impuseram, ainda que demorasse a acontecer o entendimento mais pleno de como estavam entrelaçados. Os episódios de pessoas livres que se diziam escravas quando detidas pela polícia suscitou a questão da precariedade da liberdade e suas transformações ao longo do século XIX. As fontes policiais e prisionais, além de processos cíveis de liberdade e manutenção de liberdade, traziam histórias frequentes de pessoas livres presas por suspeição de que fossem escravas, indivíduos que se declaravam livres mas acabavam leiloados como escravos, exemplos de escravização ilegal, de reescravização, de gente livre alegando escravidão para fugir ao recrutamento, de alforrias condicionais, frágeis, muita vez revogadas de fato. Tudo isso estava lá, desde o início da pesquisa, prestei atenção nessas histórias, anotei-as, parecia claro que a liberdade era experiência arriscada para os negros no Brasil do século XIX, pois tinham a sua vida pautada pela escravidão, pela necessidade de lidar amiúde com o perigo de cair nela, ou voltar para ela.

No entanto, o tema da precariedade da liberdade só adquiriu maior profundidade quando comecei a reparar melhor na questão da lei de 7 de novembro de 1831, de proibição do tráfico africano de escravos, e as controvérsias e problemas que suscitou. Afinal, nas duas décadas seguintes à promulgação da lei, mais de 750 mil negros foram introduzidos no território nacional por contrabando, permanecendo ilegalmente escravizados, assim como seus descendentes. Nas fontes que compulsava, esses negros estavam por toda parte, mas custei a entender os sentidos e as consequências da intrincada engenharia institucional e política necessária para permitir que autoridades e cidadãos ditos de bem fingissem não ver o que se apresentava diante de seus olhos. A expansão da cultura cafeeira na atual região Sudeste e a riqueza daí advinda tiveram origem nesse crime contra as leis do país e contra a própria humanidade. Por isso este meu livrinho se tornou também uma história desse processo, busca entender como tal cousa pôde acontecer. Manter tanta gente escravizada ao arrepio da lei exigiu do Estado imperial medidas de vária espécie, pertinentes ao âmbito legislativo, ao cotidiano da administração pública, à conduta do Judiciário, tudo isso com repercussões sobre as relações entre senhores e escravos e quanto à experiência de liberdade dos africanos e seus descendentes na sociedade brasileira oitocentista. Ao final do percurso, creio que será possível reler o meu breve relato da história dos amotinados de 1852 e entender melhor a conexão que aqueles "pretos e pardos pobres" faziam entre medidas do governo imperial, no contexto da cessação recente do tráfico africano, e a sua desconfiança de que o desígnio delas fosse reduzi-los à escravidão. Em suma, havia a densidade de experiências históricas concretas na maneira de a "plebe" tida por "desvairada" interpretar o mundo à sua volta.

Os capítulos que se seguem estão organizados por critérios cruzados de periodização e assunto. Quer dizer, cada um deles aborda preferencialmente determinados temas, identificados como mais pertinentes a cada recorte temporal. Em história, afinal, periodizar é obra de imaginação, de interpretação. Salvo idas e vindas ocasionais no interior dos capítulos, uma incursão breve aos anos 1820, no início, outra aos anos 1870, quase ao final, os capítulos movem-se dos anos 1830 aos 1860, ao alvitre das histórias que escolhi analisar para contar a história maior. Quanto a fontes, as principais séries documentais coligidas foram fontes policiais e prisionais da Corte, processos judiciais, a legislação pertinente, anais parlamentares, pareceres do Conselho de Estado, relatórios ministeriais, mais alguns livros de época e a literatura de Machado de Assis. O intuito foi abordar o problema por ângulos diversos, acompanhando a influência recíproca entre o que ocorria no Parlamento e nos bastidores da administração pública e o movimento de escravos e negros livres e libertos nas ruas da Corte e alhures.

Uma palavra sobre o capítulo final, dito remate, sobre Machado de Assis. Não se trata de uma conclusão formal ao volume, por suposto, mas de enfrentar o desafio de imaginar como ocorre a presença desse mundo criado por contrabandistas de africanos e senhores de gente ilegalmente reduzida ao cativeiro na concepção de uma obra-prima, a saber, *Memórias póstumas de Brás Cubas*. Talvez historiadores e críticos literários jamais concordem quanto à explicação dos motivos pelos quais continuamos a ler determinadas obras literárias, que se tornam intemporais por efeito de nossa leitura repetida delas, leituras essas, porém, fincadas na terra e no estrume da história à qual não se pode escapar. O capítulo em tela é uma exposição, em idioma empírico, de minha perspectiva sobre a questão. A contemporaneidade e a universalidade de Machado de Assis residem na agudeza e na complexidade de sua visão sobre a sociedade em que viveu. A sua obra exprime a agonia de quem não acabava de entender, ou se revoltava ao ver o sentido do que pensava entender, por isso tem o poder de desestabilizar a experiência do leitor hodierno diante de sua própria história.

2. Escravismo

Em todo o período de tráfico negreiro para o Brasil, desde meados do século XVI até o início da década de 1850, chegaram ao país cerca de quatro milhões e oitocentos mil africanos escravizados. Mais de dois milhões, aproximadamente 42% do total, vieram na primeira metade do século XIX.

Em visada panorâmica, o que ressalta quanto ao século XIX no Ocidente é a abolição do tráfico africano de escravos e da própria instituição da escravidão. Ao final do Oitocentos, ufanismos nacionalistas, ilusões cientificistas e disposição autoconfiante para o imperialismo predador, por parte de vários países europeus, assentavam-se, em retrospectiva, nas representações sobre o avanço da liberdade e da civilização epitomadas na superação do escravismo e de outras formas de organização social baseadas no trabalho compulsório. Ao fim da escravidão associavam-se imagens de progresso industrial e tecnológico, aperfeiçoamento de instituições financeiras, expansão de mercados, mobilidade voluntária de trabalhadores, aquisição de direitos civis e políticos, urbanização.[1]

Todavia, tal visada panorâmica elide a indeterminação e o caráter fragmentário da história oitocentista, em especial quanto ao fato de que formas escravistas de organização social se refizeram e aprofundaram nas primeiras décadas do século XIX, de modo a tornar ainda mais dramática e desumana a experiência multissecular da diáspora africana. No final do século XVIII, os polos mais dinâmicos da economia escravista eram as colônias britânicas e francesas produtoras de açúcar. A revolução haitiana interrompeu a prosperidade da principal colônia açucareira francesa; no início do século XIX, uma sucessão de crises políticas oriundas de forte movimento abolicionista pôs fim ao envolvimento britânico com o tráfico negreiro e, em seguida, provocou a abolição da escravidão em suas possessões caribenhas.[2] O processo histórico que consolidou a hegemonia política e econômica britânica no comércio internacional resultou na abolição da escravidão em suas colônias e no aprofundamento dela em outras regiões do hemisfério americano. Poucas décadas adiante, a indústria algodoeira expandia territórios e aprofundava o comprometimento dos estados sulistas norte-americanos com a escravidão; em 1830, Cuba se tornara o maior produtor mundial de açúcar, ao mesmo tempo que sua população escrava saltava de 85 900 cativos, em 1792, para 286 900, em 1827, e 436 500, em 1841.[3]

Devido a taxas baixas de reprodução natural da população escrava, a expansão da cultura cafeeira no Brasil no segundo quartel do século XIX dependeu enormemente da importação de trabalhadores africanos escravizados. Na verdade, a entrada de africanos cresceu de maneira exponencial desde a década de 1790, como consequência da abertura de mercados resultante do colapso da produção açucareira no Haiti. Na década de 1820, o café ainda era o terceiro item de exportação do país, atrás do açúcar e do algodão.[4] Em outras palavras, a reestruturação do escravismo no Brasil após a decadência da atividade mineradora antecedeu a expansão da cafeicultura ao longo do Vale do Paraíba fluminense e paulista. De acordo com as estimativas mais recentes, em todo o período de tráfico negreiro para o Brasil, desde meados do século XVI até os anos 1850, chegaram ao país mais de 4,8 milhões de africanos escravizados; no primeiro quartel do século XIX (1801-25), entraram 1 012 762 africanos; no segundo quartel (1826-50), 1 041 964, e outros 6800 vieram após a nova lei de proibição do tráfico de 1850. A aritmética dos dados revela que mais de 42% das importações de africanos para o Brasil em três séculos de tráfico negreiro aconteceram apenas na primeira metade do século XIX. Releva observar que a maioria esmagadora das entradas de escravizados no último período, 1826-50, mais o número residual da década de 1850 destinaram-se à região do atual Sudeste e ocorreu quando tratados internacionais e legislação nacional haviam tornado ilegal o tráfico negreiro.[5]

Urge pois observar mais de perto o problema da escravidão precisamente nesse período, logo posterior à independência e marcado pelo processo de construção do Estado imperial em meio ao estouro dos cafezais no Vale do Paraíba. A reestruturação do capitalismo na virada do século XVIII ao século XIX fez com que a

Grã-Bretanha consolidasse a sua hegemonia por meio do controle da circulação de mercadorias, que se fez prioritário em relação à sua participação relativa na produção colonial no continente americano.[6] Ademais, a opinião política interna contrária ao tráfico africano e à própria escravidão reorientou o imaginário político de Londres, ao qual passaram a repugnar as atrocidades da diáspora africana ao passo que se amaciava no que respeita às barbaridades imperialistas na Índia.[7]

São bem conhecidas as linhas gerais da história do domínio britânico sobre Portugal, depois sobre o Brasil, e o desdobramento prático dele na pressão pela cessação do tráfico negreiro por intermédio da imposição de acordos internacionais: em 1810 os súditos portugueses não podiam mais se engajar no tráfico em territórios africanos fora de seu controle; em 1815 ficou proibido o comércio de escravizados ao norte da linha do equador; em 1826, em retribuição ao apoio diplomático necessário ao reconhecimento da independência, a Grã-Bretanha obteve do Brasil o compromisso de abolir o tráfico três anos após a ratificação do tratado pelas duas monarquias. Ilegal, por força do dito tratado, desde março de 1830, o tráfico foi proibido por lei aprovada no Parlamento brasileiro em 7 de novembro de 1831. Não obstante a proibição legal, e após decréscimo temporário nas entradas de africanos durante a primeira metade da década de 1830, o comércio negreiro, então clandestino, assumiu proporções aterradoras nos anos seguintes, impulsionado pela demanda por trabalhadores para as fazendas de café, useiro e vezeiro no logro aos cruzeiros britânicos auxiliado pela conivência e corrupção de autoridades públicas e com o apoio de setores diversos da população.[8] Além disso, interesses de traficantes portugueses na África, que contavam com a omissão ou conivência de Lisboa devido ao receio dela de perder suas possessões coloniais, garantiam a oferta de escravizados ao mercado brasileiro.[9] No início dos anos

1850, quando nova conjuntura política interna e externa levaria à interrupção definitiva do negócio dos tumbeiros, quiçá a metade da população escrava em idade produtiva existente no país fosse constituída por africanos ilegalmente escravizados e seus descendentes; essa taxa de ilegalidade da escravidão era decerto muito mais alta nas fazendas de café do Vale do Paraíba, para onde afluíram em massa os africanos chegados após a lei de 1831. Não custa meditar por um momento no que se acaba de enunciar: a riqueza e o poder da classe dos cafeicultores, que se tornaria símbolo maior da prosperidade imperial ao longo do Segundo Reinado, viabilizaram-se ao arrepio da lei, pela aquisição de cativos provenientes de contrabando.

Essa circunstância do caráter ilegal de muito da propriedade escrava existente configurou o debate político durante boa parte do período imperial, ao inspirar interditos e silêncios laboriosos, construídos pelos luminares da classe senhorial escravista. À luz do que estava por vir, chega a espantar a franqueza e o vigor ideológicos quase ingênuos das discussões políticas sobre o tráfico africano na conjuntura da independência e da constituinte de 1823, que interessa recapitular antes de prosseguir.[10]

Escolho apenas dois polemistas, por achar que seus argumentos encapsulam bem uma discussão "principista" sobre o tráfico, na qual razões de ordem moral e filosófica ainda se sobrepõem aos requisitos do imediatismo político. Domingos Alves Branco Muniz Barreto escreveu a sua "Memória sobre a abolição do comércio da escravatura" após o Congresso de Viena (1815) para expor ao príncipe regente dom João as suas reservas em relação ao que fora então acordado para limitar o alcance do tráfico negreiro.[11] Em 1837, o texto de Domingos Barreto seria recuperado e publicado postumamente por políticos que defendiam a continuidade do tráfico,[12] como síntese de motivos favoráveis a esse gênero de comércio, motivos tais porém que já não podiam ser enunciados sem enrubescer, logo melhor expô-los pela interposta pessoa de um autor defunto. A "Advertência" que encima o opúsculo anunciava a perspectiva do autor com certa graça:

> Como esta memória é escrita para os ilustrados e para aqueles que sabem raciocinar sem se confundir, limitei minhas reflexões e fundamentei os meus discursos unicamente nos pactos sociais de uma com outra nação, pelos quais vêm a ser lícitas todas as convenções comerciais que são fundadas na sua particular legislação, afastando-me inteiramente dos princípios fecundos do direito natural e dos que dele derivam; não porque ignore os seus fundamentos e nem por temer que, cingido ao seu espírito, não pudesse mostrar ser lícito o comércio da escravatura, mas sim por evitar prolixidade. E que em lugar de uma memória, que é quanto basta neste objeto, aparecesse um extenso tratado inteiramente desnecessário ao fim a que me proponho.[13]

Apesar de recorrer a motivos atinentes à economia narrativa do texto, o objetivo de Barreto era circunscrever o problema à perspectiva teórica que lhe interessava. Destarte, opunha os "princípios fecundos do direito natural" aos tais "pactos sociais" previamente existentes entre as nações, aboletando-se na segunda alternativa porque não lhe convinha conduzir a polêmica no terreno do racionalismo setecentista, incrustado na oposição ao tráfico negreiro e à própria escravidão pelo fato de definir natureza humana a partir dos atributos da liberdade e da razão, que lhe seriam supostamente inerentes.

Livre dos princípios morais e políticos dos oponentes por um drible retórico, Domingos Barreto continuou a cortejá-los por meio de seu estilo de exposição, dirigido afinal aos "ilustrados", "que sabem raciocinar sem se confundir". A "primeira demonstração", quiçá a mais decisiva, versava "sobre as leis pelas quais se regem os potentados africanos e que fazem lícito o comércio da escravatura".[14] Afirmou de chofre a humanidade dos africanos, pois "não são de diferente massa dos demais homens, mas sim de diferente cor", pressuposto essencial para o passo seguinte, que consistia no esforço de discernir a lógica de organização social dos povos submetidos ao tráfico. Os "pretos africanos" não estavam entregues "à sua vontade", apesar de adotar o costume da poligamia, porém "governam-se" por certas regras acordadas entre eles, que configuravam "uma espécie de Constituição", "que os obriga a guardar certos direitos entre si e seus vizinhos". Vê-se logo que o objetivo do raciocínio é justificar o comércio negreiro a partir dos costumes locais, enfileirando-se exemplos para provar que "o espírito da sua legislação quanto à escravidão é mais fundado em punir os delitos do que em atacar e destruir a liberdade individual". Réus por crimes de furto, homicídio, adultério e falta de pagamento de dívidas teriam na condenação à escravidão castigo mais brando do que a pena última. A cada passo Domingos Barreto buscava exemplos similares na legislação romana; numa ocasião ao menos chega a recorrer às Ordenações, legislação portuguesa, no intuito de mostrar que havia racionalidade e moto próprios nas sociedades africanas, comparáveis até a estágios anteriores da própria civilização donde provinham os traficantes.

Ao arrematar a primeira demonstração, o *philosophe* se acautelou, observando que seus exemplos não tencionavam "autorizar a escravidão contra o direito natural positivo". Em seguida, sem levantar a pena da folha, afirmou isso mesmo, que o comércio da escravatura e a própria escravidão se justificavam porque "as nações têm um sistema", "têm relações particulares de seus interesses, que se lhes não podem disputar e que fazem lícita a sua legislação e as providências de sua particular administração e da sua política interna, sobre o que nação alguma tem direito de se intrometer". O tráfico era "lícito" porque não resultava de "pirataria e força armada", mas se realizava "por convenção" e em harmonia ("à avença") com os "potentados africanos". Era-lhes mesmo benéfico, porque os gentios saíam de seu continente para o "centro do cristianismo e da verdadeira religião", evitando-se muita vez, aos prisioneiros de guerra, a morte certa, poupados pelo interesse dos tiranos em negociá-los com os traficantes. Assim "demonstrado" o empenho africano na diáspora, Domingos Barreto recitou os motivos outros, de política brasílica, para a continuidade do comércio negreiro:[15] necessidade de mão de obra para a agricultura e perspectiva de cessação de lucros, devido ao que se deixaria de arrecadar na alfândega pelos escravos importados e às mercadorias que não se venderiam mais em costa d'África. Por fim, o autor refletiu sobre medidas alternativas para obter trabalhadores, que preparariam o país para a interrupção do tráfico. Neste contexto, mencionou a possibilidade de aproveitamento de africanos trazidos como livres e em contratos temporários, sugeriu providências para o aumento da população nacional, esboçou iniciativas para atrair imigrantes estrangeiros (isto é, europeus).

Bastante diverso foi o ponto de vista da exposição de José Bonifácio de Andrada e Silva em sua "Representação à Assembleia Geral Constituinte e Legislativa do Império do Brasil sobre a escravatura". O texto não chegou a ser discutido na constituinte de 1823, dissolvida precocemente por dom Pedro I, mas enfeixou a crítica mais cortante ao tráfico negreiro e à própria instituição da escravidão articuladas no país, por uma figura política de proa, até ao menos o final dos anos 1860, talvez mais tarde.[16] José Bonifácio radicou o seu discurso nas premissas do direito natural, parecendo às vezes argumentar tendo diante de si o folheto de Domingos Barreto, ou algum símile dele. Por conseguinte, se "os negros são homens como nós e não formam uma espécie de brutos animais, se sentem e pensam como nós", a razão e a humanidade mandavam que se lhes reconhecesse a condição inata de liberdade. Sofismavam os que diziam que favorecer "a liberdade dos escravos" era "atacar a propriedade"; a propriedade teria sido "sancionada para o bem de todos", não havendo como supor que os escravos se beneficiassem ao perder "todos os seus direitos naturais", tornando de "pessoa a coisa", na frase dos jurisconsultos. A propriedade escrava consistia no "direito da força, pois que o homem, não podendo ser coisa, não pode ser objeto de propriedade"; "se a lei deve defender a propriedade, muito mais deve defender a liberdade pessoal dos homens". Seus oponentes eram "traficantes de carne humana", "carniceiros" cegados pela "cobiça", "homens perversos e insensatos".

A semelhante preâmbulo seguiu-se o resumo das razões comumente alegadas em defesa da continuidade do tráfico, assim como o desmonte eloquente delas. Os tais "carniceiros" alegavam que seria "caridade" trazer escravos da África, pois escapariam de seus "despóticos régulos" e conheceriam a "luz do Evangelho"; que os "infelizes" ver-se-iam livres do clima "ardente e horrível" do país deles para experimentar o nosso, "doce, fértil e ameno"; por fim, quanto aos criminosos e prisioneiros de guerra, em vez de morrer "pelos seus bárbaros costumes", receberiam o "favor" da conservação da vida, "ainda que seja em cativeiro". José Bonifácio ponderou que essas razões valeriam alguma cousa se o objetivo fosse "buscar negros à África para lhes dar liberdade no Brasil e estabelecê-los como colonos", uma ideia que, veremos adiante, seria anátema a quem a proferisse na geração seguinte de sumidades políticas pátrias. Perpetuar a escravidão consistia em "atentado manifesto contra as leis eternas da justiça e da religião"; afinal, perguntava, se o traficante apenas resgatava o africano da situação bárbara em que jazia, "por que continuaram e continuam a ser escravos os filhos desses africanos? Cometeram eles crimes? Foram apanhados em guerra? Mudaram de clima mau para outro melhor? Saíram das trevas do paganismo para a luz do Evangelho?". Perguntas retóricas todas, pois a principal obra do tráfico era fomentar "roubos, incêndios e guerras" entre os "selvagens de África", que "morriam abafados no porão de nossos navios, mais apinhados do que fardos de fazenda", sem chance de ver a tal luz do Evangelho e os primores da civilização.

Apesar da alusão repetitiva aos africanos como "selvagens", José Bonifácio reafirmava a humanidade deles, por conseguinte a possibilidade de que se civilizassem, desde que livres dos "horrores" da escravidão. Daí a parte seguinte do opúsculo abordar medidas destinadas a melhorar a sorte dos escravos, promovendo a sua emancipação gradual. Dois pressupostos interligados informavam as ideias do autor. Primeiro, conforme o credo que se generalizava no período, a escravidão constituía obstáculo ao aperfeiçoamento das técnicas agrícolas, dificultava o uso racional dos recursos naturais, incentivava o desinteresse e a preguiça dos trabalhadores, quando não a sua hostilidade destemida aos senhores devido "ao peso insuportável da injustiça". Segundo, em analogia própria a um mineralogista, como o era José Bonifácio, não se podia construir uma nação em meio a "tanta heterogeneidade física e civil" — ou seja, "cuidemos [...] em combinar sabiamente tantos elementos discordes e contrários e em amalgamar tantos metais diversos, para que saia um todo homogêneo e compacto, que se não esfarele ao pequeno toque de qualquer nova convulsão política".[17] Por conseguinte, a cessação do tráfico africano estancaria o aumento contínuo da heterogeneidade que dificultava as perspectivas futuras de construção da nação. Além disso, quanto aos escravizados existentes no país, africanos ou não, era preciso promover a emancipação gradual deles para que se tornassem trabalhadores livres e se integrassem à sociedade — em outras palavras, o cativeiro produzira "brutos imorais", que por efeito da liberdade se transformariam em "cidadãos úteis, ativos e morigerados". José Bonifácio traduziu esse seu credo nas virtudes do trabalho livre num projeto com mais de trinta artigos destinados a atenuar o sofrimento dos escravos e a promover a alforria deles. Havia medidas para evitar a separação de famílias nas vendas de cativos, coibir castigos físicos excessivos, incentivar o pecúlio do escravo e garantir o direito à alforria por indenização de preço ao proprietário, implementar política de distribuição de lotes de terra aos libertos e assim por diante.[18] Várias das sugestões do opúsculo só se tornaram pauta de debates parlamentares e medidas legislativas meio século mais tarde; outras, como a ideia de conceder terras a libertos, jamais.

Parte do motivo para essa espécie de marcha interrompida da emancipação escrava, por assim dizer, está naquilo que esbocei anteriormente, o novo mergulho na escravidão, o "segundo escravismo", numa tradução precisa da ideia original de Dale Tomich — "*second slavery*"[19] —, que se espalhou pelo continente americano desde o final do século XVIII, na esteira da reestruturação do capitalismo no período e consequentes plantações inacabáveis de cana, algodão, café. Todavia, a força da resistência escravocrata à mudança no Brasil tem o seu colorido local, peculiar, pois não me consta que noutro lugar qualquer tenham se articulado o processo de construção de um Estado nacional independente e o intuito de defender a propriedade escrava ilegal, originária do contrabando maciço de africanos escravizados.[20]

3. Sob o domínio da ilegalidade

Foi chefe de polícia da Corte de março de 1833 a abril de 1844, com breve interrupção em 1840. Durante esse período, apesar de proibido pela lei de 7 de novembro de 1831, intensificou-se o tráfico de africanos escravizados para o Brasil. Mais de 750 mil africanos entraram no país ilegalmente nas duas décadas posteriores à aprovação da lei de 1831.

A lei de 7 de novembro de 1831 determinava, em seu artigo 1º, que "Todos os escravos, que entrarem no território ou portos do Brasil, vindos de fora, ficam livres".[1] Como o foco da lei era o tráfico africano, o vocábulo "escravos" significava prioritariamente africanos escravizados, porém parecia manifesta a intenção de acautelar a possível importação de escravizados doutras paragens. Os apreendidos seriam reexportados "para qualquer parte da África", "com a maior possível brevidade". O artigo 7º estendia a proibição de entrada "a qualquer homem liberto, que não for brasileiro"; esses libertos estrangeiros seriam igualmente reexportados. Nada se diz na lei sobre a entrada de negros estrangeiros nascidos livres, ou ingênuos, no jeito de dizer daquele tempo, omissão que daria origem a controvérsias, as quais visitaremos adiante.

No "sistema", por assim dizer, estabelecido na lei, a repressão ao tráfico englobava ações em mar e terra. O artigo 3º, ao definir os que seriam considerados "importadores", mencionava comandante, mestre e contramestre de embarcação, seus financiadores e ajudantes em terra, porém acrescentava à lista os que "cientemente comprarem, como escravos, os que são declarados livres no art. 1º". Além de determinar as penas previstas no código criminal de 1830 àqueles que reduziam à escravidão pessoas livres, os legisladores acrescentavam multas aos infratores e gratificações várias aos seus delatores. O decreto de 12 de abril de 1832, que deu regulamento à lei, pormenorizou as atribuições das autoridades e os critérios que deveriam seguir na inspeção das embarcações suspeitas de contrabando de africanos.[2] Outrossim, regulou as investigações precisas para as apreensões em terra — isto é, ocorridas após o desembarque dos escravizados, até mesmo em situações nas quais tornar-se-ia necessário estabelecer onde e quando teria ocorrido a chegada de um africano específico apreendido pelas autoridades por suspeição de que fosse contrabandeado. O regulamento ordenava que quaisquer autoridades policiais ou criminais, incluídos os juízes de paz, investigassem de pronto denúncias de "que alguém comprou ou vendeu preto boçal". A autoridade deveria mandar "vir à sua presença" o dito preto, para examinar "se entende a língua brasileira; se está no Brasil antes de ter cessado o tráfico da escravatura, procurando por meio de intérprete certificar-se de quando veio d'África, em que barco, onde desembarcou, por que lugares passou, em poder de quantas pessoas tem estado, etc.". Ademais, o regulamento não arbitrava qualquer prescrição de prazo à obrigação de investigar — isto é, "Em qualquer tempo, em que o preto requerer a qualquer Juiz de Paz, ou Criminal, que veio para o Brasil depois da extinção do tráfico, o Juiz o interrogará sobre todas as circunstâncias, que possam esclarecer o fato, e oficialmente procederá a todas as diligências necessárias para certificar-se dele: obrigando o senhor a desfazer as dúvidas, que suscitarem-se a tal respeito". O regulamento dizia, portanto, em "língua brasileira" cristalina: o direito à liberdade do africano ilegalmente importado não prescrevia nunca e ao senhor cabia o ônus da prova da legalidade de sua propriedade escrava.

A lei de 1831 produziu resultados mesmo antes de seu vir-a-ser (sic). Na segunda metade da década de 1820, em especial a partir de 1826, ano do acordo que previa a cessação do tráfico, o ritmo anual da importação de africanos era retumbante, decerto devido ao espírito previdente dos fazendeiros pátrios: mais de 60 mil em 1826, outros tantos em 1827, 58 581 em 1828, quase 73 mil em 1829. Em 1830, com o tráfico já ilegal desde março em vista dos compromissos internacionais do país, estima-se em 51 mil o número de entradas. Em 1831, ainda que a lei só viesse em novembro, ingressaram apenas 6178 africanos. Como se vê, mesmo que o tráfico não tenha sido interrompido de todo, rotundos foram os efeitos imediatos da lei de 1831. Quiçá as senzalas estivessem abarrotadas demais no início dos anos 1830. De qualquer forma, as importações aumentaram de modo gradativo, quase metódico, ao longo da década de 1830: 9013 africanos em 1832, 12901 em 1833, 18100 em 1834, salto para 37134 em 1835. Em 1836 o número de contrabandeados chegou a 52837, mantendo-se em patamar um pouco superior a este até o final dos anos 1830, estabilidade facilitada sem dúvida a partir de 1837, quando os regressistas, sob a batuta de Araújo Lima, pouco segredo faziam de sua conivência com o tráfico.[3] Foi em 1837 que recrudesceu a ideia de simplesmente revogar a lei de 1831.

Antes de chegar nisso, porém, convém dar vista d'olhos nos papéis da polícia da Corte, para observar as dificuldades, supostas ou reais, em fazer cumprir a lei de repressão ao tráfico. A queda brusca no número de importações de africanos entre 1830 e 1831 arreda de vez a ideia de que jamais houvera a expectativa de cumprimento da lei. Ao contrário, os dados indicam que importadores e fazendeiros se prepararam para a aplicação dela, uns robustecendo ganhos, outros se municiando de trabalhadores, antes que cessassem as entradas de africanos novos. O que se vê no início dos anos 1830 é o desenrolar de uma peleja cujo resultado permaneceu incerto para os protagonistas ao menos até meados da década. Em 25 de maio de 1831, portanto antes da lei que viria apenas em 7 de novembro, mas considerando o tráfico já ilegal desde março de 1830 em decorrência de compromissos internacionais, o "desembargador encarregado do expediente da Polícia" redigia ofício ao ministro da Justiça para sugerir que a Regência Provisória procedesse contra os negociantes que "a despeito mesmo do Tratado da abolição do tráfico dos escravos continuam em um comércio que tanto ofende os princípios de humanidade que ditaram aquele tratado".[4] O desembargador mencionava desembarques clandestinos próximos à Corte, constando noutros papéis do maço o registro de ocorrências que tais em Sepetiba, Ilha Grande, Mangaratiba. Também descritos na missiva eram a redução ao cativeiro e a venda de africanos apreendidos no tráfico ilegal e declarados livres. Trambique supostamente corriqueiro nesse mister consistia em simular a morte desses africanos, oferecendo-se ao governo atestados de óbito deles quando o passamento havia sido doutros escravos dos proprietários meliantes.

As autoridades policiais da Corte perceberam de pronto que o cumprimento da lei de repressão ao tráfico dependeria da eficácia de medidas destinadas a malograr a condução dos cativos contrabandeados para o interior das províncias do Rio de Janeiro, Minas Gerais e São Paulo. O assunto não se lhes apresentava como propriamente novo, pois estava vinculado à experiência de repressão ao furto de escravos, o qual dependia de igual modo de embaraçar a desenvoltura com a qual as quadrilhas desfilavam pelo interior cativos surrupiados a um proprietário, para vendê-los adiante, a outro. Assim, na longa discussão do tema em outubro de 1832 recorreu-se bastante a medidas anteriores, ao que parece referentes ao período de 1823 a 1826, mas as cópias dos documentos às vezes não estão datadas, ou aparecem no maço desmembradas e em tamanha desordem que se torna impossível restabelecer a cronologia exata dos papéis compulsados pela polícia.

Em 7 de outubro de 1832 "o encarregado do expediente da Polícia" (que parecia mudar a cada ofício, no início conturbado da Regência) escreveu ao ministro da Justiça, Honório Hermeto Carneiro Leão (futuro marquês do Paraná), para dizer que "Sendo desgraçadamente constante o abuso, que há na introdução de escravos novos, não é menos escandaloso que tais escravos sejam reexportados munidos dos competentes Passaportes Imperiais, que se me informa expedirem-se até mesmo pela Repartição de V. Exa. independentemente do passe, ou legitimação da Polícia". Na continuação do ofício, a autoridade policial prometia "examinar isto mais circunstanciadamente", disso decorrendo decerto as várias cópias de medidas anteriores misturadas a esses papéis,[5] porém antecipava que deveria caber à polícia, com exclusividade, a emissão de passaportes, pois doutra sorte não haveria como deter a interiorização dos africanos novos. É curioso observar o despacho a lápis ao alto da página desse ofício, em estética e estilo barnabés pertinentes ao tempo, no qual o ministro Honório escreveu assim: "Estou lembrado que alguns Passaportes de Escravos me têm vindo a assinar sem despacho da Intendência"; concluía singelamente que "portanto é possível que algum abuso tenha havido".

O "encarregado da Polícia" tornou a escrever ao ministro em 9 de outubro de 1832, para apresentar uma lista de dezenas de escravos que haviam recebido autorização de viagem diretamente do Ministério da Justiça, sem consulta à autoridade policial. O ofício continuou deste jeito:

> Permita-me V. Exa. que eu de novo repita, que é escandaloso o abuso, com que muitos Senhores de escravos, para subtraírem-se aos rigorosos exames da Polícia, solicitam diretamente das Repartições Imperiais (abusando da boa fé de seus Empregados) os passaportes para os mesmos, sem preencherem primeiramente os regulamentos policiais. Desta inovação resulta claramente o prejuízo da Renda Nacional, que se arrecada da Legitimação; a falta de fiscalização do pagamento das Sisas da venda dos escravos, e o inconveniente de se desembaraçarem muitos deles, que não estejam livres de suspeita de serem dos introduzidos desgraçadamente por contrabando.

O encarregado reafirmava o pressuposto de que medidas para garantir "a propriedade particular" — isto é, para evitar o furto de escravos — seriam eficazes para coibir o comércio ilegal, em terra, dos africanos não apreendidos antes do desembarque. Os regulamentos anexados, que segundo ele estavam em vigor, consistiam num conjunto articulado de ações de fiscalização. Havia "barreiras" ou postos de registro nos caminhos para o interior das províncias do Rio de Janeiro, Minas Gerais e São Paulo nos quais a documentação dos escravos deveria ser apresentada por seus condutores e examinada por fiscais. Para cada escravo haveria "o escrito da venda, que deles fizeram os antigos possuidores, e o bilhete de haverem pago a sisa respectiva do preço da venda". Nesses papéis precisaria constar "no verso a nota da Polícia", como certificação de sua autenticidade.

Visto que "a perversidade dos [...] traficantes se não limita só a escravos ladinos", existiam providências especiais quanto "aos novos, o que é mais difícil de acautelar". Nesse caso, os condutores, ao requerer "passaportes para Minas, e São Paulo, e Províncias Interiores", além de submeter os "atestados dos vendedores", teriam de entregar "uma relação em que individue a Nação de cada escravo, e as marcas que todos têm, para se conferir na Secretaria de Intendência". Tal relação, certificada pela polícia, seria conferida nas barreiras mediante o exame dela em vista dos sinais dos escravos. Noutro regulamento anexado pelo encarregado, de agosto de 1826, insistia-se muito que "o essencial destes despachos" — ou seja, da concessão de passaportes — estaria nos "atestados dos vendedores". Esses atestados seriam o "princípio original" da propriedade, poderiam dirimir dúvidas quanto à "legalidade" dela, teriam de emanar de "pessoa [...] abonada, e não atravessador, ou traficante", fazendo-se constar neles "a marca dos mesmos escravos". Em tese, esse sistema de fiscalização continha os elementos necessários para fundamentar a exigência, pelas autoridades, de documentos que permitiriam verificar a condição de qualquer africano suspeito de importação ilegal encontrado em terra, cumprindo-se assim o estabelecido a esse respeito na lei de 7 de novembro de 1831 e no regulamento de 12 de abril de 1832.

Imagino que a política atribulada logo após a abdicação de dom Pedro I, com a sucessão de gabinetes em 1832 e a consequente instabilidade das autoridades em seus cargos, tenha dificultado a adoção das medidas descritas pela polícia, contribuindo em alguma medida para que a diminuição ocorrida de fato no volume do tráfico africano não tenha se tornado permanente. Ademais, a promulgação do código de processo criminal, em 29 de novembro de 1832, instalou severa confusão institucional no que concerne à divisão de atribuições entre juízes de paz e autoridades policiais, tendência que se aprofundaria com o ato adicional de 1834.[6] Quanto a passaportes, o código atribuiu a emissão deles aos juízes de paz, alijando a polícia dessa atividade. Além disso, desobrigou o "cidadão, que viajar por mar, ou terra dentro do Império" "a tirar passaporte", deixando-o todavia "sujeito às indagações dos Juízes locais".[7] Os papéis da polícia sugerem que passou a haver dúvida a respeito da obrigatoriedade de passaportes até mesmo para libertos e escravos, mas pode ser que as lentes das autoridades policiais aumentem um pouco a dimensão da incerteza administrativa reinante, pois era óbvio que havia descontentamento na repartição devido ao novo desenho institucional.

Os problemas chegaram a galope. Em janeiro de 1833, Aureliano de Souza e Oliveira Coutinho, ao que parece intendente geral de polícia naquele momento, enviou circular aos juízes de paz para recomendar aperto na "fiscalização acerca dos passadores de escravos roubados".[8] Em resposta, o juiz de paz da vila de Itaguaí descreveu em detalhe as dificuldades que encontrava para se desincumbir de semelhante tarefa. Reclamou que a barreira existente na localidade havia sido retirada. Além disso, agora poucos viajantes "se cansam em tirar passaportes", e aqueles que traziam documentos os obtinham junto a diversas autoridades, o que tornava difícil aferir-lhes a autenticidade. Por isso "tanto libertos como cativos transitam por esta estrada livremente". O juiz de paz sugeria que o governo expedisse ordens "para que ninguém conduzisse escravos dessa Corte para fora sem o competente Passaporte da Intendência com papel de venda reconhecidos [sic] por Tabeliões para assim se poder entrar no verdadeiro conhecimento dos furtos". O intendente de polícia explicou ao juiz de paz que, não obstante o código de processo permitir viajar sem passaporte, ele autorizava os juízes a "fiscalizar sobre as pessoas [...] suspeitas de qualquer crime"; por conseguinte, às "pessoas suspeitas de condutores de escravos" poder-se-ia interrogar e exigir documentos "que provem, que a condução é lícita". Todavia, ao encaminhar o ofício do juiz de paz ao ministro da Justiça, o intendente de polícia admitiu que a extinção de barreiras e "a permissão de poder-se viajar com passaporte de qualquer Juiz de Paz (cujas letras não podem ser reconhecidas de todos) favorece[m] muito o extravio dos escravos roubados".

Ao mesmo tempo que as autoridades públicas se enroscavam nessa indefinição de procedimentos, o tema da cobiça pela propriedade e exploração do trabalho dos africanos contrabandeados invadia as páginas da correspondência policial. Eusébio de Queiróz, já chefe de polícia da Corte em 1834, enfrentou o problema dos constantes extravios dos africanos apreendidos em mar ou terra e entregues às autoridades, à espera dos procedimentos legais que lhes reconheceriam a condição de "africanos livres".[9] O chefe de polícia providenciou uma relação dos "Africanos boçais apreendidos nesta Cidade", de abril de 1832 ao início de julho de 1834. Computou 973 apreensões e diagnosticou o caos. Os juízes responsáveis enviavam os africanos à espera de julgamento para os mais diversos locais — para prisões, como o Calabouço ou o Aljube, para o depósito público, para depositários particulares, mantinha-os nas próprias embarcações apreendidas.

À guisa de exemplo dos abusos oriundos dessa falta de padronização de conduta, Eusébio de Queiróz mencionava a história de Manoel Pereira Mendes, proprietário dum "depósito dos contrabandos" (sic), que havia recebido quinze africanos em abril de 1832, mas logo depois dera oito deles como mortos, um como fugido. Os "boçais" que sobraram, interrogados sobre a situação, contaram às autoridades que "os falecidos eram somente dois, e que os mais tinham sido vendidos para Minas, e Iguassú, assim como que dois existiam em poder de José Pinto de Andrade, na Ponta do Caju, os quais já apareceram, desmentindo formalmente aquele dilapidador". Impressiona talvez, nessa história, que Eusébio tenha atribuído aos próprios africanos novos a obtenção de informações tão detalhadas a respeito das fraudes cometidas pelo tal depositário. Teremos de voltar a essa questão difícil, sobre o que sabiam os africanos importados após 1831 a respeito de sua própria condição, e como utilizavam, fosse o que fosse que soubessem, na política cotidiana da escravidão e da liberdade.

Eusébio de Queiróz buscou remediar a situação determinando que, doravante, todos os africanos apreendidos seriam depositados na Casa de Correção da Corte. Com isto, ao que parece, logrou centralizar os problemas, mas não ficou livre deles. Logo teve de lidar com outros, decorrentes da própria medida que tomara. Com o tráfico clandestino a ganhar pique, as apreensões também aumentavam, ainda que fossem ínfimas em relação ao volume do contrabando. A correspondência da polícia registra várias ocorrências de furto de africanos na própria Casa de Correção, às vezes com suspeita de conivência dos guardas dela, menciona quadrilhas que faziam verdadeiras razias para levar dezenas de africanos duma só vez. O acaso às vezes levava à Correção uma leva de cem, duzentos africanos apreendidos em determinada embarcação. O resultado disso eram doenças contagiosas entre os africanos aglomerados em condições insalubres, enfermarias lotadas, orçamento insuficiente para comprar os mantimentos necessários. A cada nova leva de africanos encaminhada à Correção, o chefe de polícia providenciava reforço da guarda, pedia socorro à Santa Casa e hospitais militares para tratar dos enfermos, corria atrás de recursos para lidar com as despesas. Não fossem os africanos as verdadeiras vítimas, poder-se-ia ter dó da sina do chefe de polícia da Corte.[10]

As agruras de Eusébio de Queiróz no que respeita aos africanos apreendidos devem ter diminuído em consequência do decreto de 19 de novembro de 1835, que reorganizou a arrematação dos serviços deles. As "instruções" para a aplicação do decreto priorizavam a necessidade de trabalhadores para as obras da Casa de Correção da Corte, pois a comissão inspetora dessas obras teria a prerrogativa de separar primeiro os africanos livres que "julgar necessários", "preferindo os que já se acham aprendendo ofícios, e têm mostrado mais amor ao trabalho".[11] Os demais seriam distribuídos por outras repartições públicas e arrematados por particulares. Destarte, em 20 de março de 1836 um ofício do chefe de polícia ao ministro da Justiça deixa ver que acabavam de ser entregues quarenta africanos ao Ministério da Guerra, vinte ao Ministério do Império, 28 ao presidente da província do Rio de Janeiro.[12] Nas duas décadas seguintes, os serviços dos africanos livres foram largamente utilizados em obras públicas de vária espécie e a concessão dos serviços deles a particulares azeitou a máquina de apadrinhamento e suborno do governo imperial, comprando até mesmo penas de aluguel na imprensa, como no caso rumoroso do jornalista conservador Justiniano José da Rocha, episódio que veio à tona em meados da década de 1850.[13]

O equacionamento do problema dos africanos livres por meio da utilização mais intensa deles em obras públicas e da concessão de seus serviços a particulares sugere, talvez paradoxalmente, que o tráfico clandestino escapara de vez ao controle do governo imperial. Afinal, a escolha pela racionalização do uso do trabalho dos africanos apreendidos, em número residual porém crescente devido ao volume das importações, significava deslocar o foco para longe do objetivo de aplicar a lei, reprimindo decididamente o tráfico, o que significaria, a médio prazo, deixar de ter novos africanos livres com os quais lidar. O ano de 1835 é uma encruzilhada, pois, em meio à agitação política associada à primeira eleição para a regência e à eclosão de revoltas separatistas nas províncias, outros dois processos, à primeira vista contraditórios, parecem confluir na Corte — quais sejam, a intensificação do contrabando de africanos e a apreensão das autoridades com a rebeldia escrava na esteira da insurreição dos malês, em Salvador, ocorrida no final de janeiro. Não se afigurava leve o ofício de se equilibrar entre a pressão de traficantes e fazendeiros pela importação crescente de trabalhadores africanos e a preocupação com a segurança pública, diante do exemplo apavorante da rebelião urbana dos negros da capital baiana.

A correspondência policial dos meses posteriores a janeiro de 1835 deixa ver uma espécie de paúra geral, em breve temperada pela filtragem criteriosa do fluxo de informações que chegava à Corte a respeito dos acontecimentos na Bahia. Quanto ao primeiro tipo de reação, originou ordens como a de 18 de março de 1835, que recomendava aos juízes de paz que fizessem "prender por seus oficiais, inspetores e rondas todos os escravos, que forem apanhados na rua depois das oito horas da noite sem escrito dos seus senhores sendo-lhes entregues no dia seguinte depois de correcionalmente castigados"; em 19 de maio, Eusébio de Queiróz informava ao ministro da Justiça que conseguira alguém para realizar averiguações sobre certo "club de Africanos", solicitando ao superior que liberasse cem mil-réis para as despesas; em junho, o chefe de polícia acompanhava atentamente rumores (depois ditos infundados) sobre plano concertado de rebelião escrava em Bananal, São João do Príncipe, Resende, Barra Mansa e Areas; em 8 de novembro, Pedro Antonio da Silva, preto forro, foi obrigado a assinar termo de que não mais admitiria "em sua casa ajuntamentos de pretos forros".[14]

Em 23 de abril, o preto Francisco foi preso na freguesia de Santana porque carregava cem mil-réis e dizia a quem quisesse ouvir que os utilizaria para comprar uma passagem para a França; em 27 de maio, na Candelária, o preto-mina Manoel José Henrique resolveu testar os nervos senhoriais ao levantar "uma bandeira tricolor em um pau" e proferir "expressões insultantes". Foi para o xilindró. Desconfio que o principal delito desse preto não consistira em seu possível apego a ideias francesas, porém no fato de ser identificado como "mina". De fato, a repressão policial na Corte após o levante baiano de 1835 não ocorreu a esmo, mirando africanos ou pretos em geral, conduta de resto incompatível com o recrudescimento do tráfico clandestino, já em curso. O maço da correspondência policial referente ao ano de 1835 traz logo no início um documento, datado de 27 de fevereiro, cujo tema é a decifração de um "escrito dos Nagôs da Bahia".[15] Aos poucos, nota-se que a polícia da Corte adotou um foco preciso, que consistia em perseguir os pretos-minas (nagôs) existentes na cidade, desconfiando de qualquer possível vínculo deles com a Bahia, evitando a todo custo o desembarque de libertos minas vindos de lá, exigindo documentação detalhada deles e dos escravos enviados de Salvador para venda.

Se é verdade que a necessidade de fazer cumprir a lei de 7 de novembro de 1831 não fora suficiente para organizar a burocracia imperial quanto aos passaportes de escravos e libertos, a rebelião escrava de 1835 produziu efeitos miraculosos nessa área. Em aviso de 18 de março de 1835, mesmo dia no qual mandara prender e castigar qualquer escravo pilhado na rua, sem bilhete do senhor, depois das oito horas da noite, Eusébio ordenou ao "secretário de visita de Polícia" — isto é, ao indivíduo encarregado de fiscalizar as embarcações entrantes no porto do Rio — que

> d'ora em diante não deve permitir desembarque a escravo algum, ainda que venha em companhia de seus senhores, não trazendo passaporte legal das Autoridades competentes. Outrossim, não permita o desembarque dos libertos, que não provarem ser cidadãos Brasileiros. E a respeito dos escravos vindos da Bahia, não permitirá o desembarque de nenhum, inda que traga passaporte, sem apresentar folha corrida. E a todos estes a quem não é permitido desembarcar, fará que os Mestres dos Navios assinem termo de os reexportar, isto é de fazê-los sair para onde quiserem, sem que venham à terra [...].[16]

O aviso do chefe de polícia teve origem em correspondência anterior, mas datada do mesmo dia, na qual o ministro da Justiça, preocupado com a chegada de "muitos escravos ladinos" provenientes da província da Bahia, solicitara atenção redobrada para não consentir "que desembarquem sem se mostrarem livres de crimes, e sem suspeita de serem envolvidos na última insurreição daquela cidade". Em seguida, no mesmo ofício, o ministro esclarecia que "a inteligência óbvia, e clara" do artigo 118 do código de processo criminal, aquele que eximia os cidadãos de porte de passaporte em viagens no interior do país, "não pode estender-se aos escravos", "nem tão pouco aos Africanos, e quaisquer outros libertos, que pela Lei não sejam Cidadãos Brasileiros".

Todavia, em estilo tão próprio dele, Eusébio de Queiróz traduzira a ordem ministerial de modo abrangente demais: "nenhum" escravo vindo da Bahia desembarcaria sem apresentar "folha corrida". Os protestos apareceram de pronto, obrigando o ministro Manoel Alves Branco a emendar o subordinado, em ofício de 13 de abril de 1835:

> a ordem expedida para a exigência de folha corrida dos escravos vindos da Bahia, deve entender-se limitada àqueles, que aqui se

> vêm vender, e que podem ter sido envolvidos na insurreição de 24 e 25 de Janeiro, como os Africanos maiores, *principalmente Minas*; *e jamais extensiva* a crianças, mulheres, *crioulos, e pardos, que não consta terem tido parte na dita insurreição*, nem aos que acompanham famílias, e pessoas sem suspeita, que para aqui se transportam, e os trazem para seu serviço [grifos meus].

O corretivo do ministro buscava desautorizar aproximações "generalistas", inespecíficas, às políticas de vigilância e repressão decorrentes da rebelião de 1835. Ao interpretar as informações disponíveis, Alves Branco concluía que não se devia incomodar crioulos, pardos, até mesmo africanos outros que não os minas, com medidas ostensivas. Seria contraproducente espalhar o terror entre os negros em geral, ou mesmo apenas entre os africanos, conjunto de gente variada, de dezenas de etnias diferentes, quase todas elas sem qualquer suspeita de participação nos acontecimentos baianos. Ademais, os africanos continuavam a chegar, agora de novo às dezenas de milhares, por contrabando, provenientes em sua esmagadora maioria de pontos de embarque no continente africano muito distantes daqueles donde teriam vindo os rebeldes de Salvador. Segundo os dados disponíveis, dos 265 909 africanos desembarcados nas províncias do Centro-Sul do país de 1831 a 1840, 262 171, ou 98%, provinham das regiões Centro-Ocidental e Sudeste do continente africano.[17] Em suma, do ponto de vista da lógica senhorial-escravista, não havia dúvida sobre o que fazer: manter vigilância rigorosa sobre os minas, em especial os provenientes da Bahia;[18] quanto à chegada de novos africanos, se assim havia de ser diante da pressão dos cafeicultores, nada levava a crer que viriam para reproduzir o tipo de insurreição que rebentara em Salvador. A rebeldia deles seria doutro barro, como mostram estudos recentes, tipo de perigo quiçá mais opaco à percepção senhorial.[19]

O que se segue é que a política do governo imperial no que tange aos africanos tornou-se bipartida, quem sabe bipolar, a partir de meados da década de 1830 — monomania eufórica na perseguição aos pretos-minas, prostração interessada, ou aquiescência ativa, quanto à chegada de centenas de milhares de africanos criminosamente escravizados. Seguem episódios de monomania, em ordem cronológica, sem qualquer intenção de ser exaustivo quanto ao que há nas fontes compulsadas (outros exemplos surgirão ao longo do texto). Em julho de 1835, Eusébio de Queiróz explicava ao ministro que enviara para o Rio Grande os escravos Zacarias, de nação jeje, e Marcolino, mina, porque eles tinham chegado da Bahia sem folha corrida; o problema é que os ditos cativos haviam sido enviados à Corte para serem entregues ao comerciante Carvalho, que os receberia em pagamento pelos queijos, marmelada e toucinho que havia enviado ao seu parceiro Bastos, radicado em Salvador. O chefe de polícia não quis conversa e explicou que o seu "objetivo" consistia em "evitar o desembarque, na Corte, de escravos vindos da Bahia".[20] Em 9 de dezembro de 1835, uma embarcação portuguesa com 46 "pretos forros de nação Mina", vindos da Bahia, aportou no Rio de Janeiro; estava a caminho da África e, ao que parece, o capitão da embarcação queria autorização para desembarcar os passageiros enquanto tomava providências para a continuação da viagem. Apesar de portarem passaportes, de trazerem certificado do chefe de polícia da província de que estavam "livres de culpa", de haver várias mulheres e crianças entre eles, os africanos não foram autorizados a desembarcar, deixando-se apenas que fossem transferidos para outro navio enquanto aguardavam o prosseguimento da viagem.[21] Em 27 de junho de 1836, Eusébio contou em ofício a história do preto Antônio Nagô, que viera de Salvador havia dezesseis meses; como não apresentara passaporte, fora transferido de embarcação em embarcação sem nunca pôr os pés em terra. Agora o chefe de polícia decidira enviá-lo de volta à província donde viera.[22]

Por fim, em 23 de fevereiro de 1837, Eusébio de Queiróz escreveu ao ministro para defender o procedimento de exigir folha corrida, pois impediria "de ir para fora os pretos Minas, que estiverem pronunciados".[23] Não tenho certeza do que se diz aqui, se a referência é à possibilidade de esses pretos irem "para fora" dos navios nos quais vinham, ou se a questão é se irem talvez impunes, havendo contra eles algum procedimento judicial em andamento. Pouco importa, pois o sintoma definitivo da monomania reinante vem a seguir; ainda o impagável Eusébio: "A verdadeira medida a tomar com os pretos Minas perigosos em toda a parte, e cujo número aqui vai crescendo, com a emigração da Bahia, é fazê-los sair para o seu País, não esperando para isso tempos em que eles causem sustos e desconfianças". Essa observação do chefe de polícia inspirou-se em outra, de um certo Antônio Luiz Pereira, cujo cargo oficial não se menciona, mas cujo trecho capta com maestria o "espírito" reinante quanto aos pretos-minas. Não me furto a transcrever a passagem, inteira:

> Morando em meu Distrito grande quantidade de pretos Minas que continuamente me requerem passaportes para diversos lugares desta Província a fim de comprarem galinhas, e como seja geral o clamor contra esse aluvião de pretos dessa Nação, que infestam as Fazendas, seduzindo incautos escravos tenho concebido a necessidade de uma medida, que dificulte o ingresso de tal gente pelos nossos campos, e vem a ser só conceder-se passaportes a aqueles que se apresentarem sem crime por uma folha corrida, e um Fiador idôneo, que se responsabilize a responder pelos danos, que seus afiançados causarem no progresso de sua viagem.

Ao passo que se esmerava na vigilância aos pretos-minas entrados da Bahia, acumulavam-se indícios de que o chefe de polícia perdia de vez o controle da situação no que tange ao tráfico ilegal. Segundo a legislação vigente, os procedimentos relativos à apreensão de qualquer barco suspeito de contrabando de pretos d'África começava com a "visita de Polícia", destinada a determinar a presença de africanos a bordo e apreendê-los, procedendo-se legalmente contra os responsáveis. Não havendo escravizados à vista, os peritos deveriam examinar demais circunstâncias e aspectos que pudessem revelar envolvimento recente com o tráfico ilegal.[24] Concluindo-se que havia o que apurar, um dos juízes de paz da localidade seria designado para conduzir tais procedimentos — no caso da Corte, atuava nisso o juiz de paz do primeiro distrito da freguesia de Santa Rita. Aos poucos, torna-se comum encontrar nos papéis da polícia cousas como essa, de 15 de dezembro de 1836: "Foram impedidos e postos à disposição do Juiz de Paz do 1º Distrito de Santa Rita por virem da Costa d'África em lastro os Brigues Portugueses *Brilhante*, e *Minerva*, os quais foram pelo mesmo juiz desimpedidos".[25] Há outra meia dúzia de exemplos no mesmo maço de documentos, com o juiz de Santa Rita apreciando os casos de embarcações suspeitas e as liberando — parece que todas. Apreensões e liberações continuaram frequentes em 1837.[26] Dizia-se "em lastro" uma embarcação que chegava ao porto sem mercadorias a bordo, levando no porão apenas carga indispensável para garantir o equilíbrio. Quando uma embarcação procedente da costa d'África aportava assim, suspeitava-se que havia desembarcado a "carga" — isto é, africanos contrabandeados — nalgum ponto remoto da costa, dirigindo-se depois ao cais para aprontar a viagem de regresso.

Eusébio de Queiróz começou a acusar conhecimento pleno do que ocorria no segundo semestre de 1837. Em 23 de outubro, escrevia ao ministro da Justiça para defender a presença de um alto funcionário da alfândega nas visitas às embarcações "que entrarem da Costa". Justificava a medida com certa irritação:

urgia pôr "um freio à descarada proteção, que os traficantes de negros encontram da parte dos Peritos".[27] Ao fazer esse comentário, por certo já estava inteirado do assunto que seria objeto de outro ofício seu ao ministro, Bernardo Pereira de Vasconcelos, em 1º de novembro. Nele dizia que a visita de polícia do porto do Rio estava entregue a dois "Secretários da Inspeção de Saúde", dos quais até recentemente fazia "bom conceito", por sua "inteligência" e por não lhe constar que prevaricassem. Todavia, por meio de "negociantes respeitáveis" da praça, viera ao seu conhecimento que "tudo se conseguia daqueles dous empregados, uma vez que se quisesse gastar". Deixava-se ir viajante sem passaporte, vir à terra passageiro de navio impedido, e cousas que tais, mas era em relação aos navios de Costa d'África que esses indivíduos exerciam a "sua rapina" com maior desenvoltura. Havia até mesmo um preço estabelecido que, sendo satisfeito pelos responsáveis pelos navios detidos, garantiria a sua pronta liberação; aos que se recusavam à taxa cobrada, "então o impedimento era rigoroso, demoravam-se as partes, e punham-se todos os tropeços possíveis". O chefe de polícia explica que só chegara a acreditar em semelhante "escândalo" de "corrupção" porque diferentes "pessoas dignas de todo o crédito" lhe reportaram fatos semelhantes. Mostrava-se indignado em especial pela circunstância de "aqueles dous provocadores" terem levado "o arrojo ao ponto de inculcar para extorquir maiores quantias, que o produto das peitas devia ser partilhado com seus superiores!". Probidade própria em jogo, Eusébio apurou as denúncias, confirmou-as, e pedia a demissão dos funcionários. Esclarecia que não seria possível agir judicialmente contra eles, pois as testemunhas, "por motivos bem fáceis de conhecer", recusavam-se a ir a juízo — claro, pois os "negociantes respeitáveis", "pessoas dignas de todo o crédito", haviam eles próprios pago a propina exigida pelos prevaricadores. O despacho que consta do ofício, provavelmente do ministro, segundo os estilos do tempo, é o seguinte: "Guarde-se com reserva". Despacho suspeito, pois fica-se sem saber se os corruptos foram demitidos; ademais, o ministro da Justiça, Bernardo Pereira de Vasconcelos, destacou-se na defesa do tráfico, nunca se mostrou interessado em reprimi-lo.[28]

Ainda em 1837, Eusébio de Queiróz recebia notícias do modo como a corrupção se espraiava em terra, entre juízes, inspetores, guardas. As apreensões de africanos recém-chegados, ditos "boçais", aconteciam pela cidade inteira naquele período, em geral ocorrências isoladas, às vezes proporcionadas pela própria fuga de africanos do seu lote de contrabandeados, perdidos eles ou elas num espaço desconhecido, hostil, gente à espreita para escravizá-los apenas surgida a oportunidade. São histórias a rodo, a mostrar a maneira rotineira, naturalizada, como aquela sociedade atribuía ao "africano novo" o lugar de escravo, quase inimaginável o dispositivo legal que lhe reconhecia o direito à liberdade. Atenho-me a poucos episódios, nos quais o próprio chefe de polícia comenta a força do costume no desrespeito à lei de 1831.

Em setembro de 1837, Eusébio de Queiróz oficiava ao ministro sobre o caso de dois africanos apreendidos na rua da Guarda Velha, a respeito dos quais correra processo no juízo de paz do segundo distrito de São José.[29] O dito juiz de paz considerou contrabandeados os africanos; ato contínuo, "em atenção ao miserável estado em que os mesmos se achavam", "cobertos de sarnas", requereu para ele próprio a concessão dos serviços dos novos "africanos livres" — e queria que os serviços deles lhe fossem conferidos "sem ser obrigado a pagamento algum", devido ao estado em que se achavam! Todavia, os peritos que deveriam atestar a condição de recém-chegados dos dois pretos, não obstante reconhecerem "por alguns sinais parecessem boçais", observaram que por outros "provavam terem eles trabalhado há muitos anos em serviço do nosso País" (sic!), para concluir que os pretos não deviam ser declarados "africanos livres". A sentença, proferida por juiz outro que não o original da causa — aquele interessado no serviço dos pretos como africanos livres —, concluía não existir "a menor prova de que com efeito sejam os dous pretos apreendidos, Africanos buçais". E mandava entregá-los a Francisco Beranger, suposto "Senhor dos ditos". Para o chefe de polícia, o desfecho de "todo este negócio" não seria "outra cousa mais que a repetição de muitos fatos pelos quais constantemente se tem iludido a Lei". Outro episódio, brevíssimo, de outubro de 1837, consiste em troca de correspondência entre Eusébio e o ministro Vasconcelos sobre o provimento de força, policial ou militar, para efetuar diligências de apreensão de africanos contrabandeados existentes na cidade. O problema era garantir, viesse donde viesse a "força", que fossem "bons soldados", capazes de resistir "às peitas, que os traficantes usam oferecer".

Capítulo à parte era a pressão britânica, a constranger e exigir explicações às autoridades brasileiras. Em 2 de outubro de 1838, Eusébio de Queiróz encaminhou longa missiva a Bernardo Pereira de Vasconcelos, ambos a lidar com denúncias feitas por Lorde Palmerston ao ministro brasileiro em Londres.[30] A abrangência dos temas abordados deixa ver o quanto a corrupção associada ao tráfico negreiro ilegal espraiava-se pelos diversos ramos do serviço público, infiltrava-se na sociedade inteira. A nota de Palmerston dizia que só na província do Rio de Janeiro haviam entrado 46 mil africanos contrabandeados durante o ano de 1837, em geral por intermédio de navios com bandeira portuguesa. O chefe de polícia esquivava-se quanto aos dados provinciais, pois "apenas posso falar relativamente ao Município da Cidade, por não se estender além a minha jurisdição". Ao prosseguir, admitia que 94 navios provenientes da costa d'África tinham entrado na Corte em 1837, "devendo seguramente ser considerável o número dos Africanos importados, porque quase todos os Navios vindos daquela Costa se ocupam desse tráfico". Em outras palavras, Eusébio reconhecia, agora placidamente, que aqueles navios amiúde liberados pelo juiz de paz de Santa Rita pertenciam mesmo a traficantes. O "segundo fato" alegado por Palmerston concernia à venda aberta, nas ruas do Rio de Janeiro, de africanos recém-importados; denunciava-se também a existência, em Itaguaí, de "um mercado regular de escravos exatamente do mesmo modo, como antigamente costumava a haver antes de ser o comércio de escravos abolido". De novo, sobre Itaguaí, o chefe de polícia dizia estar fora de sua jurisdição. A respeito da Corte, alegava não ser exata a assertiva de que se vendiam africanos "publicamente nas ruas dela". Reconhecia haver africanos na cidade "em não pequeno número" — "infelizmente"; no entanto, não estavam em segurança os seus possuidores, alguns eram presos, processados, até condenados. Porém quase espanta a declaração seguinte de Eusébio, confirmadora da observação de Palmerston de que as autoridades brasileiras assistiam à violação da lei de 1831 "com aquiescência passiva e conivente" (se me coubesse emendar o tal lorde, diria "aquiescência ativa"). Ademais, a passagem presta testemunho sobre a força social da escravidão naqueles anos de formação do Estado imperial:

> Entretanto, é forçoso confessar, que a punição deste crime encontra inúmeros obstáculos. O interesse, o hábito, e o comprometimento de grande parte da nossa população especialmente dos agricultores se armam para proteger os acusados deste crime; e a nossa forma de processo exige para a imposição de penas graves um concurso de tantas vontades, que é quase impossível reuni-las, quando se trata da importação de Africanos.
>
> Os esforços de uma, ou outra Autoridade por muito elevada, que seja, são impotentes, são inúteis; e a impunidade, que daí resulta explica bem a frequência deste crime.

A Nota foi escrita em um país, onde há júri, e onde por consequência o mesmo necessariamente deve acontecer; quando se tratar de executar Leis proibitivas, que se oponham às ideias de grande parte da população.

Noutras palavras, Eusébio de Queiróz jogara a toalha, achava que não havia o que fazer contra o tráfico porque ele estaria de acordo com as "ideias de grande parte da população". Há aqui o germe de famoso discurso dele, proferido na Câmara dos Deputados em 1852, quando já fora ministro da Justiça e guindado à condição de patrono da lei de 4 de setembro de 1850, que de fato extinguira o tráfico. Diria na ocasião que, quanto ao contrabando de africanos, os "homens políticos" do tempo se haviam "curvado" à "lei da necessidade", lei essa que consistia nos "interesses de nossos agricultores". Diante disso, políticos e autoridades públicas não poderiam ser arguidos de erro ou crime na matéria, pois haviam deixado de cumprir as obrigações legais inerentes a seus cargos por "razões muito fortes".[31]

Pode ser que houvesse um certo desassossego de espírito em Eusébio de Queiróz, a remanescer cerca de quinze anos depois, ao fazer esse tipo de declaração no Parlamento nacional. Afinal, já o vimos, numa ou noutra ocasião, a mostrar indignação contra traficantes a oferecer "peitas", peritos a embolsá-las. Por isso não deve ter sido inteiramente anódina a experiência de ter de fingir que não era com ele, ao receber, por exemplo, cópia de outra nota inglesa, em junho de 1841, na qual se descia a pormenores sobre o esquema de corrupção existente em torno do juízo de paz do primeiro distrito de Santa Rita, situação conhecida pelo chefe de polícia ao menos desde 1837.[32] A tal nota era cruelmente precisa, ao articular o que se vê com facilidade nos papéis da polícia que temos analisado. Dizia-se que o juiz de paz de Santa Rita desembaraçava irregularmente os navios que vinham da costa d'África em lastro, a ponto de os capitães deles sequer fazerem muito caso quanto a "ocultar as provas de seu ilícito emprego". Prosseguia assim:

> Os numerosos tonéis, as caldeiras, etc., o mau cheiro peculiar aos navios negreiros, assim como os horríveis instrumentos do abominável tráfico de seres humanos, tais como cadeias, ferros, grilhões etc. ficam apenas escondidos nos navios enquanto nominalmente são examinados pelo Juiz de Paz de Santa Rita: contudo invariavelmente, depois do anúncio do costume de que este navio, que geralmente se sabe ter desembarcado um número de africanos em algum ponto particular, vem diretamente da Costa d'África em "lastro" (circunstância só suficiente para dar matéria para suspeita e detenção) que ele tem sido posto debaixo da inspeção da Polícia, — apenas um ou dois dias depois, anuncia-se publicamente que o navio em questão, tendo sido examinado pelo Juiz de Paz de Santa Rita, se acha desembaraçado de qualquer outra dificuldade, e se lhe concede seguir para o ancoradouro usual, onde se prepara para uma nova viagem [...] [sic, quanto à pontuação na passagem inteira].

Quase tudo que era necessário saber para dar cabo do contrabando de africanos para a Corte, "jurisdição" de Eusébio de Queiróz, estava nesse curto trecho. Após a lei de 1850, como veremos, a captura intransigente de qualquer navio vindo da costa d'África "em lastro" foi essencial para desbaratar de vez o negócio dos tumbeiros. Naquele momento, todavia, junho de 1841, o chefe de polícia limitou-se a pedir as explicações devidas ao juiz de paz. Este, imperturbável, enviou ofício dizendo que cumpria as suas obrigações, que as acusações eram infundadas. Alegou que não lhe cabia deter navios devido a "suspeitas vagas", pois causaria prejuízo ao comércio. Quiçá para tripudiar, acrescentava que o fato de um navio vir "em lastro" da costa d'África não consistia em motivo suficiente para que fosse tratado como suspeito de tráfico negreiro. Eusébio de Queiróz limitou-se a encaminhar ao ministro as explicações do juiz de paz de Santa Rita. Nenhum comentário, silêncio sobre o mérito do assunto.[33]

4. Modos de silenciar e de não ver

Em junho de 1837, propôs ao parlamento imperial a revogação da lei de proibição do tráfico africano de 7 de novembro de 1831. Os efeitos da revogação seriam retroativos, de modo a garantir a impunidade dos proprietários que haviam adquirido africanos introduzidos no país por contrabando.

A escravidão levou consigo ofícios e aparelhos, como terá sucedido a outras instituições sociais. Não cito alguns aparelhos senão por se ligarem a certo ofício. Um deles era o ferro ao pescoço, outro o ferro ao pé; havia também a máscara de folha de flandres. [...] *Era grotesca tal máscara, mas a ordem social e humana nem sempre se alcança sem o grotesco, e alguma vez o cruel. Os funileiros as tinham penduradas, à venda, na porta das lojas. Mas não cuidemos de máscaras.*

Machado de Assis, "Pai contra mãe",
Relíquias de casa velha, 1906

Em meados de 1837, parecia claro que o tráfico negreiro estava fora de controle, a costa brasileira porosa ao que viesse dar nela vindo de costa d'África. Verdade que essa afirmação é um tanto irônica, paradoxal até, visto tal descontrole coincidir em parte com a presença na pasta da Justiça de Francisco Gê Acaiaba de Montezuma, futuro visconde de Jequitinhonha, inimigo do tráfico ilegal. Numa gestão curta, de apenas quatro meses, entre maio e setembro de 1837, Montezuma contou com a colaboração de autoridades da alfândega na apreensão de mais de trinta navios suspeitos de contrabando. Contudo, o gabinete ao qual pertencia caiu dentro em breve, com a renúncia do regente Feijó; o que se lhe seguiu tinha Bernardo Pereira de Vasconcelos como ministro da Justiça, e as embarcações detidas acabaram exoneradas de envolvimento no tráfico.[1] Quase 57 mil africanos entraram no país ilegalmente em 1837.[2]

Enquanto Montezuma remava contra a corrente, o Senado imperial iniciava a discussão de uma proposta para revogar a lei de 7 de novembro de 1831. Não sei como adjetivar o discurso do autor da proposta, o marquês de Barbacena, em justificativa dela; tantos qualificativos me ocorrem que chego a perder o verbo. Melhor deixar falar a fonte, no jargão do ofício nosso, de historiador.

Senado imperial, sessão de 30 de junho de 1837, com a palavra o marquês de Barbacena:

> Sr. Presidente, seis anos de experiência nos têm feito conhecer que a Lei de 7 de Novembro de 1831, bem longe de pôr um termo final ao tráfico da escravatura, como ardentemente desejava então, e ainda hoje deseja o Corpo Legislativo, parece que, pelo contrário, foi poderoso estímulo para dar energia, desteridade e fortuna a essa classe de negociantes, que especialmente se ocupa de importar escravos.
>
> Nos primeiros dois anos, depois da Lei, foi mui pequena a importação, porque ainda não se haviam descoberto os meios de iludir os exames na entrada e saída dos portos; não se haviam estabelecido vários depósitos para recepção dos escravos, o ensino da língua portuguesa; não existiam corretores organizados em força para levar os escravos a cada fazenda, para tentar a inocência dos lavradores. Logo porém, que toda esta máquina foi montada, começou a crescer a importação a ponto, que bem se pode dizer sem receio de exageração, que ela tem sido nestes últimos três anos muito maior do que nunca fora nos tempos do comércio franco e legal. Se o Poder Legislativo consentir indiferente que o impulso dado a este contrabando continue no movimento acelerado que tem adquirido, o Brasil será bem depressa, não o imitador e rival da Costa d'África [sic].
>
> Um mal, Senhores, quase sempre vem acompanhado de muitos outros; assim o horroroso crime dos importadores de escravos achou apoio da parte dos nossos lavradores, que, comprando a princípio os escravos, que supunham ladinos, porque falavam mais ou menos português, e tirando grandes proveitos deste recrutamento, pelo alto e constante preço de nossos gêneros, principalmente do Café, não duvidaram depois comprar quantos apareciam ladinos ou novos, seduzidos pelo irresistível desejo,

natural em todos, de conservar e aumentar a própria fortuna. Entretanto qual não pode vir a ser o funesto resultado desta infração da Lei? A Assembleia Geral Legislativa que, com tanta previsão política, soube ocupar-se da cessação do tráfico da escravatura, saberá agora, com igual previsão benéfica, ocupar-se da sorte dos lavradores. Longe de mim fazer o elogio daqueles que infringiram a lei com pleno conhecimento de causa; mas confesso ingenuamente, que nenhuma infração de lei jamais houve que apresentasse tão plausíveis razões para ser atenuada, se não esquecida como aquela que tem cometido os lavradores do Brasil. Dizem eles, com singeleza e verdade: Não havendo braços livres como não há, para substituir os escravos, a consequência necessária será diminuir anualmente e com extraordinária rapidez o produto de nossas fazendas, porque as moléstias, velhice e mortalidade, dão cabo do maior exército, não havendo recrutamento. Duro é sermos condenados à pobreza voluntária; mas, pois que o Governo assim o quer, dê as providências que entender para que os escravos não desembarquem no Brasil, e contente-se com isso. Pretender que os lavradores não comprem escravos quando lhes levarem à casa, quando mesmo muitas vezes não há meios de conhecer se são ou não de contrabando, é exigir mais do que pode fazer a espécie humana.

Quem haverá que desconheça a força deste raciocínio? Em verdade, senhores, rejeitar um proveito imediato para evitar um grande mal futuro, é próprio dos homens de Estado, dos legisladores do Império, mas muito... conhecimento do comum dos homens [sic]. Não só falo, torno a repetir, dos que infringiram a lei, porque melhor fora usar desde logo do direito de petição, a que ultimamente recorreram algumas Câmaras Municipais; mas sustentarei afouto que, havendo circunstâncias em que a razão e a política aconselham o esquecimento do crime, nunca foram elas mais imperiosas do que a respeito daquele de que falo. Não são brasileiros turbulentos ou revolucionários, que com as armas na mão quiseram derrubar o Governo e a constituição, aos quais, algumas vezes se tem concedido anistia; são proprietários tranquilos, chefes de famílias respeitáveis, homens cheios de indústria e virtude, que promovem a fortuna particular e pública com o seu trabalho, os quais, por dobrados títulos merecem completo esquecimento sobre a infração que cometeram.

Conhecendo perfeitamente os sentimentos do Senado, porque tenho a honra de sentar-me neste recinto, desde o primeiro dia da sua instalação, eu não faria a injustiça de ocupar por mais tempo a vossa atenção sobre a necessidade urgentíssima de refundir a citada lei de 7 de novembro de 1831, em outras que dê [sic] providências mais amplas e mais eficazes em seus efeitos, providências que, tornando difícil e quase impossível a importação de escravos, não prejudiquem a sorte dos lavradores. Eles são dignos da maior segurança, sobre o gozo constante, absoluto e perfeito de sua propriedade, e o Senado, por dever, por honra e por vontade, se ocupará sempre de promover e conseguir essa segurança na maior extensão possível.

Levado pelas razões que tenho expendido, e por muitas outras que não escaparam [ou escaparão] à vossa perspicácia e discrição, eu fiz um Projeto de Lei, que vou humildemente oferecer a vossa consideração. Não confio no meu talento, mas na boa causa que defendo.[3]

Ao historiar a trajetória do tráfico desde a lei de 1831, o objetivo de Barbacena era não somente firmar a ineficácia dela, mas defender a doutrina de que a legislação não vinha sendo cumprida devido à força dos costumes senhoriais e em vista do interesse econômico dos fazendeiros de café. Dito doutra forma, o direito costumeiro dos senhores ao trabalho escravo, no contexto das oportunidades expandidas de riqueza proporcionadas pela cafeicultura naquele momento, tornava a lei de proibição ao tráfico de 1831 contrária à própria natureza daquela sociedade, impossível de sustentar diante das práticas das gentes, por assim dizer. Há aqui algum eco do raciocínio de Domingos Barreto, lá por onde começamos, ao defender que o tráfico estaria validado pelos "pactos sociais" das nações que o praticavam. Além disso, havia um problema prático, tornado premente pelo aumento do volume do contrabando, decorrente dessa combinação esdrúxula de um direito formal que proibia o tráfico e um direito costumeiro senhorial que o sancionava. A proposta de Barbacena, para conciliar as cousas, seria promover o "completo esquecimento" do passado legalmente instituído nesse âmbito, anistiando os fazendeiros que haviam adquirido africanos contrabandeados, por conseguinte legalizando a propriedade por eles adquirida ao arrepio da lei desde novembro de 1831, na verdade desde março de 1830.

Em compensação, propunha outra lei de proibição ao tráfico, que deveria ser cumprida com rigor. Tal lei concentrar-se-ia no objetivo de impedir novas importações de africanos, detendo o contrabando em mar ou no flagrante do desembarque, excluídas as determinações constantes da lei de 1831 quanto à culpabilidade dos que adquiriam os cativos em terra — "os que cientemente comprarem". O proponente chegava a sugerir que, sancionada a sua proposta, o problema do tráfico passaria a inexistir em terra; em outras palavras, nenhum fazendeiro seria responsabilizado por comprar africanos recém-chegados, pois cabia ao governo impedir que pudessem fazê-lo, fechando a costa brasileira aos traficantes — "que o Governo [...] dê as providências que entender para que os escravos não desembarquem no Brasil [...]. Pretender que os lavradores não comprem escravos quando lhes levarem à casa, [...] é exigir mais do que pode fazer a espécie humana". Dessa forma, o projeto de lei de Barbacena rezava, em seu último artigo, que "Nenhuma ação poderá ser tentada contra os que tiverem comprado escravos, depois de desembarcados, e fica revogada a lei de 7 de Novembro de 1831, e todas as outras em contrário".[4] Vê-se que, ao banir a possibilidade de ações judiciais baseadas na lei de 1831, a proposta de Barbacena revogava essa lei retroativamente, desde a sua promulgação; tudo passaria a acontecer como se ela nunca tivesse existido. Resolvia-se a contradição entre o direito positivo (lei de proibição do tráfico) e o direito costumeiro senhorial (direito ao trabalho escravo, logo continuidade da introdução de africanos por contrabando) pela eliminação retroativa do primeiro. Diga-se o que quiser da classe senhorial-escravista brasileira, menos que não fosse politicamente ousada em defesa de seus interesses.

No próprio Senado imperial algumas vozes se levantaram contra a proposta do marquês de Barbacena. O projeto entrou em primeira discussão na sessão de 8 de julho, momento no qual o foco dos debates consistia em avaliar o mérito geral da proposta, a conveniência em aprovar legislação com o perfil sugerido. Levantou-se então o senador Teixeira de Gouvêa, que discorreu "largamente contra o Projeto por mais de uma hora".[5] Disse que o projeto tinha dois objetivos, o de garantir o cativeiro dos africanos entrados a despeito da lei até aquele momento e o de impedir importações futuras. Quanto ao primeiro objetivo, se opunha por "empenhorar" — ou seja, hipotecar, comprometer — "a sorte dos escravos", que tinham direito à liberdade; quanto ao segundo, protegia "a inconstitucionalidade imoral, e injusta importação de escravos no Brasil". Esse resumo do discurso de Teixeira de Gouvêa contém mais ou menos o mesmo número de linhas da síntese dele constante dos anais do Senado, apesar de estar lá a informação de que o orador usou da palavra "por mais de uma hora". O tratamento conferido ao discurso de Teixeira de Gouvêa contrasta bastante com o ocorrido no caso de Barbacena, que teve o seu transcrito por inteiro, salvo por uma ou outra passagem na qual algumas palavras quiçá escaparam ao taquígrafo. Ao término do discurso do senador Gouvêa, o presidente da casa declarou "que o Senado ia deliberar em sessão secreta", provendo talvez alguma explicação para a diferença de tratamento entre os dois discursos, pois parecia haver interdito ao pronunciamento de Gouvêa.

Em 10 de julho, o projeto voltou à pauta. Abertos os trabalhos, os 34 senadores presentes aprovaram a ata da sessão anterior; não havendo expediente, o presidente informou "que o Senado ia deliberar uma Sessão Secreta". Ao meio-dia e um quarto, logo cerca de duas horas depois do horário habitual de abertura da sessão, o presidente retomou a parte pública dela, para anunciar que "o Projeto de Lei [...] proibindo a importação de escravos, e pretos livres o território do Brasil [sic], havia sido aprovado em 1ª discussão para passar a 2ª".[6] Durante a segunda discussão, seriam debatidas emendas ao projeto. As emendas oferecidas pelo senador Teixeira de Gouvêa permitem quiçá imaginar algo do que ele disse no discurso que permaneceu em segredo.

A primeira das várias emendas propostas por Teixeira de Gouvêa, quase todas recusadas sem que a transcrição dos debates apareça nos anais, dizia assim: "Fica em seu vigor a Lei de 7 de Novembro de 1831, em tudo o que não for por esta alterado".[7] O senador insistia em se referir aos atos de violação da dita lei como "crimes",[8] todavia propunha uma série de artigos aditivos com o fito de emendar o imbróglio legal vigente. Na verdade, em seu conjunto, os artigos apresentados por Gouvêa constituíam outro projeto de lei, que pouco ou nada tinha a ver com os desígnios originais de Barbacena. Segundo o projeto dele, aqueles que houvessem comprado africanos depois da lei de 7 de novembro teriam dois meses, a partir da publicação da nova lei, para declarar ao juiz de direito da comarca, sob juramento, a lista de todos os africanos adquiridos, seus sinais de identificação, data e preço de compra. Em seguida, em procedimento ordenado pelo próprio juiz, se realizaria o arbitramento, por peritos, do valor dos serviços dos africanos; diante dessas informações, preço de compra e valor dos serviços, seria feito o cálculo do período no qual cada trabalhador africano livre prestaria serviços ao seu arrendatário. O valor da reexportação do africano seria computado na conta dele, trabalhador, acrescentado à quantia referente à indenização da compra para o cálculo do tempo de serviço devido; em compensação, a avaliação seria retroativa, devendo o africano ter consignados em seu benefício os meses ou anos de trabalho já cumpridos até o momento da declaração do senhor diante do juiz de direito.[9] Como se vê, Gouvêa estava longe de querer que os fazendeiros "respeitáveis" e "cheios de indústria e virtude" de Barbacena arcassem com eventuais prejuízos decorrentes do crime de adquirir escravos por contrabando. A sua proposta reconhecia o direito dos africanos à liberdade e, ao mesmo tempo, sugeria alvitre para não privar os fazendeiros de mão de obra a curto prazo. Não obstante essa tentativa, que à distância parece conciliatória, as emendas de Gouvêa não foram aprovadas, e a leitura dos anais do Senado nada revela sobre a discussão delas. Em 5 de agosto, com 34 parlamentares presentes, o plenário aprovou o projeto do marquês de Barbacena. Chegou à mesa a seguinte declaração: "Declaro que votei contra o Projeto, que revoga a Lei de 7 de Setembro [sic], de 1831, e dá providências a respeito"; assinaram Gouvêa, marquês de Paranaguá, Almeida e Albuquerque, Luiz José de Oliveira, João Evangelista de Faria Lobato, José Ignácio Borges, cujos nomes aparecem aqui em respeito à sua vontade.[10]

Observe-se, em tempo, que os escribas dos anais do Senado à época não tinham a bossa de transcrever os debates na íntegra. Por isso o registro bem incompleto do que se disse a respeito do projeto do marquês de Barbacena não destoou dos usos da casa.

Todavia, havia a transcrição integral de alguns discursos, e o registro mais minudente de certos debates, o que torna mais significativas as escolhas quanto ao que dar a público a respeito dessas discussões concernentes à lei de novembro de 1831. Registros lacunares e sessão secreta mostram o quanto os senadores estavam cientes do interesse que o tema despertava na "opinião pública" — isto é, entre fazendeiros e traficantes, mas sabe-se lá quem mais poderia ter aragem do que se dizia no Senado naqueles dias. Em 11 de julho, o projeto já aprovado em primeira discussão, a ata registra o recebimento de uma "felicitação" da Câmara Municipal de Valença, no coração da cafeicultura fluminense, acompanhada por uma "apresentação pedindo a revogação da Lei de 7 de novembro de 1831".[11]

Há um curioso flagrante a respeito da expectativa senhorial em relação aos debates parlamentares sobre a lei de 1831 num trecho do codicilo (espécie de adendo a um testamento) do alferes Antônio Machado de Campos, do município de Campinas, escrito em meados de 1837. Quiçá por temer que um deslize que praticara pudesse comprometer a salvação de sua alma, confessou o alferes no documento:

> Por ignorância e por me dizerem algumas pessoas que o podia fazer comprei dois africanos depois da lei que tais compras proíbe e porque unicamente desejo salvar a minha alma e em matéria de consciência toda a cautela é pouca determino que meu testamenteiro logo entregue os sobreditos escravos africanos ao juízo de órfãos requerendo que fiquem depositados em poder de meus herdeiros até se educarem e se batizará em tempo marcado, mas nunca como escravos. Desta sorte hei por findo este meu codicilo o qual quero que se cumpra como nele se declara ajustando somente que se houver alguma lei que determine que os africanos ora existentes devam ser escravos então os dois a respeito dos

> quais eu fiz a declaração acima ficarão pertencendo a meus herdeiros como cativos.[12]

Cá está um testemunho supimpa de solidariedade da classe senhorial, seus membros a se encorajar mutuamente na transgressão à lei, tantos deles irmanados pelo enriquecimento ilícito possibilitado pelo contrabando e escravização ilegal de africanos. Ainda no quesito consciência de classe, o alferes Machado de Campos se mostrava bem informado sobre o que ocorria no Senado imperial naqueles dias, quanto à revogação da lei de 1831 e demais providências para legalizar a propriedade dos africanos introduzidos ao arrepio dela, pois só assim se explica a fórmula condicional do codicilo: "Se houver alguma lei que determine que os africanos ora existentes devam ser escravos". Malogrou-se a esperança do alferes pecador e outros que tais, pois o projeto de Barbacena não prosperou na Câmara dos Deputados.

O debate sobre o projeto na Câmara se iniciou em 2 de setembro de 1837. Ao criticá-lo, o deputado Rezende, primeiro a usar da palavra, deu o mote principal das discussões, pois disse que o texto da proposta parecia colocar em dúvida a própria existência da lei de 1831; segundo ele, urgia era dar combate aos "piratas" que infestavam a costa do Brasil. Para realizar esse propósito, descansavam na Câmara, havia dois anos, artigos adicionais ao tratado feito com a Inglaterra, que objetivavam "fazer mais efetiva a proibição deste tráfico".[13] A questão do tratado de 1826, ausente de maneira conspícua no que se transcreveu sobre as discussões ocorridas no Senado, aparece de imediato na Câmara. Em seguida ao pronunciamento de Rezende, o deputado Holanda Cavalcanti sugeriu que o tema fosse adiado para uma sessão na qual pudesse estar presente o ministro dos Estrangeiros, em vista do "comprometimento do nosso governo para com a Inglaterra, a respeito da abolição do tráfico da escravatura".[14] Ao contrário de Rezende, porém, que pelejava pelo cumprimento da lei de 1831, tanto Holanda quanto Rebouças, que falou logo depois, consideravam-na "inexequível", resultando por isso em "imoralidade"; segundo Rebouças, a situação existente iria "estragar o Brasil inteiramente, se já o não tem estragado de um modo irremediável".[15]

O assunto voltou à baila em 18 de setembro, mas o ministro dos Estrangeiros não pôde comparecer por motivo de doença. O deputado Martim Francisco sugeriu outro alvitre, qual seja, a remessa da proposta à comissão de diplomacia, para dar o seu "parecer sobre o que possa o mesmo projeto ter de ofensivo à convenção de 1826". Martim Francisco, ao submeter o requerimento, lembrou de dizer que a discussão "deste projeto, qualquer que seja seu resultado, não pode deixar mais ou menos de trazer consequências funestas, e, ele orador, quer que a câmara marche neste negócio com toda a prudência e circunspecção".[16] Nessa época mesmo corria na Câmara um requerimento sobre o pagamento dos serviços do *Jornal do Commercio*, que havia poucos meses começara a publicar a íntegra dos debates parlamentares, com hiato de pouquíssimos dias, algo que deve ter aguçado os sentidos dos deputados a respeito do cuidado e parcimônia precisos na abordagem de certos temas (e incentivado extravagâncias retóricas, quando propícia a ocasião...).

Em resposta ao requerimento de Martim Francisco, a comissão de diplomacia concluiu que o projeto vindo do Senado não estava "em oposição com os tratados feitos com a Grã-Bretanha", que em "nada os ofende", e que "por isso pode continuar a ser discutido".[17] Isto parece resultado de destemor semelhante àquele do marquês patrono da causa, provocando na Câmara reação à altura da que tivera Teixeira de Gouvêa no Senado. Na sessão de 3 de outubro, a mesa teve de ler uma declaração de voto em separado de autoria do deputado Manoel Maria do Amaral, apresentada na comissão de diplomacia. Segundo esse parlamentar, era óbvio que o projeto do Senado "ataca a convenção de 26 de Novembro de 1826"; a lei de 1831 não era cumprida mais "por negligência e proteção" do que para atender à "necessidade real do país", como argumentavam os que escolhiam a conivência com a sua transgressão; uma "administração que quisesse executar a dita lei" deixaria de "sacrificar o país", dando cabo do "hediondo comércio de africanos".[18] Depois da leitura desse documento, nada mais se disse sobre o assunto no ano legislativo de 1837. Houve também um protesto incisivo do governo britânico, o qual pode ter enterrado de vez a iniciativa de Barbacena.[19]

Ao fechar os seus comentários sobre o projeto de Barbacena, o historiador Robert Conrad levanta a hipótese de que, apesar de nunca ter virado lei, a proposta do marquês — quiçá em função de seu memorável discurso — conferiu algum grau "de legitimidade e justificativa para a escravização de fato de centenas de milhares de pessoas cuja condição de cativas a legislação [proposta por Barbacena] tinha o objetivo de confirmar".[20] Essa ideia é corroborada em alguma medida por comentário do deputado Rezende, em seu discurso contrário ao projeto em 2 de setembro de 1837. Segundo ele, a importação de africanos escravizados (aliás, "homens livres, reconhecidos como tais pelas leis do Brasil") era "raríssima" em sua província, no Norte. Contudo, "desde que apareceu a indicação para derrogar a lei de 1831, houve quem fizesse espalhar que a lei estava abolida, e a importação de africanos já não causa admiração".[21]

Ao fazer uma separação rígida entre a repressão ao tráfico de africanos no mar, ou imediatamente após o desembarque, e em terra, o intuito de Barbacena era circunscrever a discussão ao primeiro aspecto, eximindo de responsabilidade os atores do contrabando em terra, em especial os fazendeiros que compravam os escravizados supostamente sem "meios de conhecer se são ou não de contrabando". Até aqui vimos algo daquilo que tornara possível deixar de apreender as embarcações dos traficantes. Resta observar melhor o que parece ainda mais complexo, ou seja, o que se fazia para não ver a condição dos africanos introduzidos após a lei de novembro de 1831; afinal, eles estavam por toda parte, exercendo ofícios nas cidades, labutando na lavoura, detidos por motivos diversos nas cadeias, trabalhando em obras públicas. Centenas de milhares de pessoas ilegalmente escravizadas. Como era possível não ver, fingir não saber, deixar de agir? A pergunta é menos ingênua do que parece, pois não pode ser descartada com um dar de ombros, significando que senhores de terras e de escravos concentravam poder e meios de repressão para impor a sua vontade, submetendo os africanos e silenciando ou subornando os opositores em suas próprias fileiras. A verdade é essa, sem ser bem essa, pois um faz de conta desse tamanho requereu muito labor político e ideológico para vingar, e mesmo assim o perigo de o pudim desandar jamais deixou de existir.

Em seu discurso, o marquês de Barbacena foi didático ao mencionar os problemas que precisaram ser equacionados para dar aparência de legalidade à situação dos africanos recém-chegados. Organizaram-se depósitos para recebê-los, e neles se providenciou "o ensino da língua portuguesa". Para contornar a lei com eficácia é preciso conhecê-la, lidar com ela, prestar reverência à sua validade aparente. Como vimos, o artigo 9º do decreto de 12 de abril de 1832, que regulamentou a lei de 1831, mandava que a autoridade, ao investigar se um determinado africano era ou não "boçal", examinasse logo "se entende a língua brasileira". Além disso, devia-se saber havia quanto tempo estava no país, em que barco chegara, onde desembarcara, por quais lugares passara. Ao instituir uma pauta de perguntas para os encarregados de zelar pelo seu cumprimento, o regulamento da lei forneceu igualmente um guia estratégico para os interessados em burlá-la.

Desnecessário dizer que a maioria esmagadora dos africanos contrabandeados ia e vinha, na Corte e alhures, sem que jamais houvesse notícia deles nos papéis da polícia. Todavia, às vezes acontecia algo fora da rotina. Um africano recém-chegado lograva fugir do grupo em que vinha, embrenhava-se nas matas, ficava perdido num território desconhecido e acabava capturado por algum policial, inspetor de quarteirão ou particular, que o apresentava ao juiz de paz ou ao subdelegado para os procedimentos legais. Ou o africano estava doente demais após a travessia do Atlântico, parecia à beira da morte, por isso era abandonado por algum negociante ou condutor. Ou um desafeto da vizinhança denunciava alguém por ter consigo um africano desembarcado havia pouco, obviamente "boçal", como se dizia. Casos como esses são relativamente comuns na documentação policial. Interrogado por "peritos", "em língua brasileira", sobre os pontos previstos no regulamento da lei, o africano sequer entenderia as perguntas, nada responderia;[22] viria então o intérprete, ou "língua", que às vezes conseguia descobrir o nome da pessoa e mais um ou outro detalhe, outras vezes o africano apreendido e o intérprete tampouco se entendiam, ou fingiam não se entender. Ato contínuo, declarar-se-ia em juízo que tal pessoa era um "africano livre" e seus serviços seriam "entregues" a algum particular ou repartição pública. Alternativamente, africanos apreendidos por suspeita de que fossem "boçais", caso balbuciassem algumas palavras em português, seriam considerados escravos e ficariam à espera do aparecimento de senhores que os reclamassem; na hipótese de não se apresentarem os supostos senhores, os africanos mofariam por muito tempo nas cadeias, a labutar em obras públicas, até que fossem levados a leilão para retornar à propriedade de alguém. Para um exemplo a esmo, em 6 de novembro de 1843 o chefe de polícia Eusébio de Queiróz escreveu ao ministro da

Justiça encaminhando a relação dos africanos apreendidos por suspeição de que fossem frutos de contrabando, no período de janeiro a outubro daquele ano. Entre os 43 apreendidos, resultado pífio, 25 haviam sido entregues a seus senhores — isto é, devem ter falado algum português na delegacia e foram reclamados por supostos senhores; doze haviam sido declarados "africanos livres", oito dos quais já haviam tido seus serviços "distribuídos", quatro permaneciam na Casa de Correção; seis africanos aguardavam julgamento.[23]

Eusébio de Queiróz narrou o episódio seguinte ao ministro da Justiça em maio de 1839, anexando vasta documentação ao ofício.[24] Ao que parece, a questão se originou num ato de escravização ilegal que permanecera incompleto, despertando por isso a cobiça de outro meliante. Luiz, congo, "aparecera" na chácara de dona Thereza Rita Loureiro, na distante freguesia da Lagoa, em novembro de 1837. Como o "moleque" não compreendia português, os escravos da senhora conversaram com ele na "língua". Tratava-se evidentemente de um boçal, e dona Thereza, ao menos de início, resolvera proceder segundo a lei, pois logo solicitou ao juiz de paz da Lagoa que a nomeasse depositária do africano, para cuidar da liberdade dele. Contudo, nada se fizera a respeito do assunto quando, mais de um ano depois, apresentou-se à autoridade Francisco José Pereira das Neves, para alegar que Luiz, congo, na verdade era Paulo, cabinda, escravo seu, comprado em 1830 e fugido havia tempo. Tanto o chefe de polícia quanto o ministro da Justiça acharam que o juiz de paz fora negligente ao providenciar o depósito do africano sem tomar as providências subsequentes para o reconhecimento de seu direito à liberdade. O caso veio à tona, com certo escândalo, porque o juiz de paz, em resposta à censura do promotor público por sua conduta, fez publicar no *Diário do Rio de Janeiro*, em 12 de abril de 1839, uma longa missiva na qual se defendia das acusações e atacava o tal promotor (um exemplar do jornal faz parte do dossiê). Eusébio de Queiróz irritou-se com o juiz de paz, nem tanto pelo fato de haver depositado o africano em casa de particular sem providenciar sobre a sua liberdade, mas em especial por tornar pública a sua pendenga com o promotor. É por isso, aliás, que dispomos de tantos detalhes sobre essa história.

Os documentos concernentes ao caso mostram que os litigantes buscaram comprovar o que alegavam quanto à verdadeira identidade do africano por meio da interpretação dos sinais inscritos em seu corpo. Indivíduos supostamente peritos na leitura daquilo que se poderia chamar, segundo a bossa relativista do nosso tempo, de "textos" — isto é, escarificações de origem étnica, marcas a ferro quente de traficantes de escravos, feridas e cicatrizes provenientes de açoites, tronco, máscara de folha de flandres, ferro ao pescoço e ao pé e demais torturas do costume —, compararam a descrição dos sinais de Paulo, cabinda, com os que viram em Luiz, congo, para concluir que não se tratava da mesma pessoa. O curador dos africanos livres — autoridade encarregada de acompanhar os casos de pessoas com direito à liberdade por terem sido importadas após a lei de 1831 — interrogou o africano. Parte em português, parte em sua língua, na presença de um intérprete, Luiz contou que, ao chegar sozinho à chácara de dona Thereza, tinha acabado de desembarcar. Fora conduzido com outros africanos recém-chegados por caminhos que desconhecia, até que ele e quatro outros fugiram, desapareceram no mato, separando-se na corrida. Perguntado sobre como havia adquirido o seu nome, disse na "língua" que já deixara a terra natal se chamando Luiz, mas que ainda não havia sido batizado desde que chegara. Portanto é possível que Luiz tivesse se tornado cristão ainda no Congo, mantendo o apelido na travessia do Atlântico.

Levado a opinar sobre o que achava de tudo isso, o "Doutor curador dos africanos livres" considerou "incontestável" que o africano Luiz era "boçal" e que havia sido ilegalmente importado, devendo ser reconhecido o seu direito à liberdade. Disse ele:

> [...] logo no ato da entrega a dita Senhora, manifesta explicitamente que o dito Africano é boçal, e que nada falava do idioma português, [...] que o interrogatório feito ao africano [...] nenhum equívoco nos deixa a respeito de seu estado pois que, para ser entendido em alguns pontos de suas respostas, fora mister a nomeação de um Intérprete, por onde declarou que há dous anos, que aqui reside; que desembarcara, vindo de sua terra, em um lugar todo em mato; que daí caminhou de noite sempre acompanhado com homens armados, indícios todos, que induzem a crer que ele pertence ao tráfico ilícito da escravatura, aliás não seria necessário tanto recato e cautela, e então seria o seu comércio patente aos olhos de todos; prova-se ainda mais a boçalidade do Africano, porque sendo ele encontrado em quatro de novembro de 1837 e [...] interrogado agora em vinte e três de abril de 1839, já ele conhece algumas palavras de nossa língua, pronunciando-as e dirigindo-as de maneira que bem se entendem: ora combinado esse estado atual com o que se deveria encontrar desde o tempo, em que cessou o vergonhoso tráfico da escravatura, devia necessariamente hoje conhecer a maior parte das palavras portuguesas; pois que em um ano pouco mais ou menos pode conhecer algumas quanto mais desde o tempo, em que se pôs termo à escravatura, decorrendo de então até a data de seu encontro, ou aparecimento, alguns sete anos e isso prova [...] que o Africano é com efeito dos importados contra a Lei de sete de novembro de 1831, e como tal deve ser declarado livre.

Durante o andamento das investigações, dona Thereza sustentou sempre a versão de que a sua intenção havia sido garantir a liberdade à qual Luiz tinha direito, apesar de não haver qualquer explicação no dossiê sobre o motivo pelo qual ela nada fizera sobre o assunto no período de mais de um ano em que o africano permanecera "depositado" em seu poder. De qualquer modo, é possível que dona Thereza tenha dito a verdade, pois ela poderia ter tomado várias providências para se apropriar formalmente de Luiz, conferindo aparência de legalidade à sua propriedade dele. Em vez de avisar o juiz de paz do distrito sobre o aparecimento do rapaz, ela poderia tê-lo incluído na lista de residentes em seu fogo ou domicílio. É claro que ao fazer isto ela precisaria contar com certa discrição do dito juiz de paz, que se absteria de lhe exigir documento original de propriedade escrava. A prudência recomendaria pagar impostos relativos à nova propriedade (a sisa dos escravos), ou talvez dar-lhe liquidez imediata, por meio de venda, de preferência com escritura registrada em cartório. O novo proprietário ficaria então de posse de um documento particular de compra e venda, a ser apresentado ao senhor seguinte de Luiz, e assim por diante. Em momento oportuno, o africano seria incluído num inventário *post mortem*, legado por conseguinte a uma nova geração de senhores de escravos. Em quaisquer dessas hipóteses, vigoraria sempre o pressuposto de que todo africano encontrado em terra seria "naturalmente" um cativo, propriedade a respeito da qual não se fariam perguntas sobre título original de posse. Veremos essas generalizações a respeito de documentos de propriedade escrava e de presunção de condição de escravo com mais vagar, logo adiante.

Por ora, o que interessa no laudo do "Doutor curador dos africanos livres" é o modo como gira quase inteiramente em torno das aquisições linguísticas do congo Luiz. Há uma espécie de índice de evolução no domínio do idioma, para significar a superação do estado de "boçalidade", como pressuposto do documento. Assim, ao chegar, o preto era mesmo "boçal", pois "nada falava do idioma português". O interrogatório mais recente fora realizado parte em português, parte em língua africana, "para ser entendido em alguns pontos de suas respostas". No entanto, Luiz já conhecia "algumas palavras de nossa língua", conseguia pronunciá-las de maneira a se fazer entender. Havia adquirido essas habilidades entre 4 de novembro de 1837, quando aparecera na chácara de dona Thereza, e 23 de abril de 1839, data do interrogatório; se o africano tivesse ingressado no país legalmente, ou seja, antes de 7 de novembro de 1831, supõe-se que "devia necessariamente hoje conhecer a maior parte das palavras portuguesas". Em suma, as informações sobre o processo de domínio do idioma pelo congo Luiz constituem a prova principal de que ingressara no país após a proibição do tráfico. De modo acessório, importou saber que Luiz desembarcara num lugar "todo em mato" e que caminhara noite adentro "sempre acompanhado com homens armados", circunstâncias que confirmavam o caráter clandestino de sua chegada.

Num outro exemplo, de abril de 1841, vários africanos haviam sido apreendidos a bordo de uma charrua e enviados para a Casa de Correção.[25] Eusébio de Queiróz entrara em dúvida sobre o número de africanos envolvidos, ou aproveitava para lançar sobre um desafeto político a suspeita de desvio de alguns deles. Quiçá por isso resolveu deter mais gente do que o previsto, levando para a Correção até mesmo o remador da embarcação. Lá chegando reuniu os africanos e realizou um interrogatório coletivo deles — "sete crianças, uma preta, e um preto"—, na presença de dois "peritos em tratar e lidar com os africanos que têm sido enviados à mesma casa em depósito". Os peritos concluíram "que os ditos Africanos são boçais, visto nada responderem das perguntas que em idioma português lhes fizeram". Houve uma exceção, porém, Daniel Monjolo, remador de canoas, que declarou ser escravo de José Fragoso, morador na Ponta do Caju, e respondeu "bem e claramente" a "todas e variadas perguntas que se lhe fizeram"; neste caso, a conclusão dos peritos foi a de que "este preto é ladino e importado antes da Lei que proibiu o tráfico da escravatura do Brasil". Tudo nos conformes, no que tange à importância das habilidades linguísticas para decidir sobre a condição dos africanos, contudo releva notar que Daniel Monjolo não foi interrogado a respeito das circunstâncias de sua chegada ao país. Considerado ladino por falar bem o português, nada mais se verificou a respeito de Daniel, reduzindo-se o critério de determinação da importação recente ou não dele a apenas um dos pontos previstos no regulamento da lei. Em suma, ao valorizar o ensino de algum português aos africanos logo que chegavam, como observou o marquês de Barbacena, traficantes e fazendeiros mostravam saber o que fazer para ludibriar a polícia, que por sua vez entendia bem como limitar as suas inquirições para ser ludibriada.

A história da preta Benvinda, ou da preta Generosa, de nação rebola, chegou ao conhecimento da polícia em 11 de abril de 1842.[26] Um protetor dela, Francisco Raimundo, dirigiu-se ao subdelegado da freguesia de São José para denunciar Jaime Ferrão, que pretendia vendê-la, apesar de não ser seu proprietário, pois apenas a tinha achado havia cerca de cinco anos perto de sua chácara, em Santa Thereza. Raimundo levara a preta consigo à subdelegacia; interrogada, ela disse assim:

> [...] que dias depois de chegar de sua terra foi acometida de bexigas, as quais a tornaram muito doente, e principalmente dos olhos, que ainda agora os têm combalidos, e que em consequência de achar-se em semelhante estado, seu Senhor (de quem não sabe o nome, nem onde mora) a mandara lançar fora por dous pretos, os quais a deitaram em uma vala no morro de Santa Thereza; que daí fora tirada para casa de Jaime Ferrão, onde foi tratada, *e aprendeu o Português*, e se tinha até agora conservado; e que ultimamente ouvira dizer ao próprio Jaime Ferrão, que a havia de vender por ter precisão de dinheiro [grifo meu].

Os casos do congo Luiz e de Benvinda — ambos africanos que tinham chegado havia algum tempo, já ladinos ou quase isso — só aparecem na documentação policial porque houve disputa em torno da posse deles. Normalmente, o fato de falar português, ou de conhecer algumas palavras em português, servia para "confirmar" o cativeiro de um africano, o que queria dizer apenas que ele ou ela poderia ter desembarcado fazia tempo, talvez antes da lei de 7 de novembro de 1831, o que para efeitos práticos significava que tinha desembarcado antes de 7 de novembro de 1831... Nos casos de Luiz e Benvinda, o contencioso na polícia levara os indivíduos que estavam na posse irregular deles a confessar isso mesmo, que os pretos não eram seus escravos e que haviam sido introduzidos no país após a lei de proibição do tráfico. Ao ser interrogado, Ferrão contou como encontrara a africana, "com mais bichas do que tinha de cabelos; com o juízo perdido, enfim feita um esqueleto", que tivera compaixão, a recolhera, chamara "professores" (ou seja, médicos) para cuidar dela, que esses acontecimentos foram acompanhados pela vizinhança, que sabia de tudo. A preta foi salva, ficou com ela "por caridade", chamou-lhe "Benvinda". Negou que a tivesse tomado como escrava, pois "nunca a mandou batizar nem a deu nunca em lista de família". Daí por diante a história se embaralha, pois Ferrão se mostra indignado com os protetores da negra, entre os quais incluía o escrivão da subdelegacia, que estariam explorando o trabalho de Benvinda, pois um escravo dele a vira fazendo serviço de lavadeira após ter sido depositada para tratar de sua liberdade. A preta, por outro lado, ao ir ao subdelegado "queixar-se", como se dizia à época, parece sugerir que fora motivada pelo fato de Ferrão haver manifestado a intenção de vendê-la "por ter precisão de dinheiro" — ou seja, ela agira por temer a escravização, ou por recear a condição de escrava de outro senhor.

Ao se defender da acusação de que tivera o intuito de escravizar Benvinda, Ferrão mencionou o que teria feito caso houvesse sido essa mesmo a sua intenção, deixando implícito *que todos sabiam como escravizar ilegalmente um africano*, produzindo papéis — ele cita certidão de batismo e inclusão em lista de família — que confeririam parecença de legalidade ao ato criminoso. Decerto a frouxidão quanto a requisitos de prova de propriedade escrava foi corolário obrigatório do processo de escravização ilegal maciça de africanos. Por exemplo, apesar de os condutores de escravos para venda no interior terem de apresentar os passaportes dos cativos em postos de controle, não era regra exigir prova do ato original de aquisição do cativo, o que facilitava a qualquer um postular a propriedade do africano que lhe aprouvesse, pois, ao contrário do que ocorria antes da lei de novembro de 1831, não entravam mais escravos pela alfândega, com a consequente emissão de certificados e recibos relativos ao pagamento de impostos devidos. O problema da redução de receitas relativas à propriedade escrava tornou-se tão sério que o governo imperial se viu compelido a relaxar ao máximo os requisitos de prova de posse legal de cativos, na esperança de encorajar os senhores a pagar as taxas. Uma lei de 1842, sobre matrícula e pagamento de imposto anual de escravos, dizia literalmente: "No ato da primeira matrícula a ninguém se exigirá o título por que possui o escravo".[27]

Em circular de março de 1845, para regular procedimentos em "processos de apreensão e contrabando de Africanos boçais", o chefe de polícia da Corte, Nicolau da Silva Lisboa, determinou que se publicassem editais e anúncios para chamar as partes interessadas, em especial "pessoas que se inculcarem donos dos Africanos". Essas pessoas teriam de se apresentar munidas de documentos que comprovassem o que alegavam — "Título de compra, escambo, doação, herança, ou qualquer Título hábil a transferir domínio".[28] Apesar das diretrizes, decerto motivadas pelos abusos que a polícia presenciava quanto à reivindicação de propriedade dos africanos apresados, o que chama a atenção na circular do governo é a amplidão do leque de documentos aptos a comprovar "domínio". Por isso a leitura dos dossiês mostra as linhas gerais do faz de conta em torno do tema.

Também em março de 1845, Jacinto Santa Anna encaminhou ao chefe de polícia um conjunto de documentos destinados a provar que era senhor legítimo do pardo Nicolau, que lhe fugira, e com o nome de Tomás José da Silva conseguira se alistar como praça no corpo de artilharia. Jacinto Santa Anna juntou a certidão de batismo de Nicolau, na qual se dizia que este nascera em 10 de setembro de 1822, filho natural de sua escrava Leonarda, crioula, que fora padrinho Tomé José da Silva — nome quase idêntico ao que adotara Nicolau ao viver como livre. O senhor apresentou igualmente a lista de família, entregue ao inspetor do 13º quarteirão da vila de Itaguaí em 18 de novembro de 1843, na qual constavam oito escravos e observações sobre eles. Havia um casal, Francisco Monjolo e Luzia Cassange; o menino Albino, crioulo, de seis anos, mas não se indicava que fosse filho do casal; e a parda Rita, de treze anos, que veio a falecer em 25 de março de 1844. Em seguida, porém, Jacinto Santa Anna listou quatro escravos seus que estariam fugidos: Nicolau, pardo, 21 anos, solteiro, "fugido desde 14 de fevereiro de 1843"; Tomás, pardo, 24 anos, "consta-me ter sentado praça no Batalhão de Artífices, por suporem ser liberto"; Domingos Benguela, vinte anos, fugido desde 24 de junho de 1842; Rosa Moçambique, 24 anos, fugida desde 20 de abril de 1837.

Como se vê, Jacinto parecia enfrentar uma crise de domínio sobre seus cativos, com a fuga de metade deles, sendo que Nicolau seguira o caminho de Tomás, outro pardo que se alistara após escapar. Por outro lado, o senhor mantinha controle das datas de ocorrências e documentos relativos ao domínio sobre seus escravos, tanto que ao reivindicar a reintegração de posse de Nicolau apresentou ainda dois passaportes de viagem e um auto de justificação, datado de 1844, em que três testemunhas declaravam conhecer o justificante, sua família e seus escravos, confirmando em tudo a história dele. Num dos passaportes, Jacinto Santa Anna, ele próprio, é tido por "pardo". De qualquer modo, no caso de Nicolau, Jacinto conseguiu apresentar um leque variado de documentos de domínio cuja peça principal consistia na certidão de batismo, título original de posse ao justificar a propriedade do escravo por meio do princípio jurídico de que a condição do filho seguia a do ventre da mãe — filho da crioula Leonarda, escrava, Nicolau era escravo do senhor dela, Jacinto Santa Anna. Ademais, o senhor complementou o que alegava com documentos que se destinavam a dirimir dúvidas possíveis sobre a identidade do escravo — isto é, o Nicolau da certidão de batismo era o mesmo da lista de família, dos passaportes e reconhecido por testemunhas como idêntico ao indivíduo chamado Tomás José da Silva e alistado no corpo de artilharia.

A necessidade de Jacinto Santa Anna provar que o Nicolau da certidão de batismo era a mesma pessoa que ele então alegava ser seu escravo decorria também do fato de que eram comuns, naquela sociedade, atos de escravização ilegal de pessoas livres de cor por meio do batismo delas como filhas de escravas, sem que o fossem. Voltaremos a isso adiante. O reverso da medalha poderia acontecer da mesma maneira: um escravo tentaria passar por livre alegando não ser quem aparecia na condição de cativo de determinado senhor no livro de batismo. Há aqui um repertório de possibilidades, que ao mesmo tempo torna difícil descobrir o que realmente aconteceu em cada caso específico e fornece informações copiosas sobre a lógica social, os modos de aquela sociedade conformar estruturalmente a sua natureza escravista. Afinal, esse repertório de possibilidades acontecia no processo histórico, não consistia em conjunto abstrato de indeterminações, de incertezas sobre o devir. Em consequência, o que interessa notar, no contexto da escravização ilegal maciça das décadas de 1830 e 1840, é o quanto a frouxidão nos critérios de prova de propriedade escrava constituiu parte integrante desse processo, condição e consequência dele simultaneamente. Em outras palavras, as facilidades quanto à reivindicação de propriedade de escravos viabilizava a escravização ilegal de africanos recém-chegados; ademais, ao fazer rotineiras as transgressões dos limites entre escravidão e liberdade, ao esmaecê-las, colocava em risco a liberdade dos negros livres e pobres em geral.

Jacinto Santa Anna reuniu quantidade e diversidade significativas de documentos para sustentar a versão de que o pardo Nicolau seria escravo seu, filho de escrava crioula sua. No entanto, ele dizia ter dois escravos africanos fugidos, Domingos Benguela e Rosa Moçambique. Se ele tivesse que provar a legalidade do domínio dele sobre esses africanos, o que teria feito? Em casos que tais, desde meados da década de 1830, quando começam a aparecer nas fontes coligidas, não encontrei senhor algum que apresentasse à polícia documento que provasse a introdução legal de africanos escravizados. Uma certidão de batismo tampouco serviria ao fim de comprovar a legalidade da importação, pois registraria o nascimento do africano em sua terra natal, nada provando quanto à data de chegada dele ao Brasil, mesmo que mencionasse que a pessoa fosse escrava do suposto senhor que a conduzia à cerimônia de batismo, realizando-se o ato senhorial de colocá-la sob o manto da religião católica. Aliás, parecia comum reportar a chegada dos africanos a um passado indefinido, nebuloso, fazia "muito tempo". Normalmente o que se via como prova de domínio deles era a cópia ou certidão de papel de compra e venda realizada havia pouco, às vezes acompanhada de comprovantes de pagamento de matrícula e impostos.

Ao que parece, a circular de março de 1845 sobre procedimentos a respeito da prova de propriedade de africanos ditos boçais foi resposta direta do Ministério da Justiça e da chefatura de polícia da Corte a um caso em andamento, que concernia à apreensão, na freguesia da Lagoa, dos africanos Alexandre, Antônio e Jorge. O rigor da polícia no acompanhamento desse caso foi atípico, quem sabe tivesse algo a ver com a captura dos africanos, pelo subdelegado da Lagoa, "em a chácara do inglês W. H. Bullington" (sic?), num período de grande tensão nas relações entre Brasil e Grã-Bretanha que culminaria, meses depois, na aprovação do bill Aberdeen pelo Parlamento britânico.[29] Seja como for, a circunstância do interesse do governo, em contraste com os procedimentos rotineiros de juízes e peritos, deu a ver certa tensão, que por sua vez produziu papéis diversos que esclarecem aspectos em geral omitidos no que há disponível sobre outras histórias.

Em 6 de março de 1845, o juiz municipal da terceira vara, Justino José Tavares, escreveu ao chefe de polícia, Nicolau da Silva Lisboa, para dizer que, quanto ao processo feito pela "achada" dos supostos boçais na Lagoa, concluíra "não serem os Africanos dos compreendidos na lei de 7 de novembro de 1831". Para chegar a essa conclusão, se baseara no auto de exame e no interrogatório deles, que haviam declarado "que eram escravos de Hermogenio Pereira da Silva", morador nas Laranjeiras; este, por sua vez, compareceu para afirmar que os africanos tinham fugido de sua chácara e apresentar "papel de compra, pagamento de sisa, e taxa dos ditos escravos". Diante dessas evidências, o juiz ordenara a soltura e entrega dos africanos ao proprietário. Todavia, em ofício do mesmo dia, com cópia para o ministro da Justiça, o chefe de polícia respondeu ao juiz municipal que este deixara de enviar o conjunto completo de documentos solicitados anteriormente, pois apenas lhe haviam chegado as cópias dos autos de exame e interrogatório dos africanos — ele queria ver "os Títulos que provassem o domínio dos escravos da parte de Hermogenio Pereira da Silva". Ademais, perguntava se o "Doutor Promotor Público e o Curador dos Africanos livres" haviam estado presentes aos exames e demais investigações pertinentes ao processo.

Vejamos os papéis que o juiz municipal de fato enviara a Nicolau da Silva Lisboa, o chefe de polícia. Primeiro, a transcrição do interrogatório das pessoas apreendidas, realizado pelo juiz Tavares em sua própria residência, presente o escrivão e um curador que ele mesmo nomeara aos africanos (não o "Curador dos Africanos livres", cargo geral de nomeação do governo para acompanhamento da situação dos africanos resgatados na repressão ao tráfico e declarados "livres"):

> Perguntou ao preto Alexandre como se chamava e de que Nação era, se era livre ou cativo, e a que tempo veio para esta terra, onde mora, e quem era seu senhor? Respondeu chamar-se Alexandre, de nação Cabinda, que era cativo de Hermogenio Pereira da Silva, morador na chácara das Laranjeiras número noventa e um, e que veio a [sic] muito tempo para esta Corte digo esta terra, e mais não foi interrogado. Iguais perguntas foram feitas ao outro que respondeu chamar-se Antônio, que era de nação Cabinda, e que era cativo de Hermogenio Pereira da Silva morador nas Laranjeiras número noventa e um, e que veio a muito tempo para esta terra e mais não foi interrogado. Iguais perguntas foram feitas ao terceiro preto que respondeu chamar-se Jorge de nação Cabinda sendo escravo de Hermogenio Pereira da Silva, morador nas Laranjeiras chácara número noventa e um, e que a muito tempo que veio para esta terra; e mais não foi interrogado.

As perguntas do juiz municipal não buscaram detalhar as condições de chegada dos africanos ao Brasil, para saber se havia indícios de desembarque clandestino. Além disso, a repetição das respostas, *ipsis litteris*, de um interrogado a outro é sintoma forte, nesse tipo de fonte, de que juiz e escrivão pouco ouviram do que disseram os africanos — se é que eles puderam dizer alguma cousa —, limitando-se a forjar o conteúdo do interrogatório ao seu talante, ou guiá-lo de tal modo a não permitir discrepâncias, o que dá no mesmo. Desse modo, período e condições de chegada dos africanos viram uma nebulosa, "veio a muito tempo para esta terra", modo clássico de as autoridades registrarem que não haviam inquirido nada quanto a esse assunto, ou guardaram a sete chaves o que tinham descoberto mesmo sem querer.

Algo parecido ocorreu quanto ao "auto de exame" dos africanos, realizado no mesmo dia, ainda na residência do juiz Tavares, presentes dous peritos indicados pelo dito juiz, ele próprio, o escrivão, o curador *ad hoc*. Os peritos tinham de declarar se os periciados "são ou não boçais" e "se são dos importados antes de findo o prazo do comércio de escravos". Há certa ambiguidade, decerto astuciosa, nesse jeito de formular a tarefa dos peritos. Que relação existia entre a primeira e a segunda perguntas? Se a resposta à primeira fosse que os africanos "são boçais", assunto encerrado e eles seriam considerados "africanos livres". Todavia, se a conclusão fosse a de que não eram boçais, mas ladinos, restaria apreciar o que houvesse quanto à segunda questão, se haviam sido importados ou não antes da lei de 7 de novembro de 1831. Isto significaria investigar o período aproximado e as condições do desembarque, precisamente o que o interrogatório do juiz evitara fazer, como vimos, permitindo a interpretação dele de que o fato de os africanos serem ladinos significava automaticamente que haviam sido introduzidos no país antes da lei de 1831 — não obstante estarmos em 1845, catorze anos após a declaração da ilegalidade do tráfico negreiro. Afinal, de quanto tempo se precisava para "fazer um ladino", por assim dizer, ou para se concluir o processo de "ladinização",[30] se quisermos conferir algum estatuto teórico a essa discussão? É evidente que a resposta variava, ao sabor dos interesses em jogo. Peço vênia aos leitores para a transcrição doutro documento, cuja fibra moral cada um julgará por si:

> [...] depois de procederem aos exames e perguntas precisas [os peritos] declararam concordes que os Africanos de nomes Alexandre, Antônio, e Jorge, eram importados *para este Império antes, digo Império muito antes* da proibição do tráfico de escravatura posta em execução, [sic] porquanto não só os ditos Africanos desembaraçadamente responderam as perguntas que eles Peritos lhes fizeram, como por que nos ditos pretos não notam os sinais característicos de pretos novos mas sim de muito adiantados, sendo suas idades confirmadoras do Juízo que eles Peritos formam, o qual não poderia ser mudado por que estes pretos com todo o desembaraço não falassem a língua nacional [sic], pois que eles Peritos conhecem muitos escravos e é isto público e notório, que importados de suas terras a mais (sic) de trinta anos, ainda hoje pouco ou quase nada falam a língua Nacional, e por tanto confirmando o seu juízo declaram, que os escravos que ora lhe [sic] são apresentados não foram para este Império trazidos depois da proibição do tráfico de escravos; [...] e nada mais disseram [grifo meu].

Ao relevar o estilo pouco gracioso do laudo pericial, pois que se trata de laudo pericial, não custa reparar na emenda da terceira linha, decorrente de ato falho talvez, para enfatizar o tamanho da nebulosa, sempre mítica, imemorial, que encobria qualquer possibilidade de datação precisa da chegada de africanos contrabandeados ao país — ela ocorrera "antes, digo [...] *muito* antes" da proibição do tráfico. O resto do laudo é elaboração dessa ideia mestra. Antônio, Alexandre e Jorge se expressavam em português com desembaraço, segundo os peritos; como eles conheciam muitos escravos "importados de suas terras" havia mais de trinta anos que "ainda hoje" pouco falavam português, concluía-se que os pretos em questão haviam chegado "muito antes" de 1831. Para reforçar o raciocínio, os especialistas na identificação de boçais reparavam que os africanos periciados não o eram, também porque neles "não notam os sinais característicos de pretos novos". Pode ser que isso fosse referência às "sarnas" e outras doenças de pele comumente observadas em africanos recém-desembarcados de navios negreiros, que os peritos não haviam encontrado nos três africanos que examinaram; ou talvez fosse observação de caráter mais cultural, difícil de precisar, que tivesse a ver com certo *aplomb* próprio a negros "muito adiantados".

Fosse como fosse, o chefe de polícia pareceu ver pantomina nessa história, tanto que observou ao ministro a ausência do promotor público e do curador dos africanos livres nas várias etapas do processo, pedindo orientação sobre o que fazer. O ministro da Justiça, Manoel Antônio Galvão, mandou "proceder de novo como é de direito"; o chefe de polícia determinou que os africanos não fossem entregues a Hermogenio Pereira da Silva enquanto não houvesse decisão final sobre o caso. Em junho de 1845, outro juiz, o da segunda vara, confirmou a sentença de que os africanos eram ladinos, por isso escravos de Hermogenio Pereira da Silva. Registre-se que, em atenção à sua exigência, o chefe de polícia recebera do juiz Tavares cópias da escritura de compra dos africanos apresentada por Hermogenio (datada de janeiro de 1845), comprovante do pagamento da sisa relativa a esse negócio, certidão de matrícula e pagamento da taxa anual de escravos. Em suma, fosse ou não verdade a versão de que os três africanos em pauta haviam entrado legalmente no país, havia papéis suficientes para dar parecença de verdade a essa versão. O que impressiona na história é que a engrenagem social destinada a impedir investigações consequentes sobre a introdução de africanos à revelia da lei de 1831 parecia tão azeitada, em meados da década de

1840, que mesmo o interesse do ministro da Justiça e do chefe de polícia da Corte por um caso específico não foi capaz de influenciar rotinas de encobertamento bem estabelecidas no Judiciário.

Vistos em conjunto, esses episódios mostram a conformação de uma lógica de atuação do governo imperial quanto à lei de 1831, qual seja, a de só reconhecer infrações dela quando parecia impossível deixar de constatar o vínculo entre determinado africano e seu desembarque recente. Quando as pessoas apreendidas podiam ser referidas a uma situação de desembarque ou tentativa de desembarque conhecida, melhor ainda. Em julho de 1845, o chefe de polícia escreveu ao ministro da Justiça para saber se num caso específico, de resgate de africanos ainda a bordo de certo patacho, ele poderia ser dispensado de seguir as instruções minuciosas existentes para determinar a condição deles, "por não ser duvidosa a qualidade de 'boçais'". O ministro concordou com a simplificação de procedimentos, pois as instruções referidas deviam "se observar com os Africanos que fossem apreendidos dentro da Cidade, como está acontecendo muitas vezes".[31]

Mesmo em apreensões na cidade, sem que houvesse a possibilidade de ligar o africano a um desembarque conhecido, poderia ser simples estabelecer que fosse "boçal" caso não ocorresse disputa de particulares por sua propriedade. Em geral, isso acontecia quando a detenção do africano recém-chegado era feita diretamente pela polícia, em vez de ele chegar à polícia por denúncia ou condução de algum particular. Ademais, os "sinais" de suposta boçalidade deveriam ser considerados inequívocos. Em abril de 1845, o juiz municipal da segunda vara considerara "boçal", logo declarara "livre", o africano Januário, de nação cabinda.[32] Januário havia sido detido em março, no largo de Santa Rita, por soldados do corpo policial. Interrogado nos "autos de apresentação" por peritos da Casa de Correção, na presença do próprio chefe de polícia, que nomeara intérprete o "africano liberto

Henrique de nação Cabinda", o que passou ao registro nos tais autos foi a total impossibilidade de comunicação.

Decerto cuidou-se de identificar o africano, "o qual é baixo feições regulares nariz chato, com sinais feitos a ferro quente no ventre e mais três sinais compostos de três pequenos riscos na parte posterior da cabeça pegado no pescoço", e parecia ter em torno de dezesseis anos. Interrogado pelos peritos "no idioma Nacional", disse "apenas seu nome de uma maneira [...] pouco inteligível e ser cabinda". Perguntado pelo intérprete, "no idioma Africano", "a quantas luas ou a que tempo estava no Brasil, em que praia saltou e se viera só ou com outros mais e quando saiu de sua terra nada soube responder parecendo até ignorar o dito idioma". De novo, só soube dizer seu nome e que era cabinda. É interessante que esses peritos, na presença do chefe de polícia, o mesmo Nicolau da Silva Lisboa, tenham buscado saber "a quantas luas" chegara o africano e perguntado sobre detalhes do desembarque. De qualquer modo, nada disso parecia necessário no que concerne a Januário, pois ele não entendia patavina da "língua Nacional", por isso era "inteiramente boçal", "e mesmo pelo aspecto o demonstra". Os peritos concluíram que havia sido "importado depois da extinção do tráfico dos Africanos".

Essas detenções "simples", por assim dizer, no interior da cidade, de africanos recém-chegados isoladamente ou em pequenos grupos, pingaram o tempo inteiro na documentação coligida referente à década de 1840. Descobre-se logo que vinham a calhar, que o Ministério da Justiça e a polícia tinham interesse nelas, devido ao fato já mencionado da utilização dos serviços desses "africanos livres" em obras e repartições públicas e da concessão deles a particulares, constituindo-se em recurso para troca de favores e suborno por parte do governo. Além da presença maciça dos africanos livres na construção da Casa de Correção desde meados da década de 1830, entre o final do ano de 1848 e o início da década de 1850 eles pareciam realizar quase todo o serviço de iluminação pública da Corte, acendendo lampiões de azeite de baleia pelas freguesias da cidade ao final da tarde, apagando-os ao amanhecer.[33] Quanto à concessão de africanos livres a particulares, era disputada; por ocasião da apreensão de Jacinto, de nação moange, em maio de 1845, consta dos papéis que a polícia mantinha uma lista para "dar" africanos livres.[34] Em suma, havia uma política regrada de apreensões de africanos "boçais" na cidade, de modo que não caracterizasse pressão contra os donos de gente contrabandeada, porém suprisse o governo de trabalhadores que necessitava para obras e distribuição de benesses.

Segue-se breve balanço, para reafirmar o sentido geral de tantas anedotas, pelas quais, aliás, não me desculpo. A possibilidade de fingir não ver os africanos contrabandeados que estavam por toda parte, ou a possibilidade de vir a acreditar que não havia como vê-los, o que é um pouco diferente, pois que às vezes eximiria essa gente do vício da hipocrisia, dependia de três fatores, dois dos quais acabamos de apreciar. Primeiro, havia o alargamento do conceito de "ladino", de modo a considerar introduzido no país havia "muito tempo" qualquer africano capaz de balbuciar algumas palavras em português, ou um pouco mais. Segundo, havia a frouxidão na questão da prova de propriedade escrava, com a falta de critérios claros para estabelecer o que constituía um título de propriedade válido nesse particular, a vigência de mecanismos que isentavam o senhor de apresentar certificado de importação legal do africano escravizado e a prática de produção de papéis que davam aparência de legalidade ao que fora adquirido por contrabando. O que falta ver é a radicação, nas práticas da administração pública, do costume de considerar todo preto — o africano em particular, mas não só ele — um escravo até prova em contrário. Vejamos um episódio instituinte da conexão entre escravização ilegal e precarização da liberdade, um momento em que tal vínculo é teorizado, debatido, no interior da própria administração pública imperial.

Voltemos a Eusébio de Queiróz Coutinho Mattoso Câmara, que batizou a chamada Lei Eusébio de Queiróz, de setembro de 1850, que resultou afinal na abolição do tráfico negreiro para o Brasil. Como vimos, de 1833 a 1844, salvo por breve período em 1840, Eusébio de Queiróz exerceu o cargo de chefe de polícia da Corte, função pública importante, na qual se atuava em colaboração estreita com o Ministério da Justiça, donde por conseguinte se ajudava a configurar políticas de controle social que repercutiam por todo o Império. Em novembro de 1835, Limpo de Abreu, futuro visconde de Abaeté, à época ministro da Justiça, escreveu ao chefe de polícia para solicitar informações sobre a rotina seguida nos casos dos pretos detidos por suspeita de serem escravos fugidos.[35] É provável que o motivo da consulta fosse a permanência desses indivíduos por longo período no Calabouço, a prisão dos escravos, sem que fossem reclamados por seus senhores, sem que houvesse sequer investigação para determinar a sua condição de livres ou cativos. Um aviso anterior do Ministério da Justiça, de 12 de agosto de 1834, requeria que "os escravos, que dentro de seis meses da apreensão e detenção no calabouço não forem reclamados pelos senhores, sejam remetidos ao juiz de órfãos como bens de ausentes", para que fossem leiloados e entregues a novos proprietários. O mesmo aviso mandava publicar a cada mês uma relação dos recolhidos, com "nomes, sinais e mais clarezas" que poderiam ajudar em sua identificação pelos supostos senhores.[36] Nos documentos de novembro de 1835, Limpo de Abreu queria saber o que se fazia para descobrir se um preto qualquer, detido por parecer escravo fugido, era de fato um escravo fugido. Visivelmente na defensiva, Eusébio de Queiróz respondeu assim:

> tenho a honra de informar a V. Exa. que sendo o costume da mor parte dos pretos fugidos inculcarem-se forros quando são apreendidos, recolhem-se ao Calabouço todos aqueles que por qualquer circunstância se presumem fugidos, inda que eles declarem ser livres; quando apresentam porém documento, ou quando passados seis meses se não apresenta reclamador, inda que o preto não mostre título de liberdade, fica à disposição do Juiz de Paz do 1º distrito de S. José, para este averiguar se ele é livre, e mandá-lo nesse caso soltar. Esta é a prática [...].[37]

O ministro entendeu que a chefatura de polícia, de fato, nada fazia para investigar a condição dos negros apreendidos por parecerem escravos fugidos. O chefe esperava, pelo prazo mínimo de seis meses, o aparecimento de um documento que comprovasse a liberdade, ou de um senhor que requisitasse a sua propriedade semovente. Limpo de Abreu queria ação pronta:

> Responda-se que, logo que se apreenderem pretos, que se presuma ser escravos, e estar fugidos, deve imediatamente não só publicar-se pelas folhas os sinais para que possam aparecer os senhores, mas também proceder-se *ex officio* pela Polícia à verificação do seu estado no caso deles declararem que são forros, como seja tirando informações pelos lugares, onde eles disserem que residiam, e fazendo-se outras indagações sem ser necessário demorá-los tanto tempo no Calabouço inutilmente, sem a Polícia procurar saber a verdade, e soltando-se sempre que, depois de tais pesquisas, não resultar prova de serem cativos.[38]

Ou seja, concluída a investigação, que devia ser imediata, o ministro determinava que a ausência de provas sobre a escravidão de alguém que se dizia livre deveria resultar na presunção de sua liberdade. Eusébio de Queiróz, é claro, prometeu cumprir as ordens do superior, mas replicou:

> [...] sendo do meu dever observar, que não sendo fácil obter provas de escravidão, quando um preto insiste em dizer-se livre, esta medida há de produzir necessariamente a soltura de muitos escravos fugidos, por mais cautelas, que se tomem; *parecendo-me mais razoável a respeito dos pretos presumir a escravidão*, enquanto por assento de batismo, ou carta de liberdade não mostrarem o contrário; no entretanto posso asseverar a Va. Exa., que suas ordens serão cumpridas exatamente se não vierem outras em contrário [grifo meu].[39]

Para fechar a questão, quiçá um tanto impaciente com a resistência do subordinado, Limpo de Abreu mandou responder que, executadas as providências ordenadas, seria menor a probabilidade de soltar pretos fugidos, pois a polícia faria publicar os seus nomes e sinais e procederia a "exames" segundo "as respostas que eles derem sobre o lugar de sua residência, e pessoas que os conheçam quando afirmarem que são livres".[40] A expectativa era de que tais rotinas diminuíssem o tempo de permanência de escravos fugidos no Calabouço, além de evitar a detenção de pessoas supostamente livres por longo período.

O ministro Limpo de Abreu passou, outros ministros vieram e se foram, mas Eusébio de Queiróz ficou chefe de polícia por mais uma década (depois esteve ministro da Justiça ele próprio, de 1848 a 1852). Desbaratou quadrilhas de moedeiros falsos, combateu capoeiras, perseguiu mendigos, azucrinou vadios, não deu sossego enfim a toda aquela corja que "nesta Corte vagava sem emprego nem domicílio".[41] Ademais, criou fama de bom administrador, organizou a estrutura da polícia, estabeleceu rotinas e modos de atuação e vigilância. Nas décadas seguintes, a polícia da Corte agiu a partir do pressuposto "queiroziano" de que todo preto — e muitos pardos também — era escravo até prova em contrário. Desnecessário dizer o quanto tal pressuposto mostrou-se instrumental na consolidação do direito senhorial costumeiro de escravizar ao arrepio da lei: os comandados de Eusébio não viam os africanos contrabandeados que andavam às pencas pelas ruas da cidade; quando os apreendiam, por suspeição de que estivessem fugidos, raramente investigavam a sua possível importação ilegal. Afinal, a doutrina de Eusébio transferira o ônus da prova de liberdade ao negro; mas como poderiam portar documentos de liberdade pessoas que haviam sido importadas e escravizadas ilegalmente? Encontrados em terra, esses africanos eram, como queria o marquês de Barbacena, propriedade tida por legal, a ser comprada e vendida. Se os donos não apareciam, mandavam-se os "escravos" para o juiz competente, para que fossem declarados "bens do evento" e arrematados em praça pública. E como "parecer escravo" era conceito subjetivo, muitíssimo amplo na visão de mundo queiroziana, temos que o processo de enraizamento da escravização ilegal no *modus operandi* do Estado imperial tornou mais precária a liberdade de pretos e pardos forros e livres em geral. Cá está um problema que deveria ocupar o centro da historiografia: preocupados em descrever as vias de acesso à liberdade, sempre relevantes na escravidão brasileira, reparamos (nós, historiadores) menos do que o necessário, quem sabe, na qualidade dessa liberdade, nos contextos históricos particulares e redes institucionais específicas que muita vez a limitavam, tolhiam, até mesmo a usurpavam, na experiência cotidiana de pretos e pardos pobres. Antes de chegar nesse assunto, contudo, é preciso ver outros, a começar pelo fim do tráfico negreiro, reparando nas complexidades e sutilezas inerentes ao processo de abolir por nova lei, de setembro de 1850, o que estava abolido, por outra lei, desde novembro de 1831.

5. Em 1850, a precisão de calar sobre 1831

O parlamento imperial realizou sessões secretas sobre a lei de 1831 em várias ocasiões — em 1837, 1848, 1850. Senadores e deputados temiam a repercussão, entre os escravos, do debate público sobre o tráfico africano ilegal e a consequente permanência no cativeiro, ao arrepio da lei, de centenas de milhares de pessoas.

A segunda metade da década de 1840 combinou, paradoxalmente, o recrudescimento das medidas britânicas contra o tráfico, a partir da vigência do bill Aberdeen, de agosto de 1845, que ampliou de modo unilateral a atuação repressiva da Marinha de Guerra inglesa, e novo crescimento dramático na entrada de africanos contrabandeados. A introdução de africanos vinha em ritmo regular, média de 30 mil pessoas anualmente desde 1840. Em 1845, registraram-se 20 954 entradas, cifra baixa em especial diante do que ocorreu nos anos subsequentes: 52 395 africanos ilegalmente escravizados em 1846, 61 731 em 1847, 61 757 em 1848, 57 504 em 1849. O tráfico parecia imperturbável, repetindo uma espécie de ciclo periódico de aceleração semelhante aos que haviam acontecido na segunda parte das décadas de 1820 e 1830.[1] Talvez a aceleração tenha sido motivada pela expectativa de que a radicalização inglesa fosse acompanhada por medidas internas que dificultassem de fato a vida dos negreiros. Pode ser que a reação nacionalista ao que se considerou uma investida inglesa contra a soberania nacional tenha conferido aos traficantes, por mais alguns anos, a conivência e cooperação necessárias, de autoridades e setores da população, para que prosseguissem, até aumentassem, seus negócios. O fato é que em 1850, quando os eventos se precipitariam para culminar na cessação do tráfico, as fazendas de café deviam estar a transbordar de trabalhadores ilegalmente reduzidos ao cativeiro.

Em 1º de setembro de 1848, em iniciativa que parece ter surpreendido até mesmo alguns deputados da maioria, o gabinete liberal da vez reapresentou à Câmara, um pouco emendado, o projeto de lei de repressão ao tráfico de 1837, aquele mesmo originado do Senado, por iniciativa do marquês de Barbacena, enviado à Câmara e lá engavetado após a reação incisiva de alguns vogais.[2] O debate dele, que se estendeu por quase todo o mês de setembro, interrompido apenas pela queda do próprio gabinete, cresce de importância diante da circunstância de que foi essa a última vez que uma casa do Parlamento, Câmara ou Senado, debateu com alguma largueza, em sessões públicas, o tema do tráfico negreiro em sua vinculação com a lei de 7 de novembro de 1831. Nos debates de 1850 a face pública da discussão se limitaria ao constrangimento e à indignação provocados pela atuação dos cruzeiros ingleses; o tema da lei de 1831 sucumbiria inteiramente à bossa das sessões secretas (em 1837, como vimos, o Senado conduzira a primeira discussão do projeto sobre o tráfico em sessão secreta).

Verdade que o que mais se disse sobre a lei de 1831 nos debates de setembro de 1848 foi que nada se devia dizer sobre ela. Salvo por breve tentativa dos conservadores em adiar a discussão, alegando a prioridade duma reforma judiciária, o primeiro ponto de controvérsia já na sessão de 1º de setembro foi precisamente a conveniência ou não de o projeto ser discutido em sessão secreta. O deputado Moraes Sarmento, do Rio Grande do Norte, cuja província presidira de 1845 a 1847, logo nesse mesmo período de predomínio liberal, justificou assim o seu pedido de sessão secreta: "que na discussão deste projeto talvez pudessem aparecer ideias que não conviria muito que fossem ouvidas, atenta a consideração de ser o Brasil um país onde há grande número de escravos".[3] Moraes Sarmento, portanto, se preocupava com o que os escravos viessem a saber sobre o que se falava no Parlamento. A portas fechadas, os deputados teriam mais liberdade para abordar assunto por demais melindroso. Ademais, o "último artigo do projeto [...] não pode ser bem discutido sem que se aventem ideias que não pode deixar de considerar perniciosas". O tal artigo, de número 13, era aquele que revogava a lei de 7 de novembro de 1831, estabelecendo ainda que "Nenhuma ação poderá ser intentada em virtude" dela. O deputado alegava que queria se opor a esse artigo, pois era "o que mais medo lhe mete", mas que as suas razões para isso "entende que não seria muito conveniente ao país que elas fossem expendidas publicamente".[4] O próprio ministro da Justiça, Campos Mello, presente à sessão, fazia meneios e sinais aos oradores, recomendando circunspecção, chegando a interromper o raciocínio de um deles, a meia voz, dizendo que "isto pode ser perigoso" — segundo o impagável deputado pelo Rio Grande do Norte, que parecia disposto a insinuar quase tudo sobre o que não se devia dizer nada. Chegou-se por fim a uma solução de compromisso, que consistiu em fazer a discussão pública do projeto até que se chegasse ao artigo 13, quando então se voltaria a aventar a hipótese de sessão secreta para se decidir apenas a respeito dele.[5]

Quanto ao conteúdo do projeto, consideradas as emendas, não há dúvida de que a situação liberal tinha a intenção de retomar a ideia capital do projeto de Barbacena, que era restringir a repressão do tráfico ao mar e a situações imediatamente vinculadas a atos de desembarque — o próprio ministro da Justiça disse isso mesmo, que "a lei atual é preferível à lei de 7 de Novembro de 1831, porque estabelece o princípio da apreensão unicamente no mar, ou no ato do desembarque".[6] O ministro argumentava que "o outro princípio" firmado pela lei de 1831 não produzira "efeito algum". O "outro princípio" concernia a "repressão dentro do país"; na verdade, essa determinação da lei dera resultado contrário, levara o país à circunstância de "suportar o escândalo, a imoralidade de ver a lei de 7 de Novembro não cumprida". A alternativa a isso seria cumprir a lei, causando então "um abalo no país inteiro". Quiçá impressione que, onze anos depois, a imaginação política dessa gente graúda parecesse pautada pelos mesmos pressupostos, quase a acreditar que a continuação do tráfico fosse inevitável, disposta por isso a "esquecer todo o passado" no que concernia à lei de 1831, como disse um dos deputados.[7] De qualquer modo, se já havia clareza quanto ao problema na proposta de Barbacena, o entendimento da situação era ainda mais agudo em 1848: nada se podia fazer contra o tráfico sem garantir ao mesmo tempo a segurança da propriedade escrava adquirida por contrabando. Sinuca de bico, situação sem saída, ou sem outra saída possível, na perspectiva daqueles senhores, que não aprofundar a senda sugerida por Barbacena, comprometendo o Estado imperial simultaneamente com a repressão ao tráfico e a defesa da irrevocabilidade da escravização ilegal de centenas de milhares de pessoas.

Por isso, o que havia de novo no projeto de 1837 revisto e apresentado à Câmara em 1848 consistia na tentativa de dotar o governo imperial de instrumentos mais eficazes para realizar a repressão ao tráfico no mar e nas situações de desembarque. Havia dispositivos que tornavam mais viáveis as capturas de embarcações nas quais houvesse indícios de prática de tráfico, mesmo que não ocorresse flagrante específico de condução e desembarque de africanos; além disso, o apresamento das embarcações passava a ser julgado em primeira instância pela auditoria de Marinha, em segunda instância pelo Conselho de Estado, que assumia o caráter de um verdadeiro tribunal de recursos nesse assunto. Buscava-se assim arredar o problema da conivência de setores do Judiciário quanto ao julgamento dos atos criminosos ligados ao tráfico. Essas medidas permaneceram no texto final da lei de setembro de 1850 e foram importantes para dotar o governo de poder de fogo contra os negreiros. No entanto, o que sobressaiu nos debates de 1848, assim como já ocorrera em 1837, foi o desconforto que Moraes Sarmento e alguns outros poucos deputados impingiram ao governo e aos pares ao denunciar o caráter do que se propunha. Veja-se, por exemplo, as palavras do deputado Souza França, na sessão de 4 de setembro:

> não pode concordar, nem concordará jamais em que saia do corpo legislativo uma lei iníqua que contém disposição desonesta a ponto de privar alguém de direitos que tinha adquirido pela lei de 7 de Novembro de 1831. E demais, pela constituição não pode haver lei com efeito retroativo: na disposição do último artigo deste projeto nota-se este defeito; é mais um motivo para votar contra a lei, além das muito ponderosas razões já apresentadas.[8]

Sem transgredir os limites que a situação impunha, com os colegas eriçados a exigir eufemismos "convenientes ao país", o deputado disse tudo que precisava ser dito: a lei era "desonesta" porque privava os africanos de "direitos" garantidos pela lei de 1831, no caso, a liberdade deles; além disso, ela contrariava a Constituição porque era retroativa, destinada a legalizar a propriedade escrava adquirida ao arrepio da lei.

Moraes Sarmento voltaria à carga na sessão seguinte, em 5 de setembro, disposto a desafiar aquilo que chamava "o silêncio do governo". Segundo ele, a discussão do projeto devia ser franca, tinha de partir do entendimento dos motivos pelos quais a lei de 1831 não fora cumprida. Se o governo argumentava pela precisão de outra lei para reprimir o tráfico porque a anterior produzira efeitos contrários ao desejado, e se não aceitava discussão sobre as causas disso, que garantia haveria de que a nova lei pudesse ter destino diferente? O deputado queria que o gabinete abandonasse a política do "mistério, da dissimulação, da tergiversação". Numa escalada no tom do debate, debruçou-se sobre o artigo 5º, decerto crucial, pois ali se enumeravam "os autores desse crime", aparecendo o dono do navio, o capitão ou mestre dele, piloto, contramestre, equipagem, cúmplices as pessoas que coadjuvassem o desembarque; em contraste com a lei de 1831, nada se dizia sobre a culpabilidade de quem comprasse esses africanos em terra. O deputado do Rio Grande do Norte perdia as estribeiras, pois para ele o artigo 5º sugeria que o governo queria uma cousa, dizia outra. Por efeito do referido artigo, "o tráfico vai ser restaurado no país", isto é, voltaria a ser legalizado. Se até ali os traficantes se mostravam capazes de iludir a vigilância do governo, de introduzir no país quantos africanos quisessem, não fazia sentido lhes facilitar ainda mais o negócio, pois doravante "desde que eles consigam pôr em terra qualquer porção de africanos, podem estes ser expostos à venda, podem sobre eles haver todas as transações, ninguém pode lhes pôr embaraço". Para provocar, insinuava que o gabinete liberal resolvera competir com o senador Vasconcelos e os saquaremas para ver quem "protegia" mais o tráfico. Num momento mais reflexivo, explicava o cerne da discordância. Ao contrário da maioria dos colegas, liberais e conservadores, acreditava que ainda era possível fazer cumprir a lei de 1831, que "a opinião" do país havia se voltado quase inteiramente contra o tráfico e os traficantes, "que grande parte do povo brasileiro está persuadido de que o tráfico é mau" — nesse ponto, ganhou "apoiados" dos colegas. No fundo, lei alguma sobre o assunto vingaria se continuasse a vigorar a falácia de que "o tráfico encontra apoio quase unânime na população", pois o resultado disso seria autoridades pouco dispostas a executar os dispositivos da legislação.[9]

Por fim, subiu novamente o tom, bateu boca com o ministro da Justiça. O ministro argumentou que a lei de 1831 não fora executada devido a "embaraços reais, graves, muito profundos", que o deputado pelo Rio Grande do Norte não poderia acreditar "que tantos homens eminentes do nosso país", e de coloração política diversa, "não tenham tido patriotismo para executarem esta lei". Nesse ponto, Moraes Sarmento explodiu: "o que compreendo é que a causa é a prevaricação", "porque é prevaricação não cumprir as leis". O mal-estar era evidente, o ministro declarou que diante disso "não tenho mais o que dizer". Todavia, prosseguiu, decerto contando com o apoio da enorme maioria dos deputados e com a simpatia deles diante de palavras que pareciam agredir toda a classe governante, para repetir o mantra que justificava aquilo mesmo de que falava Moraes Sarmento — isto é, a conivência de autoridades públicas com o contrabando e a escravização ilegal de africanos:

> Senhores, houve um erro grave quando se promulgou a lei de 7 de Novembro de 1831. Não se muda o estado de um país de um momento para o outro. Os nossos hábitos de três séculos, durante os quais foi mantida a escravidão entre nós, as necessidades do país, tudo enfim pedia que com um rasgo de pena não se dissesse — fica abolido o tráfico — sem que para isso nada se tivesse preparado. Uma abolição tão repentina não era possível. Entretanto foi o que se fez, e, quaisquer que fossem as causas que obrigaram os nossos homens de estado a fazer a lei de 7 de Setembro [sic] de 1831, houve erro grave em decretá-la, sem que primeiramente se preparasse o país, sem que se tratasse da introdução de braços livres, sem se fazer cousa nenhuma, nem antes nem depois da lei, sendo o nosso país puramente agrícola e dependendo de braços para viver.[10]

Apesar de tudo o que se falava sobre a lei de 1831 nesses debates, o tema da necessidade de não discutir o assunto emergia amiúde. Sempre acossado por Moraes Sarmento, o ministro da Justiça alegou que não podia discutir em detalhe os motivos pelos quais o gabinete achava inexequível a lei de 1831 porque a Câmara resolvera debater o projeto em sessão pública, argumento ruim diante do deputado do Rio Grande do Norte, pois fora ele precisamente quem sugerira a discussão em sessão secreta, ideia não "apadrinhada" pelo governo, que ao que parece esperava encaminhamento célere e pouco controverso do assunto.[11] Como observou Souza Franco, ministro dos Negócios Estrangeiros, em 2 de setembro, ainda no início dos trabalhos, "há certas questões cuja discussão é sempre embaraçosa, e que quanto mais a respeito delas se diz, tanto mais se complicam e dificultam".[12] O fato é que os artigos foram sendo aprovados, um a um, até que se chegou ao 13, que revogava retroativamente a lei de 1831, na sessão de 21 de setembro de 1848. Um deputado propôs de pronto que a Câmara se reunisse em sessão secreta, pois o conteúdo dele poderia despertar "paixões perigosas" (sic!).

Nesse momento, vários parlamentares que andavam calados tomaram a palavra em sucessão, para defender que a discussão fosse pública, aproveitando para antecipar que se opunham ao tal artigo. O deputado Ferraz declarou que "Desejava que da câmara não partisse uma medida desta natureza"; Carvalho Moreira afirmou ser "contra essa lei em todos os seus pontos e vírgulas"; José de Assis considerava a "doutrina" do artigo 13 "iníqua e bárbara"; ao deputado Nunes Machado parecia que o segredo era desnecessário, pois a Câmara jamais aprovaria aquele "artigo monstro". Carvalho Moreira argumentou que o governo atropelara a discussão do projeto, e que a Câmara anuíra, ao aprovar "os artigos anteriores sem um verdadeiro exame". Em outras palavras, para ele tudo fora superficial, mais ou menos em segredo, até aquele ponto, por conseguinte adotar agora uma sessão secreta seria "fazer o epigrama do modo por que se tem discutido e votado os outros artigos".[13] Não obstante os protestos, decidiu-se pela sessão secreta, que se realizou em 22 de setembro, e parece ter continuado na primeira parte da sessão do dia 26.[14] Mas em 29 de setembro de 1848 já caíra o gabinete, ao que parece devido ao impasse em torno do artigo que revogava a lei de 1831.[15] Os liberais se foram, vieram os conservadores. A maioria liberal na Câmara passou alguns dias a protestar, até que veio a notícia de que a legislatura havia sido adiada para abril do ano seguinte. Mas a Câmara foi dissolvida em fevereiro de 1849. Eleições, posse da nova Câmara em dezembro de 1849. Com os conservadores ou saquaremas no controle do gabinete e da Câmara dos Deputados, chegamos a 1850, ano de decisão quanto ao tráfico negreiro.

No que concerne ao nosso foco no momento — qual seja, a maneira de lidar com a lei de 1831 na nova lei de abolição do tráfico de 1850 e as repercussões continuadas da escravização de africanos contrabandeados nos negócios políticos do país —, a documentação disponível nos anais da Câmara, do Senado, nas atas do Conselho de Estado, referentes a 1850, é toda ela pobre, decepcionante. O segredo do qual se falou tanto em 1848 aconteceu em 1850. Durante o primeiro semestre, a Câmara dedicou boa parte de seu tempo à apreciação das atas das eleições, a tomar conhecimento de denúncias de fraudes e violências e a ouvir longas justificativas dos deputados presentes, os vencedores, sobre como haviam chegado lá suavemente, polícia e capangas cumprindo apenas o dever de manter a ordem pública ao espancar os opositores. Outros assuntos pipocavam, como a "epidemia reinante", a febre amarela, que causava milhares de mortes em cidades costeiras do país ao menos desde dezembro de 1849. Morreram dela o "sereníssimo príncipe imperial o Sr. D. Pedro", em comunicado que chegou à Câmara em 10 de janeiro, sem mencionar a causa do óbito,[16] e o senador Bernardo Pereira de Vasconcelos, líder saquarema, reputado defensor do tráfico de escravos, falecimento informado à Câmara na sessão de 2 de maio.[17]

Quanto ao tráfico em si, ocorriam referências ocasionais à atuação cada vez mais agressiva da Marinha de Guerra inglesa. Por exemplo, em 8 de janeiro, pediram-se esclarecimentos ao governo sobre a apreensão e incêndio, por um cruzeiro inglês, da barca *Santa Cruz*, na costa brasileira, em São Sebastião; em 18 de janeiro, apareceu na pauta da Câmara o tópico "O cruzeiro inglês e o tráfico da escravatura", na verdade um debate sobre o envio ao governo de um requerimento a respeito do apresamento, na barra de Santos, pelo vapor de guerra inglês *Rifleman*, do vapor brasileiro *Paquete de Santos*. Nessa discussão estava presente o ministro da Marinha e a sessão virou logo uma batalha partidária, pois Souza Franco, ministro dos Estrangeiros na fase de predomínio liberal que se encerrara, fora eleito deputado e estava na Câmara como membro da oposição.[18] No início de julho, na discussão do orçamento, o tema do tráfico voltou a aparecer em meio às querelas partidárias.[19] Em geral, nesses debates, os conservadores reafirmavam que as dificuldades em eliminar o tráfico não concerniam a esse ou àquele partido, mas se deviam a motivos de força maior que enredavam as duas facções da política nacional (numa referência elíptica, como de hábito, ao descumprimento da lei de 1831 e à propriedade escrava ilegal decorrente disso); os liberais cobravam do governo tomar a iniciativa quanto ao assunto, pois a desenvoltura da Marinha inglesa na repressão ao tráfico na costa brasileira ofendia a soberania nacional e desorganizava a navegação costeira, causando prejuízos comerciais crescentes. Não obstante essas querelas partidárias, nota-se logo que os dois partidos professavam, ao menos retoricamente, dois pontos em comum: primeiro, o tráfico se tornara prejudicial ao país, logo a questão consistia tão somente no modo e oportunidade de dar cabo dele; segundo, a "opinião do país" era agora contrária ao tráfico, "nenhum ministério poder-se-ia hoje [...] sustentar no poder, se não se declarasse inimigo do tráfico de africanos, se não empregasse esforços para reprimi-lo".[20]

Em 6 de julho, durante discurso do deputado Mello Franco, chegou à Câmara a notícia dos eventos em Paranaguá. Notícias incompletas, rumores, depois confirmados na maior parte, sobre um cruzeiro inglês que entrara no porto para apresar "navios negreiros", a fortaleza brasileira no local reagira, o navio inglês abrira fogo e a destruíra, quase inteira.[21] Seguiu-se um pouco de bravata nacionalista, com um deputado lendo, ainda que em tom de reprovação, trecho de folha que conclamava os habitantes do império "para se armarem e assassinarem a quanto inglês for encontrado", outro deputado a sugerir ao país retaliações comerciais, no caso proibir a compra de tecidos ingleses que eram utilizados pelos traficantes brasileiros em seus negócios na costa d'África.[22] O fato é que os acontecimentos de Paranaguá fizeram transbordar o copo da "vergonha nacional", quer dizer, do constrangimento do gabinete de ministros, legisladores, conselheiros de Estado, Sua Majestade etc., a respeito da necessidade de colocar um fim à questão do tráfico negreiro, por motivos tantos e variados que se resumiam numa só asserção: a "opinião" era totalmente contrária ao tráfico e nada se podia fazer para defendê-lo.

Na sessão do Conselho de Estado realizada em decorrência do episódio de Paranaguá, os conselheiros tiveram de responder a uma série de quesitos sobre qual deveria ser a conduta do governo imperial naquela situação.[23] Aventaram-se várias opções, desde a reação militar, descartada logo como inútil, passando pela resistência pacífica, que consistiria basicamente em deixar que a Marinha de Guerra inglesa se cansasse de perseguir negreiros numa costa daquele tamanho (e que se danassem os negreiros, pois ninguém mais morria por eles), até chegar na possibilidade de reabrir negociações com o governo britânico. Sensatos, quiçá pela força das circunstâncias, os conselheiros perceberam que deixar ingleses e negreiros a brincar de gato e rato na costa brasileira, com o governo imperial de espectador, seria risível. Assim talvez a realidade virasse uma espécie de paródia da caricatura (sic) que Martins Pena havia feito dos conflitos entre Gainer (o inglês) e Negreiro (o traficante) na hilariante comédia *Os dois ou o inglês maquinista*, escrita provavelmente no início da década de 1840. Conselheiros sisudos não estavam por uma peça dessas. Por conseguinte, recomendaram que o gabinete buscasse negociar com o governo britânico. Todavia, diante da obviedade de que os ingleses não aceitariam qualquer conversa que implicasse o recuo deles no policiamento agressivo da costa brasileira, os conselheiros instaram o ministério a tomar a iniciativa da repressão ao tráfico. Que adotasse as medidas legislativas necessárias, que fizesse o que tinha de ser feito para arredar aquilo, pois a ocasião era finalmente propícia para realizar tal desiderato.

Daí por diante a marcha foi fulminante. Em 15 de julho, repetindo-se o que ocorrera na sessão do dia 8, galerias e tribunas da Câmara apresentavam-se apinhadas de gente, idem por escadas, corredores e nos arredores do prédio, até o plenário havia sido invadido pelo "povo", que se acomodava "por trás dos bancos dos Srs. Deputados". O assunto em pauta nessas sessões intitulava-se "Interpelações sobre o cruzeiro inglês". Após as escaramuças políticas de praxe, a respeito de que partido se mostrara mais aguerrido no combate ao tráfico que nenhum dos dois partidos de fato combatera, mais explanações igualmente de praxe sobre os interesses supostamente legítimos dos agricultores do país, motivo pelo qual as cousas haviam chegado ao ponto em que estavam, ocupou a tribuna o ministro dos Negócios Estrangeiros, Paulino Soares de Souza. A julgar pelo tamanho da transcrição, discurso longo, longuíssimo, no qual começou prestando informações sobre os episódios mais recentes de ataques ingleses na costa brasileira, depois historiou em detalhe os tratados internacionais sobre o tráfico, correspondências e tratativas entre os governos brasileiro e britânico sobre o tema ao longo dos anos. Ao concluir, pediu à Câmara que desse ao ministério "ampla e inteira confiança", "preste-lhe uma cooperação larga e completa".[24]

No dia seguinte, 16 de julho, entrou na ordem do dia o projeto de repressão ao tráfico de africanos — aquele mesmo, de 1837, aprovado no Senado, engavetado na Câmara, ressuscitado por ela em 1848, deixado inconcluso pela queda do gabinete liberal. O ministro da Justiça, Eusébio de Queiróz, solicitou a palavra logo que o presidente da casa anunciou o tópico, para "pedir a V. Ex. que continue esta discussão em sessão secreta". O presidente concordou de pronto. Alguns deputados da minoria protestaram (entre eles Moraes Sarmento, do Rio Grande do Norte...), mas o presidente brandiu algum item do regimento e foi adiante. As galerias, de novo repletas, precisaram ser esvaziadas, porém os espectadores bateram "fortemente com os pés ao descerem os degraus" — em suma, deram uma pateada no Parlamento. Houve um período de tumulto, um deputado foi chamado de "patife", retrucou, restabeleceu-se "a ordem", sabe-se lá por que meios. Realizou-se a sessão secreta. No dia seguinte, mandou-se publicar o projeto emendado, para subir ao Senado. Lê-se ao final: "O artigo 13 seja suprimido".[25] Desistiu-se, portanto, de revogar a lei de 7 de novembro de 1831. Veremos logo o que se adaptou no projeto para chegar ao mesmo fim por outros meios. Quanto ao Senado, reuniu-se em sessão secreta para discutir o projeto em 6, 7, 8, 9 e 13 de agosto. No dia 13, ao retomar a sessão pública, o Senado divulgou "que o resultado da sessão secreta foi a aprovação das emendas da Câmara [...] ao projeto do Senado de 1837 sobre a repressão do tráfego de africanos".[26] O imperador sancionou a lei em 4 de setembro de 1850.

Se os meus leitores são como os historiadores de outros tempos, que só se referiam a fatos quando tinham certeza deles, hão de me atormentar se eu afirmar, como afirmo, que o assunto de quantas sessões secretas houve sobre o tráfico, no Senado e na Câmara dos Deputados, em 1837, 1848, 1850, foi como lidar com as consequências do descumprimento da lei de 7 de novembro de 1831. Cá está um testemunho insuspeito no que respeita a esse tema, aliás por ser suspeito em tantos outros. Eusébio de Queiróz, ainda ministro da Justiça, visivelmente irritado, compareceu à Câmara dos Deputados em 9 de agosto de 1851 para responder a uma interpelação da oposição liberal sobre "os últimos apresamentos feitos pelo cruzeiro inglês". Os episódios consistiam na detenção de embarcações brasileiras envolvidas no comércio costeiro, nas quais havia africanos, e aos quais os ingleses, ao que parece, atribuíam a condição de escravizados ilegalmente devido à lei de 1831.[27] Enfim, havia uma pressão do governo britânico para alargar o conceito de "africanos livres", de modo a incluir os africanos importados por contrabando e não apreendidos pela repressão ao tráfico no mar e no desembarque.[28] O deputado autor da interpelação, Rodrigues dos Santos, cobrava do ministério as medidas que tomaria para lidar com essa interpretação ameaçadora da lei de 1831. Eusébio respondeu assim:

> Não posso aceitar agora a discussão relativa à lei de 7 de Novembro de 1831, porque essa discussão é sobre matéria melindrosa; tanto que a câmara da cor política do nobre deputado, e a que o nobre deputado pertenceu, julgou conveniente discuti-la em sessão secreta, e o mesmo fez a câmara atual o ano passado. (*Apoiados.*)".[29]

Resolvida assim a questão do assunto das sessões secretas da Câmara, deduzindo-se ademais que não foi outro o tema principal das sessões secretas do Senado, resta ver como figurou a lei de 1831 no texto final da lei de 4 de setembro de 1850. Como mencionado, o último artigo do projeto elaborado no Senado em 1837, que revogava a lei de 1831 e prescrevia ações judiciais nela baseadas, desapareceu do texto final da lei de 1850 — uma decisão tomada nas sessões secretas muito provavelmente a partir de sugestão do próprio gabinete saquarema. Eusébio de Queiróz, que na condição de ministro da Justiça parecia estar à frente das negociações com o Parlamento para a aprovação da lei, conhecia bem a resistência que o referido artigo encontrara em discussões anteriores — no Senado e na Câmara em 1837, novamente na Câmara em 1848. Por isso suprimi-lo do projeto deve ter arredado boa parte dos problemas do governo quanto ao "imaginário", digamos — não seria mais possível a uma minoria determinada de opositores denunciar a lei como uma cassação do direito à liberdade dos africanos contrabandeados. Isso, mais o segredo das sessões, livrava o governo do efeito dos discursos inflamados, pois em 1848 o fogo amigo de Moraes Sarmento, um liberal contra um gabinete liberal, fizera estragos equivalentes a uma bancada oposicionista inteira na discussão do projeto de repressão ao tráfico (o mesmo se pode dizer de Teixeira de Gouvêa, no Senado, em 1837). Em outras palavras, sem se afastar do objetivo de conciliar a cessação do tráfico, a esta altura um objetivo premente, com a garantia à propriedade escrava originada do contrabando, as experiências anteriores ensinaram ao ministério que convinha evitar ser explícito demais a esse respeito, por isso revogar simplesmente a lei de 1831 não era de bom alvitre.

O que se fez então foi reafirmar, e reforçar, os dispositivos da lei de 1831 que ajudariam a atingir a meta de reprimir o tráfico até cessá-lo de vez. Para começar, ajustou-se o foco, suprimindo-se os dois primeiros artigos do projeto de 1837, que, além de proibir a importação de escravos, o fazia também quanto a "pretos livres", e isso para tornar mais abrangente a lei de 1831, pois esta, em seu artigo 7º, proibira apenas a entrada de "liberto que não for brasileiro". A proibição da entrada de "pretos livres" e libertos estrangeiros no país era assunto complicado, como veremos adiante, de modo que tirar esse tema do debate naquele momento deve ter ajudado a tramitação do projeto. Assim, o artigo 3º do projeto de 1837 passou a ser o primeiro da lei de 1850, com redação modificada para afirmar a validade da lei de 1831 nessa parte: "As embarcações brasileiras [...] e as estrangeiras [...] tendo a seu bordo escravos, cuja importação está proibida pela Lei de sete de novembro de mil oitocentos e trinta e um, ou havendo-os desembarcado, serão apreendidos pelas autoridades [...]". Outra menção explícita à lei de 1831 apareceu no artigo 4º, no qual se passava a considerar pirataria a importação de escravos, porém se aplicaria aos delinquentes as penas declaradas no artigo 2º da lei de 1831. A julgar pelos debates sobre esse artigo na Câmara em 1848, a ideia era combinar a estigmatização dos criminosos, agora tidos como piratas, com penas que não fossem tão rigorosas a ponto de dissuadir juízes e tribunais de optar pela condenação dos réus.[30]

A terceira e última menção à lei de 1831 na lei de 1850, no artigo 9º, foi a mais decisiva, pois consolidou a separação entre a repressão ao tráfico no mar e em terra, reforçando o primeiro e enfraquecendo ou eliminando o segundo, conforme o intuito do marquês de Barbacena no projeto original. Dois dispositivos da lei de 1850, que já haviam sido introduzidos nas emendas do gabinete liberal de 1848 ao projeto do Senado de 1837, parecem ter sido importantes para dar ao governo instrumentos legais e agilidade contra os traficantes. Primeiro, permitiu-se maior latitude quanto à interpretação de "sinais que devem constituir a presunção legal do destino das embarcações ao tráfico de escravos"; tais "sinais" foram regulamentados posteriormente, mas arredaram o pretexto, tão utilizado na Corte pelo juízo de paz de Santa Rita, por exemplo, de que não se poderia apreender navios apenas com base em indícios, sem que houvesse africanos a bordo quando do apresamento. Segundo, os apresamentos de embarcações e "a liberdade dos escravos apreendidos no alto-mar ou na costa antes do desembarque, no ato dele, ou imediatamente depois em armazéns, e depósitos sitos nas costas e portos" passavam a ser processados e julgados pela auditoria de Marinha, em primeira instância, e pelo Conselho de Estado, em segunda instância.[31]

Na realidade, a nova lei retirou da justiça comum não só o julgamento em primeira instância do apresamento das embarcações e da liberdade dos africanos, mas também o julgamento dos réus desses crimes, segundo a definição deles constante do artigo

3º. O artigo 3º da lei de 1850 era o antigo artigo 5º do projeto debatido em 1848 na Câmara, contra o qual o deputado Moraes Sarmento vociferou argumentando que, ao excluir os compradores de africanos em terra da condição de autores do crime de contrabando, resultaria numa nova legalização do tráfico. Pois o artigo continuou o mesmo na lei de 1850, sem qualquer menção a possíveis réus em terra. Todavia, chegamos por fim ao artigo 9º, que supria a lacuna de certa maneira. A primeira parte do artigo 9º determinou que os réus definidos no artigo 3º, isto é, aqueles atinentes às embarcações e aos atos de desembarque, seriam julgados pela auditoria de Marinha, ficando fora do âmbito da justiça comum, mesmo caso do julgamento das embarcações e da liberdade dos africanos; quanto aos recursos, os réus definidos no artigo 3º da lei de 1850 seriam julgados nos tribunais da relação. No entanto, na segunda parte do artigo 9º, lê-se o seguinte: "Os compreendidos no artigo terceiro da Lei de sete de novembro de mil oitocentos e trinta e um, que não estão designados no artigo terceiro desta Lei, continuariam a ser processados e julgados no foro comum". Ora, os "compreendidos" no artigo 3º da lei de 1831 riscados da lista de culpáveis do artigo 3º da lei de 1850 eram precisamente os "que cientemente comprarem, como escravos, os que são declarados livres no artigo 1º" — isto é, os criminosos em terra, proprietários de gente ilegalmente escravizada. Esses continuariam a ser julgados, já em primeira instância, no foro comum, que se recusava a processá-los e julgá-los desde 1831. Conseguiu-se, enfim, uma saída astuciosa, que, ao evitar o custo político de revogar a lei de 1831, aprofundou o que havia nela para a repressão no mar e no desembarque, e deixou tudo como estava no que concerne aos atos de escravização ilegal em terra.

Paradoxalmente, a atuação da Marinha de Guerra britânica na costa brasileira no primeiro semestre de 1850, sem reconhecer limites em seus atos de repressão ao tráfico, deixando o governo imperial baldo da altenativa costumeira de declarar em público que combatia o tráfico, apesar das dificuldades, e na prática se fazer de morto diante da desenvoltura dos negreiros, facilitou a saída política da lei de 1850. Dito doutra forma, a situação na costa brasileira parecia tão insustentável que justificou o foco quase exclusivo na repressão ao tráfico no mar e no desembarque, como sempre se quis ao menos desde 1837, dissimulando-se a desatenção aos criminosos em terra com a simples reafirmação da lei de 1831 nessa parte, contando-se pois em manter a inoperância dela. Não obstante a raposice saquarema no jogo legislativo, tudo se poria a perder se a repressão ao tráfico pelo governo imperial não se tornasse eficaz.

Quase surpreende o quão eficaz ela foi, diante de tantas e tão repetidas jeremiadas, nos anos anteriores, a respeito dos supostos motivos de força maior que impediriam o governo imperial de obter a cessação do tráfico negreiro. Em 1850, com os cruzeiros ingleses a perseguir negreiros onde e quando lhes desse na veneta, com os esforços efetivos de repressão do governo imperial começando a operar apenas no final do ano, ainda entraram no país 31 161 africanos. Ou seja, a atuação mais agressiva da Marinha inglesa conseguira no máximo fazer o ritmo do contrabando voltar ao que havia sido na primeira metade da década de 1840. Por isso impressiona que em 1851 tenham ingressado 5595 africanos, em 1852 foram apenas 984, nenhum nos anos seguintes até 1856, quando entraram 320 num único e último episódio.[32] Há um jeito quiçá mais largo de abordar esse problema, de entender aquilo a que os parlamentares em geral se referiam como a mudança da "opinião do país", que se tornara contrária ao tráfico. Caberia discorrer sobre a presença demográfica crescente dos africanos entre os escravos e os receios de que essa africanização resultasse em mais insurreições entre os cativos,[33] repetindo-se o que ocorrera na primeira metade dos anos 1830;[34] mencionar a epidemia de febre amarela do verão de 1849-50, que causara mortalidade muito mais elevada entre a população branca, poupando os negros e reforçando rumores de que a doença tivesse sido importada para o país devido ao tráfico negreiro;[35] reparar no controle firme do governo pelos saquaremas, derrotadas as várias revoltas políticas liberais da década de 1840, condição importante para enfrentar os fortes interesses associados ao tráfico negreiro;[36] *last but not least*, houve o recrudescimento da pressão inglesa no primeiro semestre de 1850,[37] sem a qual talvez o governo imperial continuasse a sonhar com o adiamento do fim do tráfico para as calendas gregas.

Todos esses fatores foram importantes para a decisão de fazer cessar o tráfico, porém não explicam, na prática, como o governo imperial obteve êxito na repressão. Pode-se dizer que o sucesso do combate ao tráfico a partir da lei de 1850 deveu-se ao fato de que o governo imperial *passou a ver* o que constava da documentação policial, desde os anos 1830, sobre o modo como operava o contrabando, em especial quanto à chegada das embarcações, desembarque dos escravizados e preparativos para uma nova viagem. Lembre-se, de passagem, que Eusébio de Queiróz, o ministro da Justiça do gabinete saquarema, havia sido recentemente, por vários anos, o chefe de polícia da Corte. Em suma, ele era a autoridade do país mais "qualificada" para reprimir os traficantes. Como diria talvez aquele deputado do Rio Grande do Norte, supondo-o tão atrevido quanto quer a fantasia do historiador, durante o período de "prevaricação" Eusébio aprendera o que precisava saber para, agora, fazer cumprir a lei. O fato é que a documentação policial do início da década de 1850 mostra que as autoridades passaram a averiguar com rigor os sinais de envolvimento no tráfico das embarcações suspeitas;[38] ademais, o Conselho de Estado confirmava as apreensões e firmou logo nos primeiros pareceres a doutrina de que quaisquer indícios deveriam ser valorizados na apreensão dos navios negreiros.

A consulta e parecer da seção de Justiça do Conselho de Estado sobre a apreensão do bergantim *Catão*, realizado na cidade de Desterro, província de Santa Catarina, reuniu elementos que pautariam a conduta das autoridades quanto às embarcações suspeitas de envolvimento no tráfico.[39] O bergantim saíra do porto de Vitória, província do Espírito Santo, com papéis que lhe davam como destino os Açores, donde traria colonos para o Brasil. Todavia, carregava mantimentos em excesso, pois havia nele quantidade de farinha, feijão, arroz e carne-seca mais condizentes com uma viagem à costa d'África; levava também 9 mil achas de lenha, taboado e couçoeiras de pinho e barrotes, tudo típico de viagem de negreiros. Por fim, havia 150 cascos com água, quantidade suficiente para travessias de ida e volta. Em suma, o perfil do lastro e mantimentos da embarcação sugeria a necessidade de estar preparada para ir e voltar sem que precisasse se demorar no outro lado do Atlântico, estratégia comum dos negreiros que atracavam em lugares afastados para receber os escravizados e se demoravam o mínimo possível no atracadouro, para reduzir o risco de serem localizados pelos cruzeiros ingleses. Apesar disso, o bergantim logrou sair de Vitória com o destino declarado dos Açores e chegou a Desterro, 88 dias depois, sem nada dos mantimentos anotados na origem e contando a história de que fora colhido por uma "capa rigorosa de 50 dias", que "um forte temporal tinha ocasionado" a interrupção da viagem e a arribada em Santa Catarina. O subdelegado do Desterro que cuidou do caso alegou acreditar no que lhe disse o capitão do navio, e que "nenhuma suspeita havia de ter conduzido o bergantim *Catão* africanos a seu bordo". O Ministério da Justiça achou que havia "fundada presunção" contrária e mandou o auditor geral de Marinha realizar investigação "minuciosa". O chefe de polícia da província reuniu a documentação, obteve laudos periciais e enviou ao auditor, que com base nesse material, em especial a declaração dos peritos de que o número de pipas d'água na embarcação era compatível com o objetivo de ir buscar colonos aos Açores, exonerou o bergantim de envolvimento no tráfico.

O Conselho de Estado, em longo parecer, mostrou as inconsistências das declarações do capitão e a incoerência da sentença da auditoria de Marinha, enfatizando os "tantos sinais", as "tantas provas" constantes dos autos de a embarcação ter sido empregada no tráfico. Por fim, solicitou o parecer de uma comissão do Ministério da Marinha, composta por especialistas no exame das rotas dos navios da Armada, para saber se o itinerário de viagem informado pelo capitão podia ter acontecido no período de tempo e nas condições climáticas aventadas. A comissão concluiu peremptoriamente que nada fazia sentido e mostrou que a posição do navio e demais indícios sugeriam que ele partira "de algum dos portos da Costa oriental da África". O bergantim foi considerado "boa presa", apesar de não haver sido apreendido nenhum africano e das interpretações divergentes das pistas pelas diversas autoridades. O Conselho de Estado deixava ver a subdelegados, chefes de polícia, presidentes de província e até aos auditores de Marinha que estava determinado a condenar os navios negreiros houvesse o que houvesse de indícios para sustentar a decisão.[40]

O que mais interessa, contudo, é ver o procedimento de autoridades e conselheiros em situações nas quais havia alguma ambiguidade quanto à distinção entre apreensões no mar ou no desembarque, que se queria promover, e detenções em terra, que poderiam colocar em causa a propriedade escrava ilegal anteriormente adquirida. Numa mesma consulta, feita "imperial resolução" em 1º de março de 1851, os conselheiros apreciaram dois episódios.[41] Confirmaram em segunda instância a sentença da auditoria de Marinha de que o "hiate *Rolha*" era boa presa, episódio ocorrido em Macaé e que resultara na "liberdade" de 208 africanos. Todavia, discordaram do julgamento da auditoria quanto à liberdade de quatro africanos "apreendidos na garopeira *Santo Antonio* nas águas de Cabo Frio". Esses africanos haviam respondido a algumas perguntas em língua portuguesa, não responderam a outras, porém essa circunstância em "combinação de suas idades com a que dizem ter, quando vieram importados", levara à suspeita de que tinham sido introduzidos no país após a lei de 7 de novembro de 1831. Os conselheiros argumentaram que, não "aparecendo provas de que os ditos africanos fossem apreendidos em alto-mar" ou "em ato de desembarque", a auditoria de Marinha não tinha competência para apreciar o caso. Cabia remetê-lo ao juízo municipal de Cabo Frio, que procederia então contra "aqueles que os detêm em escravidão contra o disposto na citada Lei". Os dois indivíduos que reclamavam a propriedade dos africanos haviam apresentado títulos de compra datados de 1843, registro deles a bordo de embarcações de cabotagem em 1847 e 1848, mais recibos de pagamento de sisa, documentos esses que não arredavam a "suspeita de serem os referidos africanos importados depois da proibição da Lei de 7 de Novembro de 1831", porém demonstravam que não competia ao auditor julgar o mérito desse assunto, adstrito ao foro comum.

Noutra resolução, de 9 de maio de 1851, os conselheiros se viram na contingência de calibrar as cousas em sentido inverso.[42] Decerto devido a alguma denúncia, o chefe de polícia da província do Rio de Janeiro partira para o porto de Manguinhos a bordo do vapor *Macahense* e acompanhado de uma "força" de cinquenta praças. A polícia sabia que naquele local "habitualmente desembarcavam" africanos contrabandeados. Ao chegar lá, confirmou-se que havia ocorrido um desembarque havia quatro ou cinco dias, logo o chefe de polícia ordenou a captura de três lanchas que haviam servido a esse propósito e embrenhou a força nas matas próximas, pertencentes à fazenda de André Gonçalves da Graça, onde se descobriu de pronto uma barraca "com indícios de ter servido de depósito aos ditos africanos". Mais de vinte escravizados foram localizados nas diligências seguintes, remetidos depois à auditoria de Marinha. Na auditoria fez-se necessária a presença de intérpretes, pois "os africanos apreendidos eram boçais e recentemente desembarcados". Surpreendentemente, quando tudo caminhava para que o auditor geral de Marinha proferisse sentença declarando livres os africanos, ele decidiu enviar o dossiê de volta ao chefe de polícia, pois "entendeu que a circunstância de terem decorrido esses poucos dias entre o desembarque e a apreensão, e a de não estar aquele depósito visivelmente à borda do mar, o inibiam de julgar esta apreensão".

Em seu parecer, os conselheiros explicaram que o artigo 8º da lei de 1850 autorizava o apresamento de embarcações e o resgate dos africanos no ato do desembarque ou "imediatamente depois", expressão que significava que "entre o desembarque e a apreensão de africanos, não tinha decorrido tanto tempo, *nem se tinha interposto ato algum*, que os confunda com os escravos existentes no Brasil" (grifo meu). Em outras palavras, os conselheiros viam no episódio uma sucessão de acontecimentos lineares, que vinculavam de modo direto o ato do desembarque e a apreensão dos africanos nas matas próximas ao porto de chegada. Não se havia "interposto ato algum" que quebrasse a sequência de eventos — presume-se que por isso se entendesse a compra dos africanos por terceiros e a produção de papéis de propriedade, tais como escrituras, passaportes, recibos de sisas etc., além de fatores "culturais", como o aprendizado do português. Em suma, nos episódios de apreensão de africanos, "a sua discriminação, *quando seja possível*" (grifo meu), não podia depender de "exames e indagações, que pela sua demora e complicação sejam incompatíveis com a sumariedade do processo prescrito no Regulamento" da lei de 1850. O processo foi devolvido ao auditor de Marinha para que proferisse sentença a respeito da liberdade dos africanos concernidos. O que realça no parecer dos conselheiros é que, ao estabelecer uma doutrina para esclarecer o tipo de captura de africanos favorecido pela lei de 1850, reforçou os supostos fundamentos da inércia quanto à investigação dos atos de contrabando em terra, cuja "demora e complicação" levava à conclusão de que não era "possível" a atuação das autoridades.

Esses dois casos devem ter parecido simples aos valetes do imperador em vista do que se lhes apresentou na resolução de 30 de julho de 1851, a respeito do resgate de 199 africanos boçais na ilha de Marambaia, em terras do todo-poderoso comendador Joaquim José de Souza Breves, dito "o rei do café", proprietário de várias centenas de escravos, muitos deles adquiridos por contrabando, como era de conhecimento geral.[43] De novo, o governo imperial sabia que "outros desembarques têm havido nesse lugar", por isso, ao ter a notícia de que um deles acabara de acontecer em fins de janeiro de 1851, organizou uma "diligência", comandada pelo chefe de polícia interino da província do Rio de Janeiro, que partiu com uma força policial a bordo do vapor de guerra *Golfinho*. Bateram-se os matos da redondeza por dois dias, realizando-se várias apreensões de grupos de africanos considerados boçais. Em seu relatório, o chefe de polícia interino observou que se fez necessário separar, entre os africanos detidos, "todos aqueles, que eram ladinos e constava pertencerem ao serviço da Armação", nome da fazenda de propriedade do comendador Breves. Os 199 africanos avaliados como recém-importados — 182 do sexo masculino, dezessete do feminino — foram recolhidos a bordo do *Golfinho* e levados à Casa de Correção, onde se fez a lista deles, realizaram-se batizados, deu-se-lhes um curador para acompanhar interrogatórios e exames.

Nos interrogatórios desempenhou papel primordial o africano de nome Firmino, "que entendia e sabia falar o idioma português", mas que acabara de chegar no desembarque que envolvera mais de 150 outros escravizados. Firmino era "língua", e a desenvoltura dele em indicar às autoridades quais africanos haviam feito a travessia com ele, o fato de os demais africanos o reconhecerem e confirmarem o que declarou, a credibilidade que mereceu das autoridades policiais, tudo parece indicar que ele tivesse vindo no navio negreiro a desempenhar mesmo a função de facilitar a comunicação entre os escravizados e a gente da "terra de brancos". Pois Firmino disse que, dos 198 africanos que tinham vindo de Marambaia com ele no vapor *Golfinho*, 39 não haviam estado no mesmo navio negreiro em que ele viera. Firmino "apontou com o dedo índex", um a um, os africanos presentes que não haviam sido seus companheiros na travessia do Atlântico, indicando ainda cinco deles que "falavam alguma cousa de língua de branco". Quanto aos malungos de Firmino, interrogados com a ajuda de um intérprete, confirmaram a sua história, disseram que "era a primeira vez que vinham a terra de brancos, tendo vindo há pouco tempo da sua terra, e desembarcado, há poucos dias, no lugar em que foram presos, que era uma ilha, primeira terra de brancos que viram". Em seguida as autoridades policiais inquiriram quatro africanos "que entendiam um pouco o idioma português" entre os 39 que Firmino dissera não terem vindo com ele da costa d'África. Esses alegaram que também tinham chegado recentemente de sua terra, porém "antes da chegada dos outros, que com eles vieram presos". Disseram que haviam sido detidos "juntamente com os outros nos matos da Fazenda de seu senhor, que é o senhor Breves"; além disso, não sabiam o nome do navio que os havia trazido, mas "desembarcaram no mesmo lugar em que foram presos, sendo a primeira vez que vinham à terra de brancos".

Apesar de os interrogatórios sugerirem haver ali africanos procedentes de desembarques diferentes, logo nem todos referentes à diligência do governo ordenada para apreender os escravizados vindos no mais recente deles, os peritos acharam que as declarações e "outros sinais que apresentavam" mostravam que os 199 africanos "tinham sido importados depois da Lei de 7 de Novembro de 1831", mesmo aqueles que "falavam e entendiam alguma cousa do idioma português". Todavia, em sua sentença, o auditor de Marinha reconheceu a liberdade apenas dos africanos identificados como pertencentes ao último desembarque; quanto aos outros, 39 deles, que haviam sido importados anteriormente e estavam escravizados por Breves na ilha de Marambaia, mandou colocar à disposição do chefe de polícia, a fim de se correr processo pelo "juízo competente".

Joaquim José de Souza Breves apresentou as suas razões em seguida. Não obstante dizer que não tinha o fito de "impugnar a apreensão feita pelo Chefe de Polícia da Província do Rio de Janeiro de uma porção de africanos novos", protestava "contra a violência que nessa ocasião se lhe fizera, arrebatando-se-lhe, conjuntamente com esses africanos novos, 46 escravos ladinos, entrando neste número um casal de crioulos". Breves reivindicava a devolução imediata de 46 "ladinos e crioulos", discordando da conta da polícia, que excluía apenas 39 africanos da lista dos apreendidos no último desembarque da Marambaia. Ele reclamou do procedimento de batizar os africanos quando do recolhimento deles à Correção, atribuindo-se-lhes outros nomes, o que dificultava agora "conhecer quais eram os seus escravos". Ao repetir que a polícia levara embora, junto aos africanos novos, outros "pertencentes às suas Fazendas da Marambaia", explicou que esses últimos "existiam trabalhando no serviço das mesmas, e outrossim que eram os mesmos escravos *comprados há muitos anos, e portanto ladinos*, havendo até no número deles dous crioulos" (grifo meu).

Vê-se, pois, de volta, o argumento de que africanos que não podiam ser associados a um desembarque recente específico seriam "ladinos" introduzidos fazia "muito tempo". Os conselheiros de Estado apoiaram a sentença do auditor de Marinha, firmando que eram 39, e não 46, os africanos excluídos da lista dos imediatamente declarados livres. Ademais, acharam correto o procedimento de enviar os casos pendentes para o foro comum, seguindo-se nisso o decreto de 12 de abril de 1832, que regulara a lei de 1831, pois as diligências para a localização dos africanos novos revelara "controvérsia" sobre "a condição dos ditos africanos", por conseguinte "não era lícito ao Auditor de Marinha, sem violar os princípios da Lei e da Justiça, mandar por um ato de sua autoridade entregá-los" ao comendador.

O episódio de Marambaia foi difícil de destrinchar porque às terras de Breves chegavam levas contínuas de africanos contrabandeados, misturando-se cada novo grupo de recém-importados aos que já lá existiam. Na Marambaia havia simultaneamente fazenda do comendador e acolhida clandestina de negreiros, aumentando a convivência entre supostos ladinos e boçais recém-introduzidos, pois muitos desses últimos pareciam não prosseguir para outras localidades após o desembarque. Por isso era delicado distinguir entre os africanos importados na última viagem, sobre os quais se queria deliberar segundo a lei de 1850, e aqueles introduzidos antes, sobre os quais não se queria proceder sob o pretexto da dificuldade de reconhecê-los por meio da aplicação dos dispositivos da lei de 1831. Aliás, é revelador o modo como o comendador Breves se mostra indignado com a apreensão dos africanos, ditos ladinos, importados antes do último desembarque clandestino — cometeu-se uma "violência", ao que parece contra o seu direito costumeiro de acumular propriedade escrava ao arrepio da lei.[44]

O comendador se mostrou indignado até mesmo com um africano em particular, chamado Joaquim Cabinda. Na realidade, a dificuldade do chefe de polícia interino e seus comandados em discernir ladinos e boçais durante as diligências pode ter tido a ver com a iniciativa dos próprios africanos contrabandeados anteriormente, que buscaram se misturar aos recém-chegados, o que os livraria de imediato do cativeiro sob o jugo de Breves, podendo adiante adquirir a condição de "africanos livres".[45] Em seu arrazoado, o comendador mencionou Joaquim Cabinda, "também ladino [...], mas que se fingiu de boçal, e na segunda apreensão despiu a sua roupa, e tomando a sua tanga, misturou-se com os novos, e por tal modo se portou não querendo proferir palavra, que foi como tal considerado". Não deixa de ser divertido ver gente do calibre do comendador Breves e de Francisco Diogo Pereira de Vasconcelos, que aparece logo abaixo, magistrado e deputado pela província de Minas Gerais, ambos negreiros até a medula, às voltas com africanos que tais. Após a tentativa de desembarque clandestino em Bracuí, em dezembro de 1852, com parte dos africanos sendo levados para terras da família Breves, episódio pelo qual o próprio comendador acabou processado (e absolvido), 37 africanos apreendidos foram conduzidos para a Casa de Correção da Corte. Realizados os exames de praxe, os peritos concluíram que eram "evidentemente boçais trinta e seis e isto asseveram porque os ditos Africanos ignoram a língua portuguesa acudindo apenas ao nome de batismo".[46] Mas havia um, Brás, que "fala correntemente a língua portuguesa"; além disso, ele aparentava ter cerca de trinta anos, em contraste com "todos os mais", "que são rapazes que parecem ter de onze a vinte anos, estando estes últimos cobertos de sarna própria aos negros recentemente importados da Costa d'África". Segue-se o que anotaram os peritos de sua conversa com Brás:

> Declararam outrossim os peritos que o preto Brás posto alegasse que era dos importados depois da lei de sete de novembro de mil oitocentos e trinta e um, lhes parecia evidentemente escravo pois

que no livro da matrícula dos escravos entrados para a casa de correção para serem castigados ele figura como escravo do Doutor Francisco Diogo Pereira de Vasconcelos, entrado para ser castigado a requerimento de seu senhor em sete de outubro de mil oitocentos e cincoenta e dois, não sendo de crer que um preto tão falante como é o dito Brás sofresse sem reclamação o castigo por que passou.

Cáspite! O que é isto agora? Brás devia ser mesmo escravo porque ao ser castigado não reclamou de ser escravo... O argumento dos peritos é especioso, quiçá buscaram mesmo um efeito irônico, contudo o raciocínio depende da possibilidade de eles levarem ao paroxismo a hipótese de Brás atuar estrategicamente a cada passo. Eles informam, ou deduzem, sucessivamente, em meia dúzia de linhas, que Brás conhecia os seus direitos decorrentes da lei de 7 de novembro de 1831; que ele se misturou aos africanos recém-chegados no Bracuí, o que significa que o negro usou de estratégias semelhantes a Joaquim Cabinda, o suposto escravo de Breves, para ludibriar as autoridades naquele primeiro momento; ao chegar à Casa de Correção, Brás teria mudado de tática, pois, em vez de continuar a tentar passar por boçal, ele se revelou mui ladino, falando "correntemente a língua portuguesa"; a ladinidade dele se traduziu logo numa história que confirmaria o seu direito à liberdade, qual seja, a de que fora importado depois de 7 de novembro de 1831 e que fora havido ilegalmente por escravo por Francisco Diogo Pereira de Vasconcelos, um parente do senador Bernardo Pereira de Vasconcelos, ícone da "causa" dos negreiros e dos compradores de gente ilegalmente escravizada.

Diante de uma personagem tão articulada, os peritos inverteram o jogo, pois alguém "tão falante" não sofreria calado o cativeiro, muito menos o castigo que seu senhor lhe mandara aplicar; por conseguinte, porém *non sequitur*, Brás "parecia evidentemente escravo" — formulação curiosa, pois supõe evidente a parecença, não a realidade da condição de cativo. *Non sequitur* não somente porque a dedução dos peritos é arbitrária, mas porque o sentido da história de Brás era outro: ele não negava ter vivido em cativeiro, mas sim que fora ilegalmente escravizado e que sabia de seu direito à liberdade.[47] A esta altura, o faz de conta e os silêncios que temos visto até aqui, destinados por suposto somente a interlocutores entre pares — deputados, senadores, ministros, magistrados, fazendeiros etc. —, extrapolam esse âmbito e viram política de dominação de classe, com personagens senhoriais tão autoconscientes disso, aliás, que pressupõem o antagonismo político cotidiano, às vezes ameaçadoramente articulado, quem sabe, dos escravos. De fato, a cobertura dos jornais da Corte ao episódio do Bracuí deixa ver que o temor dos fazendeiros e de outros leitores era de que os demais africanos, importados depois da lei de 1831, achassem que a atuação do governo imperial contra o tráfico, a ponto de dar buscas em terras de potentados locais, significava que eles também teriam os seus direitos reconhecidos. Segundo uma representação da vila de Piraí, publicada no *Jornal do Commercio* em 1º de março, "eles [os escravos] não distinguem que tais diligências se estendem somente aos Africanos de próximo importados, pois se consideram todos em igualdade de condição".[48]

Ademais, parece inevitável que a ambiguidade na definição de ladino em oposição a boçal, em circunstâncias que muita vez tornavam incertas a própria fronteira entre liberdade e escravidão, permitisse apropriações por sujeitos outros que não autoridades e senhores de terras e escravos. Simão Congo, preso no calabouço da Casa de Correção em abril de 1845, ao que parece "pelo simples fato de achar-se fora da casa pouco depois das 10 horas da noite", alegou "ser cativo do dr. José Bento da Rosa".[49] Rasparam-lhe a cabeça e começou a fazer trabalho de cativo na Correção. Logo lhe apareceu um protetor, que redigiu uma queixa para argumentar que o detido recebia tratamento indevido como cativo, pois, na verdade, era liberto e agregado do dito dr. José Bento da Rosa. O responsável pela Casa de Correção alegou ser o suplicante "um preto de nação", que falava um português "atrapalhado", o que explicaria o motivo pelo qual as autoridades policiais não questionaram a sua história ao dizer-se cativo — "pobre preto, que como ignorante se deu como cativo sendo forro". Mas pode ser que no momento da prisão Simão Congo tivesse mesmo o objetivo de passar por escravo. Essa estratégia apareceu de modo recorrente nos papéis policiais quando um negro pobre, livre ou liberto, por temer o recrutamento ou a deportação, se dizia cativo sem o ser. Ao se declarar propriedade de alguém, o detido ganhou tempo, obrigou a polícia a informar o ocorrido ao seu suposto senhor. O dr. José Bento da Rosa se mobilizou para obter a soltura de seu ex-escravo, agora agregado. Enfim, Simão Congo, "preto de nação", "ignorante", falante "atrapalhado" de português, foi ladino o suficiente para saber que era hora de realçar os seus traços de "boçalidade".

Histórias complexas essas, mas numerosas, "estruturais" àquela sociedade, e que permitem analisar os silêncios de parlamentares e autoridades por perspectiva diversa. Sim, pois a produção de silêncio sobre 1831 continuou após a lei de 1850, num labor constante, vigilante, que faz parte talvez da seiva que alimenta até hoje, no "caráter nacional", a mania de tergiversar sobre o problema racial do país.

6. O que os escravos sabiam

Em vista da necessidade de dar aparência de legalidade à propriedade escrava adquirida por contrabando, senhores e autoridades públicas adotaram uma série de procedimentos cotidianos que dificultavam a prova de liberdade por parte da gente pobre de cor livre e liberta.

Há meio século, os escravos fugiam com frequência. Eram muitos, e nem todos gostavam da escravidão. Sucedia ocasionalmente apanharem pancada, e nem todos gostavam de apanhar pancada. Grande parte era apenas repreendida; havia alguém de casa que servia de padrinho, e o mesmo dono não era mau; além disso, o sentimento da propriedade moderava a ação, porque dinheiro também dói. A fuga repetia-se, entretanto. Casos houve, ainda que raros, em que o escravo de contrabando, apenas comprado no Valongo, deitava a correr, sem conhecer as ruas da cidade. Dos que seguiam para casa, não raro, apenas ladinos, pediam ao senhor que lhes marcasse aluguel, e iam ganhá-lo fora, quitandando.

Machado de Assis, "Pai contra mãe",
Relíquias de casa velha, 1906

Há duas maneiras de interpretar a preocupação dos parlamentares com a discussão pública da lei de 1831. A primeira delas, tão presente neste texto até aqui, diz respeito à defesa do direito de propriedade dos escravos adquiridos ilegalmente. Fiz rápida referência, algumas páginas atrás, ao episódio do apresamento do *Piratinin* pelos cruzeiros ingleses em julho de 1851. Relembrando em mais detalhe, segundo o relato do deputado Rodrigues dos Santos na Câmara em 26 de julho, um "lavrador abastado" de Jacareí, província de São Paulo, necessitava "escravos ladinos" para "reforçar a sua lavoura"; não os encontrando na Corte, ou não os achando por "preço razoável", buscou o "mercado da Bahia". Lá comprou "noventa e tantos escravos ladinos", apresentou-os às autoridades policiais, obteve os passaportes deles, que tomaram o *Piratinin* para o Rio, de onde seguiriam para São Paulo. Um cruzeiro inglês aprisionou o barco, removeu os escravos para depósito noutro navio inglês, considerou a embarcação "boa presa" por tráfico de escravos e saiu com ela barra afora.[1]

A insistência do deputado em apelidar "ladinos" os escravos adquiridos pelo fazendeiro era um modo de reforçar a estratégia, já nossa conhecida, de considerar propriedade escrava legítima os africanos a respeito dos quais se perdera o vínculo imediato com o apresamento no mar ou no desembarque. Só os detidos no mar ou no desembarque, e apenas esses, receberiam o epíteto de "boçais" e seriam considerados "africanos livres"; os outros ficavam "ladinos", entendendo-se por isso que se devia pressupor terem sido importados antes da lei de 7 de novembro de 1831. Pois agora a ação dos cruzeiros ingleses parecia colocar em risco essa premissa, ameaçar "o direito de propriedade do cidadão brasileiro", "sem dúvida este um direito digno de todo o apreço e favor".[2] O deputado liberal elogiava o desempenho do gabinete conservador na repressão ao tráfico africano, contudo cobrava do ministério que "cuidasse ao mesmo tempo em tornar legítima ou respeitada, por qualquer maneira decente e praticável, a posse de um fato que a legislação anterior qualificou crime".[3]

O deputado Rodrigues dos Santos via um segundo problema decorrente da ação inglesa, bem mais grave, verdadeiro "princípio subversivo" da nação. Disse ele:

> As consequências serão que se pode crer no país, e esta crença pode penetrar em uma parte da população, cujo estado nos deve sempre interessar muito (*apoiados*); pode-se crer que no país esta parte da população a que aludo, não se divide somente em duas classes, pode-se estabelecer como fato legal, que além de escravos e libertos, há ainda uma classe de africanos que não são nem escravos nem libertos, mas que são livres; e desde que esta ideia se insinuar, e for protegida por fatos semelhantes, eu nem sei avaliar, nem posso definir quais serão os perigos por que pode o país passar. (*Apoiados.*) Sobejas são as complicações com que lutamos no estado atual da nossa população (*apoiados*); é mister que elas não

sejam agravadas por atos do cruzeiro inglês que possam estabelecer a anarquia no país. (*Apoiados.*)[4]

Apesar do estilo contido, que evita ao máximo chamar as cousas pelo seu nome, a fala do deputado esclarece que o problema da ação inglesa consistia no perigo de que os africanos ilegalmente escravizados passassem a conhecer a sua condição, circunstância que teria impacto no conjunto da população escrava e liberta e poderia levar o país à "anarquia". Vimos antes o deputado Moraes Sarmento, ao defender em 1848 que a lei de 1831 fosse abordada em sessão secreta, justificar-se dizendo "que talvez pudessem aparecer ideias que não conviria muito que fossem ouvidas, atenta a consideração de ser o Brasil um país onde há grande número de escravos". Parece-me claro que as prováveis repercussões entre os escravos, e as reações que pudessem ter, constituíam o principal motivo para tanto empenho em vedar a discussão pública da lei de 1831.

De qualquer maneira, como os parlamentares tendiam a não falar com clareza sobre o assunto, certamente porque sabiam que, à exceção dos proferidos em sessões secretas, seus discursos apareceriam publicados e comentados nas folhas nos dias seguintes, urge valorizar a referência ao tema num momento de maior reserva ou privacidade de autoridades imperiais. Era o que ocorria, por exemplo, no caso das consultas e pareceres do Conselho de Estado, que se divulgavam aos concernidos no interior da administração pública, mas que só foram coligidos e publicados muitos anos depois. Mais precisamente, o foco é a ligação entre resistência escrava, em especial na forma de crimes contra os senhores, seus familiares e prepostos, e lei de 1831.

Em 30 de outubro de 1854, a seção de Justiça do Conselho de Estado realizou uma consulta deveras extraordinária, pois dizia respeito a uma representação da Assembleia Legislativa da província de São Paulo à Vossa Majestade Imperial, na qual se reclamava em termos incisivos da conduta do governo quanto à aplicação da pena de galés aos escravos, em crimes pelos quais, segundo os reclamantes, se devia mandá-los à forca.[5] Os conselheiros reproduziram o seguinte trecho do documento dos legisladores paulistas:

> [...] que [a pena de galés] nenhuma influência moral tem sobre o escravo, e pouca ou nenhuma ação física exerce sobre este ente, cujo principal destino é desgraçadamente o trabalho forçado.
>
> Ela é, pois, de nenhuma eficácia, e o exemplo que deve ser um efeito secundário da penalidade, bem longe de ser profícuo, é prejudicial; porque os escravos, antes desejam as galés, do que seu cativeiro, e se acomodam com trazerem uma calceta aos pés.
>
> Em consequência, nota-se que os escravos, praticando delitos de maior importância, e vendo que a pena que hão de sofrer é quase sempre a de galés, correm ao crime impávidos e ostentam desprezo à Justiça, oferecendo-se voluntariamente a receber a punição; porque, em verdade, julgam preferível a sorte do galé, e o trabalho forçado nas obras públicas, à sua sorte de cativos. Nestas circunstâncias, conclui ela, e quando o delinquente afrontar o castigo, preciso é reconhecer a ineficácia da pena. É isto o que acontece presentemente.

Algumas circunstâncias ajudam a entender a motivação direta do protesto dos deputados provinciais paulistas. A primeira delas dizia respeito a controvérsias relativas à aplicação da lei de 10 de junho de 1835, que fizera expeditos os procedimentos para julgamento e aplicação da pena de morte a escravos acusados de "matarem [...] a seu senhor, a sua mulher, a descendentes ou ascendentes, que em sua companhia morarem, a administrador, feitor e às suas mulheres, que com eles viverem".[6] A lei fora aprovada em seguida a uma sucessão de revoltas escravas no início da década de 1830, em especial a de Carrancas, em Minas Gerais, em 1833, e a revolta dos malês na Bahia, em 1835.[7] Além dos procedimentos sumários, a lei determinava que a sentença, "se for condenatória, se executará sem recurso algum". A documentação da polícia da Corte não deixa dúvida sobre as consequências da lei, com exemplos de escravos acusados pelo assassinato de seus senhores mandados à forca cerca de duas semanas após o crime.[8] Todavia, as hesitações quanto à sua conveniência e eficácia no que respeita à dissuasão dos escravos dispostos a investir contra os seus senhores não tardaram. Havia incerteza, por exemplo, sobre se seria correto aplicar a pena de morte a um escravo cuja única prova do assassinato do senhor consistia na própria confissão dele de que cometera o crime. O artigo 94 do processo criminal rezava que quando fosse esse o caso somente "a pena imediata à de morte", no caso a de galés, seria aplicável. No entanto, como a lei de 10 de junho configurava legislação de exceção, a interpretação mais corrente era a de que tal dispositivo do código de processo não subsistia nos casos nela enquadrados.[9]

Reunida em 31 de outubro de 1843, a seção de Justiça do Conselho de Estado apreciou a matéria e confirmou que, diante da excepcionalidade da lei, "não havendo outra prova de um assassínio senão a confissão do escravo do assassinado, pode impor-se-lhe a pena de morte, uma vez que coincida com as circunstâncias do fato e seja livre".[10] Não obstante essa conclusão, os conselheiros prosseguiram para asseverar que "Vossa Majestade Imperial não pode permitir que se desatendam os princípios da justiça", por isso recomendaram que juízes e presidentes de júri incluíssem um quesito específico sobre a existência de provas outras que não a confissão, e verificassem se a confissão havia sido "espontânea, ou se feita em consequência de castigos, ameaças, ou promessas" — enfim, se havia motivos para desconfiar que fosse "oposta à verdade". O fato é que nos anos seguintes o Conselho de Estado foi formando a convicção de que a "celeridade, e ausência de mais algum recurso"[11] nesses processos de escravos ensejava verdadeiros "assassinatos jurídicos",[12] o que levou os conselheiros a recomendar seguidamente ao imperador que comutasse em galés perpétuas a pena de morte de cativos decorrente da aplicação da lei de 10 de junho de 1835. Nos meses anteriores à representação da Assembleia paulista, houve vários exemplos de comutações de pena de escravos condenados à morte.[13]

Na realidade, as comutações vinham acontecendo com alguma regularidade desde 1849, o que deve ter originado reclamações anteriores à representação dos deputados provinciais paulistas, até mesmo questionamentos sobre a legalidade dessas comutações, ou ao menos é o que deixa supor a resolução de 17 de dezembro de 1853 sobre "a derrogação" de decretos que vedavam "o direito de petição de graça aos escravos que perpetrarem homicídios em seus próprios senhores".[14] Havia dois decretos sobre o assunto. O primeiro, de 11 de abril de 1829, portanto anterior à legislação de exceção de 1835, retirava o direito de petição de graça aos escravos que assassinassem os próprios senhores. Os conselheiros observaram que essa medida se devera ao aumento dos homicídios de senhores por seus escravos, "talvez pela falta de pronta punição", considerando-se ademais "indignos da Imperial Clemência" os condenados por tais crimes. No entanto, criticaram o dito decreto, pois ele pressupunha a ideia inadmissível da "infalibilidade dos julgamentos"; o Poder Moderador estabelecido pela carta constitucional tinha como uma de suas missões "corrigir os erros e injustiças que podem cometer os tribunais", em especial aqueles levados a efeito contra os "miseráveis" — nesse caso, pois era disso que se tratava, injustiças cometidas no julgamento de réus escravos.

De qualquer modo, o decreto de 1829 havia sido "quase nulificado" por outro, de 9 de março de 1837. Esse decreto manteve a proibição de petição de graça a escravos que matassem seus próprios senhores, porém determinou que não se daria execução à pena capital sem prévia participação ao governo imperial, no caso do município da Corte, ou aos presidentes de província, no resto do país. Os presidentes de província, após examinar os dossiês e confirmar a boa observação da lei, poderiam então ordenar a execução da sentença; alternativamente, se julgassem conveniente, enviariam o processo ao Poder Moderador, para este resolver "o que lhe parecer". Na prática, os presidentes de província não usavam a prerrogativa de mandar cumprir a pena capital, solicitando em todos os casos o concurso do Poder Moderador, o que, segundo os conselheiros, equivalia "perfeitamente à dita petição de graça". Em conclusão, os conselheiros sugeriam que a prática se transformasse em "regra escrita", e para isso bastaria que o governo imperial enviasse uma "circular reservada" aos presidentes de província tornando obrigatória a consulta ao Poder Moderador.

Havia duas vantagens nesse procedimento. Primeiro, garantia a continuidade da proteção aos escravos contra os "assassinatos jurídicos" que se cometiam nesses processos regidos pela lei de 1835. Segundo, obter-se-ia esse desideratum sem a publicidade que teria o assunto caso os decretos fossem revogados, pois se seguiria a aprovação de outro mediante discussão pública no Parlamento. Disso poderia resultar a impressão "aos senhores e aos escravos que o Governo afrouxa o rigor salutar que convém exercer contra o homicídio daqueles"; os escravos poderiam atribuir a medida "à simpatia pela sua sorte". Isso tudo deve importar para entender o ânimo dos deputados provinciais paulistas, tanto que desde 1851 corria um processo de responsabilidade contra o juiz municipal de Areas, província de São Paulo, que desafiara os procedimentos estabelecidos e mandara executar "a pena de morte a que fora condenado o preto Roque, pelo crime de ter assassinado o seu feitor, sem que precedesse a decisão do Poder Moderador". O juiz municipal acabou absolvido do crime de responsabilidade por um juiz de direito da província, decisão considerada descabida pelos conselheiros, que então mandaram "responsabilizar" o referido juiz de direito "pela sentença que deu".[15]

Em suma, a julgar pela dinâmica interna das consultas da seção de Justiça do Conselho de Estado, o governo imperial parecia enfrentar o desafio da emergente província cafeeira de São Paulo, quiçá de outras, quanto à legalidade e aos efeitos das comutações de pena de morte decretadas segundo a lei de 1835 no que concerne ao problema mais geral do controle social na escravidão brasileira. Em sua longa resposta, os conselheiros dividiram a representação da Assembleia paulista em duas partes, uma mais geral relativa à interpretação da "sensibilidade moral e física" dos escravos, do "pensamento que preside as suas ações", outra mais específica sobre a eficácia da pena de morte aplicada conforme a lei de 1835 para garantir a segurança individual dos senhores. Já no preâmbulo os conselheiros declararam francamente que estavam convencidos "da ineficácia dessa Lei". Segundo eles, apesar de não haver estatísticas completas, sabia-se que os crimes contra os senhores, seus familiares e prepostos, em vez de diminuir, "têm progressivamente avultado", bastando ver as "numerosas petições de graça" enviadas à apreciação do Poder Moderador. Seguem-se algumas linhas que é preciso ler devagar:

> O que se deve, pois, concluir é: que a Lei de 10 de Junho de 1835 não resolveu o difícil problema de adaptar os princípios eternos da Justiça à punição desses crimes; para resolvê-lo, era preciso que antes de tudo, não só se tivesse feito um profundo exame dos fatos sociais, assim como das suas causas e efeitos, e atendido às exigências políticas, mas também se lhe tivesse acudido com adequadas

> providências. Nada disto se fez. Milhares de negros eram anualmente importados no Brasil, a despeito da Lei que proibia este nefando tráfico. *Não era possível que eles não viessem a perceber a ilegalidade da sua escravidão.*
>
> A liberdade concedida aos que dentre eles eram apreendidos no mar ou no desembarque; as revelações de falsos protetores; as sugestões de outros escravos; *tudo, enfim, tem concorrido para fazer-lhes conhecer a sua posição*, e para que não devêssemos torná-la ainda mais penosa por um excessivo e insuportável rigor [grifos meus].

A afirmação dos conselheiros de que os africanos ilegalmente escravizados conheciam a sua condição aparece como parte duma estratégia de refutação do argumento dos deputados paulistas de que a não aplicação da pena de morte aos escravos comprometia a segurança da classe senhorial. Os conselheiros atribuíam a suposta insegurança dos senhores a outros fatores, todos de responsabilidade deles, não do governo. Assim, numa sequência rigorosa de imputações, disseram que boa parte dos crimes cometidos por escravos se originava em ordens dos próprios senhores, no desenrolar de conflitos com seus desafetos; que a "classe dos senhores" havia negligenciado a educação religiosa de seus escravos; que causava espécie a afirmação de que os escravos preferiam trazer "uma calceta aos pés" — ou seja, cumprir pena de galés — a continuar no cativeiro em estabelecimentos rurais, pois isso sugeria "excessivos castigos", falta do "bom tratamento" que melhorava a "sorte" dos escravos. Tampouco concordavam com a ideia de que os cativos fossem dotados de "uma feroz perversidade"; se assim fosse, diante das condições difíceis de seu cativeiro, a julgar pelo que diziam os próprios deputados, e contando "entre si muitos indivíduos sabendo ler e que adquirem pela leitura dos jornais amplas noções sobre a liberdade", já teriam feito "tentativas para darem ao Brasil o espetáculo do Haiti".

Essa ideia dos conselheiros de que entre os escravos houvesse "muitos" que soubessem ler era exagero retórico: segundo o censo de 1872, nenhum cativo frequentava escola primária no país inteiro; a percentagem de escravos que sabia ler e escrever era de 0,08%, ou 1401 cativos em mais de 1,5 milhão deles.[16] Decerto o grau de analfabetismo entre os escravos não era menor em 1854 do que o registrado em 1872. De qualquer modo, não cabe uma interpretação tão literal das cousas. A população negra livre e liberta do país girava talvez em torno de 40% do total, havendo nela muita gente próxima aos escravos, um tanto dela capaz de ler jornais. Ademais, numa cultura basicamente iletrada como era a brasileira do século XIX, o que poucos liam nos jornais se espalhava para muitos verbalmente. Não há dúvida, e temos visto isto amiúde, que parlamentares e ministros supunham que o que se dizia na tribuna e aparecia publicado na imprensa podia se tornar logo de conhecimento geral — até mesmo dos escravos.

A seção de Justiça do Conselho de Estado concluiu a sua dura resposta à Assembleia provincial paulista dizendo que ela confundia a punição dos escravos criminosos com "a satisfação de sentimentos pessoais", que a justiça não podia ser "o direito de defesa de uma classe da sociedade contra indivíduos de outra classe", pois isso seria "brutal" e faria "aumentar os crimes que se quer evitar" devido à reação daqueles a quem se desejava intimidar. Por conseguinte, a lei de 1835 tirava aos escravos a possibilidade de "um justo e imparcial julgamento", restando ao governo o recurso do Poder Moderador para mitigar o mal, comutando penas de morte em galés perpétuas sempre que houvesse alguma dúvida sobre a correção dos procedimentos e o peso das provas nas condenações de cativos à pena capital.

O documento dos conselheiros impressiona pela maneira direta como vincula a escravização decorrente do descumprimento da lei de 1831 e o problema do controle social na escravidão, visto este segundo ponto da perspectiva da calibração do rigor no cumprimento da lei excepcional de 10 de junho de 1835. O Conselho de Estado se arroga o papel de fiel da balança, numa situação percebida como potencialmente explosiva diante de uma classe senhorial por suposto incapaz de avaliar o risco político oriundo do fato da ilegalidade muito generalizada da escravidão no país e de uma população escrava que não poderia deixar de "perceber a ilegalidade da sua escravidão". Por conseguinte, o desafio consistia em manter a "classe" dos escravos em subordinação com uma política de domínio que combinasse, em doses certas, medidas de rigor, dissuasão à busca de direitos, e administração ponderada de incentivos no interior do cativeiro e para a obtenção da alforria. Em suma, nada recomendava o jeito estouvado dos legisladores paulistas, capaz de acirrar os ânimos em circunstâncias nas quais "os outros escravos" e os "falsos protetores" poderiam levar os africanos escravizados ao arrepio da lei a reconhecer e lutar por seu direito à liberdade.

Resta a questão mais complexa, que é analisar o que os escravos sabiam disso tudo, e o que faziam com o que fosse que vinham a saber. Se não é prudente tomar ao pé da letra a afirmação peremptória dos conselheiros de que eles conheciam "a sua posição", "a ilegalidade da sua escravidão", tampouco faz sentido descartá-la como mero jogo retórico. A condição de uma afirmação dessas, para que produzisse o efeito político almejado, era a plausibilidade dela, a possibilidade concreta de que os escravos soubessem, ou viessem a saber. Reorientada desse jeito, a pergunta suscita um leque variado de aproximações.

O primeiro requisito que tornava plausível o conhecimento dos escravos sobre a sua condição de ilegalmente reduzidos ao cativeiro era a intensa comunicação entre eles, e o modo como aprendiam a ressignificar práticas sociais destinadas a assegurar o domínio da classe senhorial escravista. Sugeri mais atrás que a frouxidão nos critérios de prova de legalidade da propriedade escrava parecia caminhar lado a lado com a empresa de escravização ilegal de africanos contrabandeados. Mesmo que não houvesse tradição de rigor quanto à titulação de propriedades, pois que senhores de terras e escravos naquela sociedade tinham terras e escravos porque controlavam os recursos materiais e simbólicos para tanto, a propriedade e o domínio se afigurando como decorrentes de sua vontade, emanando dela, o fato é que a rotinização dos atos ilegais de escravização de africanos recém-chegados parece ter provocado, quando menos facilitado, o aumento do "tráfico interno ilegal" — quer dizer, cresceram os furtos de escravos. Ao menos é o que pensavam as autoridades policiais da Corte e o próprio governo imperial, a julgar pela preocupação com o problema nas décadas de 1830 e 1840, e pela maneira como relacionavam as dificuldades em combater a introdução de africanos "boçais" e a de coibir o furto de cativos.[17] Agora interessa ver o tema doutra perspectiva, dos escravos que se deixavam levar, daqueles que os "seduziam". Os trechos abaixo, dos "extratos de partes", que eram a recolha semanal dos registros de acontecimentos e detenções nas freguesias da Corte, ajudam a ver a abrangência dessa atividade e a diversidade social das personagens nela envolvidas:

Freguesia do Sacramento, junho e agosto de 1833, respectivamente:

"[Detida] uma escrava *por se deixar seduzir para ser vendida*".

"[Detidos] o pardo Manoel Francisco, e o preto Caetano do Tenente Coronel Castro *por sedutores de escravos*, e Manoel de tal, conhecido pelo Terra [sic] *por receptador, e passador* dos escravos para Minas apreendendo-se-lhe dous, que estavam escondidos por ele em uma casa alugada para esse fim".

* * *

Freguesia de Santana, junho e outubro de 1833, respectivamente:

"[Detido] Domingos Moçambique *por andar procurando um cigano, que o vendesse para Minas*".

"Foram presos Francisco escravo de José Bernardes, e Antônio Mina, liberto, *por sedutores de escravos*".[18]

Freguesia do Sacramento, abril de 1834:

"[Detidos] Manoel Francisco, crioulo forro, por ladrão de escravos, Pedro Moçambique, *por se deixar seduzir pelo referido*".

Freguesia de São José, outubro de 1834:

"Foram apreendidos dous pretos escravos de Dona Maria Luiza moradora no Catete, *que tinham sido furtados por um preto Monjolo*, e levados para casa de um preto sapateiro de nome Diogo, os quais ainda não foram capturados".[19]

Freguesia de Santa Rita, novembro de 1835:

"Foram presos: Antônio Ferreira da Silva, José Mina escravo de José Pedro de Albuquerque, *este por se deixar furtar* aquele por indiciado de o ter furtado".[20]

Freguesia de Santana, fevereiro de 1836:

"Foi remetido ao Arsenal de Marinha para o serviço da Esquadra o pardo José Joaquim de Lima, *vadio, e suspeito de passar escravos furtados*. [...] Foi preso Francisco Cabinda, escravo de Joaquim José de Proença, *por haver seduzido* a Miguel Moçambique, escravo de Albino Gomes Guerra; acha-se no Calabouço com o *seduzido*, ambos para procedimento".[21]

Freguesia de Sacramento, agosto 1836:

"Foi preso o preto forro João Antônio de Souza Dutra, *por seduzir* o preto Francisco Benguella escravo de Ladislau José de Oliveira, e querer vendê-lo a Manoel dos Anjos Victorino do Amaral".[22]

Freguesia da Candelária, janeiro de 1837:

"Foi preso o preto Diogo Cabinda escravo de Antônio José Pereira, *por estar rogando* a Antônio José Marques, *para que o vendesse para Minas ou Rio Grande*".

Freguesia de Santana, outubro de 1837:

"Foram presos [...] Manoel Joaquim Vieira Bastos por furto de um escravo, e Antônio Mina escravo de F. Barros por ser encontrado em casa de Manoel Francisco da Luz Gouvêa *a convidar os Escravos deste para fugirem*".

Freguesia de Sacramento, dezembro de 1837:

"Foram presos os pretos de Nação Mina Manoel, escravo do Padre Queiróz, e Faustino, de Manoel de tal Lima, *por sedutores do preto* Joaquim de Nação Congo, escravo de José de Carvalho que também foi preso".[23]

(Todos os grifos são meus.)

O furto de escravos dependia de uma rede ampla de participantes, cada um em sua "especialidade", por assim dizer. Os trechos citados dão a ver três categorias. Entre os "seduzidos", isto é, os cativos que "se deixavam furtar" ou "rogavam" para ser levados, há Domingos Moçambique, Pedro Moçambique, José Mina, Miguel Moçambique, Francisco Benguela, Diogo Cabinda, Joaquim Congo. Apesar de escravos crioulos surgirem de vez em quando nesses registros policiais das décadas de 1830 e 1840, os africanos de diversas procedências predominavam fortemente entre os escravos "furtados". Quanto aos "sedutores", que eram os indivíduos que se aproximavam dos escravos e conversavam com eles sobre a possibilidade de fuga e cativeiro alhures sob o domínio de outro senhor, aparecem o pardo Manoel Francisco, o preto escravo Caetano, um preto Monjolo, um preto sapateiro chamado Diogo, o escravo Francisco Cabinda, o preto forro João Antônio Dutra, o liberto Antônio Mina, o escravo Antônio Mina, o escravo Manoel Mina. Portanto, escravos e libertos desempenhavam esse papel, no qual a polícia da Corte enfatizava muito a presença de africanos minas, em especial forros. O liberto mina "sedutor de escravos" parece um tipo social específico e onipresente nos papéis policiais do período. Por fim, há os "receptadores" ou "passadores", como Manoel de tal e o pardo José Joaquim de Lima, que recebiam os escravos já conversados pelos parceiros e libertos e os entregavam aos condutores, que os levariam para o interior das províncias do Rio de Janeiro, Minas Gerais, São Paulo. Nesse ofício surgiam amiúde portugueses, às vezes caixeiros de vendas ou tabernas, e alguns ciganos. A rede se completava, é claro, com os fazendeiros compradores de escravos furtados — quiçá ingenuamente, sem ter como saber que o eram, conforme alegavam ao comprar africanos recém-importados.

Em tudo isso o que mais despertava a atenção, e preocupava a polícia, era a intensa comunicação e troca de informações entre escravos africanos de diversas procedências, libertos crioulos e africanos de várias etnias, pretos e pardos livres, que iam e vinham entre a Corte e diversas províncias, envolvidos não nas lides habituais do comércio e abastecimento, mas engajados numa rede intensa de negócios ilegais, fazendo circular quem sabe ideias de insubordinação e resistência. É claro que um escravo que se deixava "seduzir" e furtar escolhia uma maneira transgressora de lutar por melhores condições de vida e de trabalho dentro do cativeiro, por isso levava consigo uma experiência de articulação política cotidiana que poderia adquirir sentidos coletivos, a depender das circunstâncias.

Na noite de 22 de maio de 1837, um juiz de paz da freguesia de Sacramento foi informado de que uma taberna da vizinhança servia de ponto de reunião e convencimento de escravos interessados em fugir.[24] A denúncia partira do filho do proprietário de dois escravos, Manoel Monjolo e Clemente Cabinda, que se encontravam na taberna naquele momento a pretexto de "comprar comida". Segundo o costume nesse ramo de atividade, um "sedutor", no caso um escravo, teria feito o primeiro contato com seus companheiros de cativeiro e os atraíra para o local de encontro. O nome dele era Mateus, africano do Congo e pedreiro. Manoel Monjolo, o único escravo "seduzido" a decidir partir, ao ser interrogado pelo juiz disse que queria "embarcar e se livrar do mau senhor que tinha", e acrescentou que Mateus lhe garantira que um caixeiro português da taberna cuidaria dos detalhes da viagem. As conversas continuaram por algum tempo, pois Manoel Monjolo revelou ter comido de graça várias vezes na taberna, possivelmente para colher mais informações e avaliar se a mudança de cativeiro melhoraria mesmo a sua condição.

Denunciado o plano, o juiz de paz organizou uma diligência e prendeu o caixeiro Joaquim Ribeiro quando este conduzia Manoel Monjolo para o embarque na Prainha. Mateus, escravo "sedutor", jogou a culpa no caixeiro, que primeiro quisera seduzi-lo, mas "que não querendo ele Mateus por não ter queixa de seu senhor", Ribeiro lhe pedira "que visse algum outro preto que [...] estivesse descontente", chegando-se assim a Manoel Monjolo. Mateus acrescentou que fizera o que lhe solicitara o caixeiro "para ganhar seus vinténs". Joaquim Ribeiro negou a história e a explicação que deu foi a de que se dirigia à Prainha devido "a uma precisão", no caso uma "dor de barriga", nada dizendo sobre o motivo pelo qual, ao ser preso em flagrante nessa ocasião, trazia consigo Manoel Monjolo. Sobre o preto Mateus, declarou que o conhecia "desde muito tempo", que era "sedutor de pretos", e que ele Ribeiro "nenhuma ingerência tinha nisso".

Não há jeito de saber quem dizia a verdade sobre o que se passou. Talvez todos mentissem. Se foi assim, permanece o fato de que as versões que essas personagens inventaram testemunham o sentido fundamental da intensa participação de escravos e libertos, em especial africanos, no furto/autofurto de cativos: tinham esperança de melhor cativeiro noutras paragens, ao menos utilizavam essa possibilidade de trocar de senhor para pressionar por mudanças nas condições de seu cativeiro do momento. Se a viagem de Manoel Monjolo tivesse prosseguido, ele teria se juntado a mais escravos, conduzidos todos quiçá por outro português, rumo ao interior das províncias de Minas Gerais ou Rio de Janeiro, por exemplo. Chegando ao destino, Manoel Monjolo passaria a se chamar, digamos, João Monjolo; o novo senhor o incluiria na lista de cativos de seu domicílio, o matricularia, pagaria a taxa anual de escravos; mais importante, contaria com a atitude solidária de seus pares, que não o questionariam a respeito da maneira como obtivera originalmente o cativo. Ficamos a matutar até que ponto a desenvoltura desses africanos ladinos na arte de furtar e se deixar furtar informa algo a respeito do que sabiam sobre o jeito de os próprios senhores deles fazerem essas cousas naqueles dias.

Aos olhos da polícia, as iniciativas de escravos e libertos no furto de escravos assumiam uma dimensão mais coletiva e ameaçadora quando vinha à baila a supostamente intensa dedicação de africanos minas a esse ofício. Como já mencionei, na documentação policial, quiçá no "imaginário social" (ao menos da classe senhorial), o preto-mina liberto "sedutor de escravos" era um tipo social, talvez étnico ou nacional, como o padeiro francês, o relojoeiro suíço ou o português do botequim... Parecia isso mesmo em situações cotidianas, como quando Leonídio José Feio se viu réu num processo por furto de escravos.[25] A sua defesa consistiu em dizer que fora ludibriado por um preto-mina liberto seu conhecido, que se achava "desarranjado", por isso assentira que ficasse em sua casa por alguns dias até que arrumasse ocupação. O tal preto forro "seduzira" dois escravos e os levara para a casa de Leonídio, mas acabara detido pela polícia, que tampouco poupara o anfitrião ingênuo. Para completar, o liberto fora astuto o suficiente para "industriar" os dois escravos de modo que eles se dispuseram a "caluniar" o réu. Não se pode descobrir se Leonídio contava a verdade, porém a verossimilhança de sua narrativa repousava em ideias correntes sobre os pretos-minas: eram astutos, dissimulados, hábeis em levar os outros na conversa, mestres na arte de seduzir e furtar escravos. Vejamos essas visões a respeito dos pretos-minas em documentos de cunho mais geral, por assim dizer.

Nos parágrafos seguintes, deitarei citações com fartura, pois o linguajar da polícia ao se referir a africanos libertos, os minas em particular, é colorido, guloso, de uma variedade vocabular que lembra o imorredouro Manoel Antônio de Almeida, a descrever a "vadiagem" de Leonardo Pataca, júnior. O ofício seguinte, do encarregado da polícia ao ministro da Justiça, Diogo Antônio Feijó, em 28 de julho de 1831, teve como ensejo a chegada ao porto do Rio de nove africanos vindos de Angola, em cujos passaportes constava "serem pretos livres". A autoridade policial opinava que não se devia deixar que desembarcassem

> nas circunstâncias atuais, que abunda esta Cidade em tantos outros pretos livres, que em nada se ocupam, ou pretextam ocuparem-se em quitandas, vagando assim pela Cidade e subúrbios, mais empregados em haverem pelos meios ilícitos, que pelos lícitos. Dentre tantos destes indivíduos Africanos libertos poucos são, os que se querem dar ao serviço da lavoura, ofícios mecânicos, e outros trabalhos úteis, em que se desenvolvem forças, seguindo

(*principalmente os de certas Nações*) o trilho das quitandas, ou da ociosidade, atulhando casas, aonde várias vezes se tem dado [sic; desordens, crimes?], por servirem, ou de alcouces, ou de receptáculo de roubos, escravos fugidos etc., e promovendo a desordem de muitas casas sorrateiramente pela aliciação dos escravos delas, ou para que roubem, *ou para os roubarem, e entregarem a vários agentes, que os conduzem para fora.*

Este último delito o exercem com tamanha sutileza e segurança, que conhecendo-se muitos deles, poucos têm podido serem presos [...] [grifos meus].[26]

A visão sobre os "pretos livres" — aqui sinônimo de "africanos libertos" — que informava esse documento é clara, achando-se ser gente que não queria labutar na lavoura ou em outros "trabalhos úteis" que demandassem esforço ("forças"), a preferir as "quitandas" ou a "ociosidade", opções que, ao que parece, se equivaliam na prática, segundo o ponto de vista do responsável pela polícia da Corte. Da ociosidade o autor do documento deslizou rapidamente para o crime, atribuindo-se aos libertos vários meios "ilícitos" de ganhar a vida, entre os quais se destacava o aliciamento e o furto de cativos, ofício que exerciam com "sutileza e segurança". Esse repertório de ideias sobre os africanos libertos reforçava o comprometimento do país com a escravidão, pois, se a mão de obra de africanos continuava indispensável à lavoura, postulava-se outrossim que não se podia contar com trabalhadores africanos noutra condição que não a de escravos. O lugar social "natural" do africano era o cativeiro, pois que doutro jeito seria vadio ou criminoso, tipo de noção que ajudaria a justificar a escravização ilegal deles, pouco tempo depois da redação desse documento, ou já quando da redação dele, se quisermos ser precisos e considerar o tráfico como ilegal desde março de 1830. Essas generalizações sobre os africanos libertos serão importantes adiante, ao vermos a questão da aplicação do artigo 7º da lei de 7 de novembro de 1831, que proibia o desembarque no país de "qualquer homem liberto, que não for brasileiro".[27]

Por ora, observemos o comentário do escriba de que "o trilho das quitandas", da ociosidade e do crime afigurava-se mais pertinente aos africanos "de certas Nações". Há no ofício um reconhecimento divertido da atuação política cotidiana dos africanos libertos, que seriam sorrateiros, sutis e seguros no aliciamento de escravos para a fuga e o deixar-se furtar. Esse jeito de dizer assevera a capacidade dos africanos de criar redes de colaboração mútua entre eles a despeito da vigilância senhorial, pois, mesmo "conhecendo-se muitos deles, poucos têm podido serem presos". Apesar de esse ofício não atribuir aos africanos minas a condição de "nação" versada em seduzir e furtar escravos, os seguintes o farão. Eusébio de Queiróz, chefe de polícia da Corte, ao ministro da Justiça, 31 de julho de 1839:

> Existem nesta Cidade, alguns pretos Minas daqueles cujos serviços foram aqui arrematados, mas que hoje gozam de plena liberdade, que se ocupam debaixo de outras aparências, em cometer furtos, e roubos de pequena importância, porém quase que exclusivamente em seduzir escravos para serem roubados. Ora estes indivíduos pela sua qualidade de estrangeiros, parece-me não haver inconveniente em fazê-los deportar, e por isso eu solicito de V. Exa. a autorização competente, a fim de que a Polícia empregue esse castigo para com os que já, por seu mau comportamento, são conhecidos, mas que não podem ser processados atenta a falta de provas. Já a [sic] tempos foram daqui para a Costa d'África alguns deles voluntariamente, e é para tal lugar, que no caso da aprovação do Governo pretendo fazê-los seguir. Creio que mandando-se para fora do Império cerca de doze ou dezesseis os outros se conterão.[28]

Pouco tempo depois, em setembro de 1839, os pretos-minas Alexandre e Salvador seriam enviados para Benguela, ao lado de outros indivíduos punidos de igual modo.[29] Exemplos de deportação de pretos-minas apareceram com certa regularidade nos maços referentes às décadas de 1830 e 1840, e não apenas por motivo de "sedução" de escravos.[30] Afinal, conforme já vimos, os ditos africanos minas foram o foco da vigilância policial na Corte após a revolta baiana de 1835. Em seu ofício, Eusébio fez referência especial a "pretos Minas daqueles cujos serviços foram aqui arrematados", o que pode ser alusão a africanos libertados em decorrência do alvará de 26 de janeiro de 1818, que proibira o "comércio de escravos em todos os portos da Costa d'África ao norte do Equador".[31] Segundo esse alvará, os africanos apreendidos em atos de repressão ao tráfico ilegal ao norte do equador seriam obrigados "a servir como libertos por tempo de 14 anos". Depois disso, gozariam "do pleno direito de sua liberdade", nas palavras do alvará, repetidas quase *ipsis litteris* por Eusébio em relação aos pretos-minas dos quais falava. Se essa inferência é correta, os africanos em pauta conheciam por experiência própria o direito à liberdade advindo do tráfico negreiro ilegal, daí o perigo de deixá-los a viver na Corte tendo como ocupação conversar com africanos escravizados de diversas procedências, para "seduzi-los", convencê-los a se deixar furtar. De novo, impossível deixar de matutar, de imaginar que o conhecimento miúdo do chefe de polícia da Corte sobre essa intensa troca de informações entre africanos motivasse mais tarde o ministro da Justiça a propor sessões secretas e a se recusar a discutir no Parlamento, de modo mais estendido, qualquer aspecto da lei de 1831 respeitante à massa de pessoas em cativeiro ilegal. Outra hipótese seria a de que personagens como Eusébio e os conselheiros de Estado estivessem mesmo convencidos de que os africanos em geral conheciam que seu cativeiro era ilegal segundo as leis da "terra de brancos"; neste caso, o segredo imposto às discussões consistiria em maneira de não os encorajar a demandar direitos, evitar a circulação de informações que se tornariam recursos políticos em mãos de africanos sorrateiros, sutis e seguros, capazes de atuar "debaixo de outras aparências", a ponto de ser difícil pegá-los devido à "falta de provas".

Para coibir o furto de escravos fazia-se necessário combater tanto os "sedutores" de cativos quanto seus "passadores" ou "receptadores". Contudo, parecia complicado agir contra a rede de distribuição de escravos furtados pelo interior do país, pois o instrumento da expulsão sumária de suspeitos não poderia ser aplicado pelo chefe de polícia da Corte,[32] além de haver a conivência ou mesmo o envolvimento de fazendeiros e autoridades locais no negócio. Em janeiro de 1842, Eusébio de Queiróz escreveu ao ministro da Justiça para encaminhar cópias de ofícios que trocara com o presidente da província de Minas Gerais.[33] Ele dizia que o ministro se dignaria a tomar tais ofícios "na consideração, que merecer", mas é claro que seu objetivo era informar como funcionava o envio de escravos furtados para Minas, assim como revelar a aparente resistência do presidente daquela província em contribuir para combater a prática.

Eusébio contou uma história específica, que chegara ao seu conhecimento por meio de correspondência enviada de Minas a João Corrêa dos Santos: "Pelas cartas V. Exa. verá, que um José do Carmo e Vasconcelos dá notícias de um escravo, furtado a esse Santos, escravo que [...] está atualmente fugido de maneira que ele não duvida comprá-lo!". As cartas do tal Vasconcelos continham uma lista de escravos nas mesmas condições, ou seja, "fugidos" de João Corrêa dos Santos, os quais ele se propunha a comprar, sem dúvida no intuito de legalizar, a preço de banana, a propriedade escrava adquirida pelo furto.[34] Eusébio conseguira traçar outra história, a do preto Silvério, subtraído a uma senhora viúva e residente em Niterói, o qual fora levado para Minas pelo "célebre José Vieira Novo". Apesar de nomes, endereços e documentos comprobatórios, Eusébio não conseguiu que o presidente de Minas concordasse em apreender os cativos supostamente furtados para mandá-los à Corte, onde seriam reconhecidos e interrogados. O presidente de Minas alegou que "conquanto muito deseje fazer auxiliar pelas Autoridades locais as diligências da Polícia tendentes à captura de escravos furtados, e restituição a seus senhores, entendo contudo que muitos inconvenientes podem resultar do estilo de se mandar fazer a entrega por símplices ordens da Presidência". Eusébio enviou a papelada ao ministro e, ao que parece, não retornou ao assunto. Todavia, continuou sempre a levar ao júri casos de réus acusados de furto de escravos na Corte.

Tudo continuou na mesma, a julgar pelo ofício que o chefe de polícia da vez, Luiz Fortunato de Brito, enviou ao ministro da Justiça em 12 de junho de 1845:

> Um dos maiores males, que hoje se conhecem na Corte, é inquestionavelmente o furto de escravos [...]. Continuados são semelhantes atos, e a Província de Minas, e parte da do Rio de Janeiro recebem, e aceitam centenares de escravos furtados da Corte. Assim sendo, e cumprindo cortar pela raiz tanto, quanto for possível, um mal, que indistintamente ataca a fortuna de todos, salta aos olhos ser a primeira medida a tomar, a de inutilizar-se os agentes de semelhante tráfico. Estes são negros forros, e principalmente Minas, que com um insignificante negócio, que chamam "Pombear" ou casa de vender angu, atraem aí pretos, e os seduzem, prometendo-lhes risonho futuro. Agenciadas pois as peças, são elas entregues aos condutores, que as levam, voltando os sedutores à nova tarefa.
>
> Além de tais pretos forros, alguns há cativos também coniventes, e cúmplices, sobre os quais tenho dado as providências, que julgo oportunas.

Acresce finalmente, que dentre os pretos forros há um de nome Henrique, conhecido pelo "Riscadinho" que tendo sido empregado da Polícia, é o negro hoje mais temível, pela astúcia, e sagacidade, de que é dotado, enganando vinte vezes a Polícia, para lhe relatar por uma vez um objeto insignificante. A este já o mandei prender, e se acha recolhido.

Assim pois entendo eu, que com a deportação de seis, ou oito negros destes conhecidamente ladrões para Angola, muito se lucraria, e em grande parte cessaria um mal, que a tantos aflige, e sobre que tanto, e com tanta razão se clama; se pois V. Exa. anuir a proposição [...] tratarei da prisão, e remessa dos que julgar mais perigosos [...].[35]

Mais uma vez o que impressiona na narrativa da autoridade policial é o grau de organização que atribui aos "negros forros" perpetradores de furto de escravos, com pontos de atração de cativos interessados em se deixar furtar e agenciamento da fuga e venda deles nas províncias de Minas Gerais e Rio de Janeiro. O sentido dessa atividade, na perspectiva dos africanos libertos e cativos, como forma de resistência dos trabalhadores escravos ficou expressa na ideia de que os escravizados "seduzidos" o eram diante da perspectiva de um "risonho futuro" — neste contexto, a esperança de um cativeiro menos duro. Novidade mesmo aqui é a menção a um protagonista, Henrique, o Riscadinho, descrito em termos que sugerem a habilidade dele em surfar pela cultura senhorial e seu aparato de controle social, pois fora "empregado da Polícia", por isso sabia enganá-la "vinte vezes" antes de ser pegado por alguma ninharia. Negro temível, astuto, sagaz, do qual cabia se livrar por meio de sua deportação sumária. Adiante, no mesmo maço de papéis, encontra-se correspondência de 30 de junho de 1845, na qual o chefe de polícia informava ao ministro ter ajustado o envio do preto-mina Henrique José para Angola, passagem ao custo de cem mil-réis, no brigue nacional *Teixeira*, que partia "depois de amanhã".

Havia nesses ofícios o registro policial de indícios demais a respeito de africanos de etnias — ou "nações", como se dizia — diversas a conversar amiúde, a combinar ações destinadas a ludibriar senhores particulares e autoridades policiais, a mostrar conhecimento de práticas sociais que permitiam ao mesmo tempo a escravização ilegal e o autofurto deles, a se apropriar de situações cotidianas conferindo-lhes significados próprios, às vezes, quem sabe, desafiadores do domínio senhorial. Ao menos desde a revolta baiana de 1835, cujo efeito não acabava de passar numa Corte habitada por cerca de 100 mil escravos na metade do século XIX, tantos deles ilegalmente escravizados, o espectro dalguma insurreição de escravos e libertos rondava a imaginação senhorial. Havia africanos que pareciam "conectados" demais, "em rede", por assim dizer, por conseguinte "não era possível que eles não viessem a perceber...". E aqueles pretos-minas...

Em ofício de 2 de dezembro de 1849, hoje difícil de ler, pois as pontas dele esfarelam ao toque dos dedos, o chefe de polícia da Corte escreveu ao ministro da Justiça, Eusébio de Queiróz, "dando conta de diligências feitas a respeito de Pretos Minas".[36] Havia algum tempo a polícia investigava africanos minas que se reuniam em "associações secretas", nas quais "sob impenetrável mistério" realizavam práticas e ritos "suspeitos". Constava ainda "que os pretos dessa nação existentes na Bahia se correspondiam com eles, assim como os de São Paulo e Minas". Fizeram-se buscas nas "casas suspeitas", apreenderam-se "papéis escritos com diferentes tintas em caracteres desconhecidos", alguns livros, prenderam-se os pretos-minas envolvidos. Os peritos que analisaram os papéis concluíram que havia neles orações tiradas do Alcorão. O interrogatório dos presos tampouco revelou interesse outro que não o de associação religiosa. Foram postos em liberdade, pois o chefe de polícia não achou "matéria para tê-los em prisão, e processá-los". Contudo, observou que os pretos continuariam a ser vigiados, pois "são indubitavelmente suspeitos". Segundo ele, uma associação religiosa que tal poderia adiante deixar seus membros "fanatizados" por seus princípios, fazendo "medrar" entre eles ideias contrárias à "escravização". Concluiu o seu raciocínio reparando que, na Bahia, fatos semelhantes haviam levado à "insurreição de escravos". Enfim, nada havia, salvo tudo o que já havia para justificar a vigilância constante e o sobressalto ocasional das autoridades.

Passadores e compradores de escravos furtados se utilizavam com frequência do artifício de trocar o nome do cativo "seduzido", de modo a dificultar a localização dele, plantar dúvidas sobre a sua identidade em caso de ser descoberto, abrir o caminho para a produção de outros papéis de propriedade. Desnecessário dizer que o apagamento da nomeação anterior e a invenção de novo apelido constituíam parte integrante do processo de redução de africanos ao cativeiro, logo a instabilidade da denominação fazia parte da experiência deles já na travessia do Atlântico, e continuava vida afora. Quem lograsse se alforriar, por suposto, inventava para si um sobrenome, um nome de família.[37] Por conseguinte, não deve espantar que a documentação das prisões da Corte deixe ver tanto a sem-cerimônia com a qual negociantes e proprietários manipulavam a instabilidade dos nomes dos escravos para validar transações espúrias quanto a habilidade dos cativos em se apropriar da prática para atingir objetivos próprios.

Em 28 de abril de 1845, o responsável pelo Calabouço escreveu ao chefe de polícia para informar que fora "recolhido" como fugido "o preto que diz chamar-se Martinho crioulo, e ser escravo de José Alexandre da Costa".[38] A fórmula "que diz chamar-se" era comum nesses papéis, usada quando havia desconfiança do escriba em relação à veracidade do que ouvira ao detido. Martinho contou que estava "fora do poder do seu Senhor" havia seis anos, que o senhor morava no Recife, na rua de Santa Rita Nova. Disse mais: "Que ali fora furtado e vendido a diferentes pessoas com nome mudado, e ultimamente vendido a um capitão de navio, que o trouxe para esta Corte". Fugira do capitão havia seis meses e se deixara ficar na Corte; não sabia o nome do capitão, nem da embarcação. Em 11 de julho, durante essas visitas que proprietários de escravos faziam de hábito ao Calabouço na expectativa de localizar cativos seus que estivessem fugidos, Carlos Le Blom alegou que Martinho era na realidade José, crioulo, e que lhe pertencia. Perguntado sobre a situação, Martinho admitiu que mais recentemente o referido Le Blom se tornara seu senhor, mas o seu "verdadeiro senhor" era "aquele Costa de Pernambuco". Martinho, ou José, não foi entregue a Le Blom, pois carecia averiguar a história. Desconfio que Martinho se engajara no jogo dos nomes — por exemplo, ao dizer que não sabia o do capitão que o tivera como escravo por último, para depois admitir que Le Blom o possuía como cativo. Além disso, declarou se chamar Martinho e ter senhor em Pernambuco, em vez de se dizer José, escravo de Le Blom. Ele parecia tomar decisões a respeito de que cativeiro lhe interessava naquele momento, ou inventava tudo para se subtrair ao domínio de Le Blom e ganhar tempo. Não se pode ter certeza de nada, salvo do fato de que o negro sabia perfeitamente em que território se movia, que práticas sociais tornavam possível a apropriação das denominações para fins diversos.

Em 12 de junho de 1845, a administração do Calabouço enviou ao chefe de polícia o preso

> José Antônio Roiz [Rodrigues] que diz ser desertor da 6ª Companhia do Batalhão de Fuzileiros [...]. Este indivíduo entrou para esta casa em 16 de setembro de 1844, tendo dito chamar-se Luiz, e ser escravo do Padre José Maria, Reitor do Colégio Santa Cruz no alto da boa vista na cidade de Olinda em Pernambuco. Que fora

> comprado pelo dito Padre na Província do Ceará — e que em Pernambuco fora seduzido por um Diogo de tal que o trouxe a esta Corte, do poder do qual fugira quando o quis levar para a Província de Minas.
>
> Toda esta arenga consta da respectiva matrícula do referido preso, que pela condição que declarou ser foi matriculado no calabouço.[39]

Nessa história, o preso confessou duas identidades, a de José Antônio, desertor, e a de Luiz, escravo de um padre de Olinda. Se ele era mesmo desertor, declarar-se escravo podia ser estratégia para evitar o envio de volta ao batalhão do qual fugira. O recurso de se dizer cativo para evitar o recrutamento parecia comum, como já foi observado. É curioso que o escriba do Calabouço tenha chamado "arenga" a história de José Antônio, ou Luiz, quase como um registro da recorrência desse tipo de narrativa em seus interrogatórios cotidianos às pessoas detidas como escravas. De fato, havia entre aquelas pessoas as que seriam capazes de se reinventar várias vezes diante das autoridades. Pouco adiante, ainda no mesmo maço de documentos, 12 de julho de 1845, ao enviar "dous pretos e uma preta" ao chefe de polícia, o administrador do Calabouço observou, quanto à preta, que dera entrada na prisão como fugida em 23 de outubro de 1842, declarando que se chamava Mariana, mas constatou-se depois que seu nome era Tereza, escrava de José Alves da Graça. Foi solta em 7 de novembro. Todavia, acrescentou o funcionário, "Lembrança há que antes disso entrou esta mesma preta a esta casa, mas como talvez mudasse igualmente de nome não se encontra de pronto nos livros de matrícula". Em suma, a mesma estratégia de troca de nomes usada na negociação de escravos furtados poderia ser apropriada pelos negros com o objetivo de negar ou afirmar a condição de cativo, no intuito de evitar a venda para locais onde não desejassem ir ou algum outro destino que lhes repugnasse. Como de praxe nessas histórias, as cousas como realmente aconteceram não se nos dão a ver, mas as versões obedecem a critérios de verossimilhança que as tornam verdadeiras como tais — são narrativas que expressam uma lógica social específica.

Após essa incursão por jeitos de escravos e libertos lidarem, no cotidiano, com sentidos ou nexos sociais que pautavam suas vidas conforme a política de domínio senhorial, voltemos brevemente ao desembarque do Bracuí e à dificuldade das autoridades em conduzir a situação de maneira a evitar que a tentativa de capturar os africanos recém-chegados deixasse evidente aos outros, africanos ditos ladinos, que eles também tinham direito à liberdade. Houve debate longo sobre o episódio na Câmara dos Deputados em 18 de maio de 1853, originado numa interpelação do deputado Nebias, da província de São Paulo, apresentada na sessão do dia anterior.[40] Os quesitos formulados evidenciavam que o deputado desejava focalizar os rumores de que durante as diligências do governo haviam sido apreendidos africanos "ladinos" — quer dizer, africanos a respeito dos quais não era possível provar que fossem procedentes do desembarque que originara o esforço de repressão. O governo teria demorado tempo demais para enviar a força policial à área na qual teria ocorrido o desembarque — cerca de duas semanas; para compensar, cometera excessos, realizando "buscas inesperadas em quase todas as fazendas de todos aqueles contornos". Pior do que isto, diante da dificuldade de encontrar os africanos recém-chegados, "foram empregadas as seduções de escravos", quer dizer, encorajaram-se denúncias contra os proprietários locais, apreenderam-se africanos deles que poderiam ou queriam passar por boçais, os fazendeiros teriam sido pressionados a entregar tais africanos às autoridades por moto próprio.[41] É claro que o governo repeliu as acusações etc., e aqui, como alhures neste texto, pouco importa saber se alguém dizia aquilo que acreditava ser a verdade. Interessa ver em torno de que eixos girava a discussão.

Recorto dois trechos de discurso do deputado Figueira de Mello, da província de Pernambuco. O primeiro deles versava sobre os inconvenientes das buscas policiais nas fazendas:

> Em verdade, todas as vezes que forem varejadas essas fazendas avultadas de escravos, elas hão de necessariamente ressentir-se do ato do governo; os escravos hão de necessariamente perguntar qual o motivo por que se procuram africanos; e se os africanos capturados devem ou não ser sujeitos ao cativeiro, comparando o estado futuro em que eles se acham, hão de esses escravos necessariamente revoltar-se a esta ideia; o resultado desses atos do governo será que a insurreição dos escravos há de necessariamente aparecer nas nossas fazendas, e que seremos forçados a empregar medidas muito fortes para os contermos [sic], e conservar a segurança pública.[42]

Apesar do estilo um pouco truncado da passagem, nota-se que o deputado argumentava que a captura dos africanos boçais, reconhecendo-se o direito deles à condição de africanos livres, levaria os africanos anteriormente escravizados a perguntar o que distinguia a sua sorte da dos outros, o motivo ou fundamento pelo qual havia essa diferença de condição entre eles. A percepção dessa diferença e a consciência da origem dela — o fato de que era impossível "que eles não viessem a perceber a ilegalidade da sua escravidão" — levariam à "insurreição". Para dar plausibilidade a essas elucubrações, quiçá para evitar que fossem descartadas como exagero retórico proferido no calor do debate político, Figueira de Mello prosseguiu assim, linhas abaixo:

> Tem-se observado, e a própria experiência me tem convencido, que escravos há que, chegados há muito tempo da costa d'África,

> nunca aprenderam a língua do país; e se porventura os tais escravos forem encontrados nas fazendas, como tem acontecido, deverão os seus donos ser considerados criminosos do crime de importar africanos, entretanto que estão inocentes na realidade? Demais, se acaso continuarem essas denúncias, se elas forem aceitas pelo governo e seus agentes, e proceder-se às buscas em todas as fazendas, o resultado será, como a experiência o tem demonstrado, que muitos desses escravos, para poderem ser considerados como importados há pouco tempo, e portanto livres, procuram [sic; procurarão?] falar mal a língua do país, fingirão que a não entendem, e o resultado será necessariamente o serem apreendidos como africanos livres, e ficarem os seus proprietários muito prejudicados em sua fortuna.[43]

Um argumento recorrente no debate da Câmara sobre essa interpelação era o de que as incursões do governo para apreender africanos boçais procedentes do desembarque no Bracuí, ao capturar africanos chegados em importações anteriores, estariam pondo em risco a propriedade dos fazendeiros, importunando pessoas "inocentes na realidade", segundo Figueira de Mello, ou "que *por uma aquisição legítima* contam milhares de escravos nos seus estabelecimentos" (grifo meu), como disse o deputado Nebias.[44] A esta altura, depois de tudo o que vimos até aqui, leio esses protestos de virtude e lembro de Brás Cubas, a olhar admirado para o pai, que havia formulado uma genealogia falsa por completo para a sua família e passara a acreditar piamente nela — "uma imaginação graduada em consciência".[45] Pois *quase* me convenço de que aquela gente graúda acreditava na própria inocência, na moralidade e na legitimidade de ter aquela escravaria toda que obtivera graças ao contrabando. Adiante, pois. Os dois trechos do deputado Figueira de Mello levantavam a hipótese de que a micropolítica cotidiana dos escravos, que se sabia mui capazes de torcer em proveito próprio significados sociais que reproduziam a própria subordinação — frouxidão em critérios de prova de propriedade, ambiguidades na definição de boçal/ladino, instabilidade dos nomes —, poderia, a depender de circunstâncias específicas, originar percepções horizontais de solidariedade, de destino comum, conducentes a "insurreições".

Além das "sugestões dos outros escravos", os conselheiros de Estado, ao responder aos deputados paulistas, mencionaram dois outros perigos à segurança do país advindos de práticas associadas ao desrespeito à lei de 1831: esse contraste mesmo entre a situação dos africanos escravizados e a dos "africanos livres", que começamos a ver; e as "revelações de falsos protetores", decerto os ingleses, mas não eles somente.

7. O que os ingleses viam

Autoridades consulares britânicas denunciavam ao governo imperial os anúncios de venda de escravos com atribuição de idades que consistia em confissão de seu ingresso no país por contrabando. Segundo W. Christie, "Esses escravos ilegais estão a todo momento e por toda parte em presença das autoridades brasileiras, mas eles não são vistos*" (grifo meu).*

A crença de que os africanos apreendidos nas ações de repressão ao tráfico ilegal, os ditos "africanos livres", eram tratados como escravos parecia comum a observadores estrangeiros do Brasil oitocentista, tanto por parte de seus detratores quanto simpatizantes. W. D. Christie, o diplomata britânico que viveu às turras com o governo imperial durante todo o período em que permaneceu na Corte no início da década de 1860, dedicou vários capítulos ao tema em seu *Notes on Brazilian questions*, comprazendo-se em contar as fraudes por meio das quais africanos livres eram reduzidos à escravidão, as duras condições de trabalho a eles impostas a serviço do governo e de particulares, a duração indeterminada do tempo de serviço que prestavam, quando deveria se limitar a catorze anos segundo a legislação, a falta de controle do governo imperial sobre o destino deles, pois sequer se sabia ao certo quantos existiam, onde estavam, o que faziam. O suíço Charles Pradez, morador no país havia mais de duas décadas, observador benevolente da realidade pátria, achava igualmente que os africanos livres "não tinham uma sorte melhor do que a dos próprios escravos", malgrado "as sábias medidas" adotadas para protegê-los. Salvo exceções, particulares que alugavam os seus serviços os tratavam "duramente", pois sequer havia a preocupação de evitar o prejuízo que teriam com doenças e morte se aqueles africanos fossem sua propriedade. Mencionou que muitos deles haviam sido reduzidos à escravidão por meio do seguinte ardil: quando da morte de um escravo da casa, o senhor substituía o nome do morto pelo de um africano livre que tinha obtido, de modo que este era dado por morto, assumindo doravante o lugar do cativo que morrera de fato.[1]

Histórias como essas são recorrentes nas fontes do período, sugerindo quase um consenso de que a situação dos africanos livres não se distinguia muito da dos escravos, às vezes se afigurava pior do que a deles, apesar de suas especificidades e liberdade nominal. Se me permitem uma reminiscência de pesquisador velho, lembro que a primeira vez que tive notícia da existência de africanos livres e me interessei por eles, lá bem no início da década de 1980, no Arquivo Nacional, estranhei que houvesse pacotes de documentos sobre o assunto intitulados "escravos livres". Etiqueta interessante, pois remetia à noção de equivalência entre "escravo" e "africano", tão pertinente ao menos enquanto durou o tráfico negreiro, e à contradição própria à condição daquelas pessoas, que pareciam cativas, apesar de livres na denominação.

O governo imperial pouco fazia, se é que fazia algo, para dissipar esse bochicho constante sobre as condições difíceis dos africanos livres sob a sua tutela. Havia um motivo estrutural para isso, pois um africano livre não podia se confundir com um liberto, muito menos com um ingênuo — isto é, pessoa nascida de ventre livre[2] —, sob pena de aumentar o perigo de os outros africanos, conhecedores de sua redução ilegal ao cativeiro, passarem a almejar a condição de africano livre e a lutar pelo reconhecimento de seu direito a ela. Em outras palavras, o mau tratamento a alguns poucos milhares de africanos livres,[3] real ou suposto, consistia em elemento de dissuasão à busca do direito de sê-lo por parte de centenas de milhares de outros, que deviam preferir a esperança de se tornar libertos.

Em 19 de agosto de 1859, o chefe de polícia da Corte, Izidro Borges Monteiro, escreveu ao ministro da Justiça, João Lustosa da Cunha Paranaguá, para contar que o juiz municipal da segunda vara da Corte concedera "manutenção de liberdade" a um africano livre chamado João.[4] Negros livres ou libertos recorriam à justiça para serem "manutenidos em sua liberdade" quando tinham motivos para supor que estavam ameaçados de escravização ou reescravização; com frequência, são histórias de libertos cuja liberdade era questionada por herdeiros ou credores do senhor ou senhora que concedera a alforria antes de falecer. A petição de manutenção seguia procedimento sumário, bastando que o interessado apresentasse em juízo os documentos comprobatórios para que o juiz a conferisse, se fossem convincentes, sendo vista como um ato preparatório para uma ação de liberdade, se o liberto achasse necessário, e sem prejuízo do indivíduo que alegava ser seu proprietário, que poderia tentar reaver o suposto escravo mediante ação cível pertinente. A vantagem para o liberto é que, de posse do mandado de manutenção, ele não poderia ser apreendido como cativo antes que uma sentença transitasse em julgado declarando que o era.[5]

O chefe de polícia relatou que José Manoel da Costa Barros solicitara à autoridade a apreensão do africano livre João, cujos serviços lhe haviam sido confiados, mas que se retirara de sua casa alegando que obtivera a sua carta de emancipação. Segundo o decreto de 28 de dezembro de 1853, africanos livres arrematados por particulares que houvessem completado catorze anos de serviços ficariam emancipados quando o requisitassem, "com obrigação porém de residirem no lugar que for pelo Governo designado, e de tomarem ocupação ou serviços mediante um salário".[6] Como se vê, conforme o decreto, mesmo africanos livres já "emancipados" não se confundiam com libertos, os quais via de regra não cumpriam condições de moradia e ocupação determinadas pelo governo ao obter a alforria.[7] Todavia, no caso de João, não havia registro de concessão de sua carta de emancipação nos livros da secretaria. Chamado à presença do chefe de polícia, o africano livre apresentou o mandado de manutenção que conseguira no juízo municipal. O chefe de polícia pedia orientação ao ministro, pois considerara "irregular o procedimento do referido juiz", já que os africanos livres estavam "sob a especial administração do Juízo de Órfãos, e tutela do Governo Imperial". Alegava que a conduta do juiz municipal, a fazer escola, prejudicaria estabelecimentos públicos e arrematantes particulares, que contavam com os serviços desses africanos, e comprometeria a "ordem pública", pois se seguiria a liberdade simultânea ("de uma só vez") de muitos deles. O ministro mandou advertir o juiz por "excesso de autoridade", mas este respondeu que "o *Preto* justificou estar no gozo de sua liberdade"; ademais, o mandado de manutenção não excluía o direito de quem achasse que o tivesse sobre o africano, pois poderia ser embargado por meio de justificação de sua improcedência. O parecer do Ministério da Justiça quase disse que o juiz municipal se fazia de sonso: "a resposta do juiz ou é um verdadeiro sofisma ou prova que ele ignora o que são Africanos livres que não estão no *gozo* de sua liberdade" (grifos no original).

Noutro documento, um parecer do Conselho de Estado, de 1874, que veremos em detalhe adiante, no qual se repreendia um presidente de província por não obstaculizar ações cíveis de liberdade baseadas na lei de 1831, lê-se em forma de sentença: "é fora de dúvida que não pode ter apoio na Lei de 1831 o direito que se quer atribuir ao africano importado como escravo, depois daquela data, de ser equiparado à pessoa que nasceu livre no Brasil para o gozo de plena liberdade civil" — em outras palavras, "africano livre" não se confundia com "ingênuo". A legislação da década de 1830 mandara reexportar os africanos apreendidos, depois se adotou o alvitre de explorar indefinidamente o seu trabalho; o decreto de 1853 estabelecera as restrições já mencionadas aos emancipados; o decreto de 1864, que os emancipara a todos, relaxara o requisito de fixar domicílio onde o governo determinasse, porém os africanos ficaram obrigados a declará-lo na polícia, assim como a "ocupação honesta" da qual pretendiam viver.[8] Em suma, a questão, do ponto de vista do governo imperial, consistia menos em saber se competia tratar africanos livres como escravos, mas sim garantir que não fossem jamais confundidos com libertos ou negros nascidos de ventre livre (ingênuos).

Não surpreende pois que, à primeira vista, as informações copiosas existentes nos documentos do Ministério da Justiça a respeito dos africanos livres sugiram que os problemas relativos ao controle social deles — e aos abusos cometidos em relação a eles — se assemelhem mesmo ao que ocorria no que concerne aos escravos. Após os primeiros anos de incerteza sobre que destino dar a africanos a quem a lei de 1831 mandava reexportar para a África com "a maior possível brevidade", aprendeu-se logo a valorizar o trabalho daquelas pessoas, a começar pelas vantagens econômicas que oferecia, pois eram "escravos" que ninguém comprava, que ficavam de graça, no caso dos estabelecimentos públicos, ou por quem se pagava um aluguel bastante inferior ao praticado no mercado, no que tange aos arrematantes particulares de seus serviços.

Ademais, muitos desses africanos se tornavam "artistas" hábeis numa gama variada de ofícios. Em correspondência de outubro de 1845, o administrador da Casa de Correção listou os africanos livres que trabalhavam nas obras de construção da penitenciária ou desempenhavam outras tarefas em seu cotidiano: havia 21 pedreiros, dezessete canteiros, dezesseis cavouqueiros, doze carpinteiros, dez ferreiros, nove trabalhadores de chácara, cinco carreeiros, dois cozinheiros. Nesses papéis o conceito de "ladino" reaparece para significar o africano que aprendeu um ofício, que se fez "útil". Em março de 1839, o administrador reclamava de o ministro da Justiça haver ordenado "que ao Inspetor das Obras Públicas do Município da Corte sejam entregues vinte Africanos livres dos mais ladinos que existem na dita Casa"; em troca a Correção receberia 22 africanos "boçais". O administrador explicou que africanos "inteiramente boçais" precisavam de "tratamento e cuidado em sua educação, para chegarem em estado de serem úteis". Todavia, o ministro Bernardo Pereira de Vasconcelos apreciava precisamente o fato de a Correção funcionar como uma espécie de oficina de aprendizagem para os africanos livres, ficassem eles a servir lá mesmo, ou alhures, "urgindo a necessidade de diminuir as despesas públicas e sendo um dos meios de o conseguir substituir os jornaleiros por Africanos livres, os quais empregados tais quais chegam e sem algumas luzes pouco prestam [...]".[9] No ano seguinte, em março de 1840, o próprio administrador reivindicava africanos boçais. Informado pela leitura dos jornais de que fora apreendido, pelo brigue de guerra inglês *Wizard*, o navio negreiro *Paquete de Benguela*, com 280 africanos a bordo, solicitou que lhe enviassem "todos" os africanos do sexo masculino "que tiverem de 10 a 25 anos de idade a fim de aprenderem os ofícios em que já outros estão habilitados". O funcionário tinha a esperança de manter a maior parte desses trabalhadores nas obras da própria prisão.

Trabalhadores disputados, decerto explorados, castigados, quiçá tratados como escravos, expunham o seu repertório de resistência. Quanto a tratamento, em 28 de outubro de 1845 o responsável pela Correção enviou ao ministro da Justiça informações sobre as condições de vida e trabalho dos africanos livres lá existentes. Acontecera de os comissários britânicos da Comissão Mista Brasileira e Inglesa denunciarem que esses africanos estavam submetidos "aos trabalhos mais vis e laboriosos da prisão" e que a quantidade "que se lhe dá de alimento e roupa está consideravelmente abaixo da que tem um escravo, e é até inferior em qualidade". O administrador respondeu anexando uma tabela com o fornecimento diário de alimentos aos africanos, valorizando, além disso, os ofícios variados que eles aprendiam e exerciam na penitenciária.[10] Noutro ofício, de 20 de março de 1858, o administrador da Correção relatava que no início da década de 1850 as ações de repressão ao tráfico negreiro haviam obrigado o governo imperial a distribuir africanos livres "a diversos Estabelecimentos, Corporações e Empresas"; somente "inválidos" teriam permanecido em "depósito" na prisão, que recebera por sua vez cota generosa de africanos em condições de aprender ofícios e servi-la. Com o passar dos anos, contudo, os concessionários dos serviços desses africanos adquiriram o hábito de buscar a substituição deles junto à Correção. Trabalhadores morriam, adquiriam "moléstias incuráveis"; outros vinham "a ter mau procedimento", mostravam-se "incorrigíveis", então se solicitava à Casa de Correção que fossem trocados "os maus por bons". A linguagem é colorida e diz muito do jeito de ver desses funcionários da burocracia imperial quando o assunto à baila eram africanos, fossem escravos, libertos ou africanos livres:

> Já não é pouco servir esta Casa de viveiro a quantos Africanos são abandonados por incorrigíveis e relaxados, os quais têm inoculado nos outros os vícios que consigo trazem, contágio este que não é possível evitar; não consinta porém V. Exa. que em troco deste mal insanável ainda de mais a mais se defraude a casa dos Africanos que ainda não estão de todo corrompidos, pois que a troca de mau por mau, que seria razoável e justa, não é por certo a que pretende a Colônia de Petrópolis e outros suplicantes de tais transações.
>
> É o que tenho a informar a V. Exa., [...] acrescentando que o Africano Canuto [sic?] de quem se trata aí tem tantas fugidas quer desta Casa quer de outros Estabelecimentos em que tem estado, que só está seguro no recinto da Penitenciária onde atualmente trabalha.[11]

Os responsáveis pela Casa de Correção e demais autoridades do governo imperial se mostravam acordes quanto ao modo contraditório (sic) de ver os africanos livres: por um lado, os seus serviços eram disputadíssimos pela própria Casa, por vários estabelecimentos públicos e por gente graúda, como o marquês de Caxias, que chegou a ter à sua disposição mais de vinte deles; por outro lado, tais africanos apareciam amiúde como "insubordinados", "altivos", "incorrigíveis", "fugidos".[12] Em 13 de janeiro de 1845, o administrador do Calabouço escreveu ao chefe de polícia da Corte para relatar "um caso extraordinário". Na véspera, o feitor dos africanos livres havia repreendido Jacinto, "por estar falando-lhe com o chapéu na cabeça"; o africano respondera "com insultos", asseverando que não tirava "o chapéu ao Imperador quanto mais a um feitor". No dia seguinte, reunidos todos os africanos para ver admoestar e castigar Jacinto, que receberia palmatoadas, o africano "não quis de forma alguma" se submeter à punição, culminando por sacar uma faca que trazia às escondidas e investir contra o feitor, tendo sido controlado a muito custo. O administrador do Calabouço pedia "exemplar castigo" ao agressor, pois o episódio poderia ter "mui graves consequências de insubordinação, entre os africanos".

Em agosto de 1847 foi a vez da africana Felícia, que ao ser chamada para o castigo se "recusou com altivez e insubordinação", sendo ela, aliás, "bastante altanada". Felícia tinha os seus serviços conferidos a Antônio Severino da Costa e fora enviada ao Calabouço pelo arrematante para sofrer correção.[13] Nisso se seguia prática idêntica ao que se fazia em relação aos escravos urbanos. Os senhores, ou no caso os arrematantes dos africanos, os enviavam à prisão dos escravos para serem "corrigidos", acompanhando bilhete no qual diziam a punição que se devia aplicar.[14] Ou seja, as autoridades públicas assumiam parte do ônus de disciplinar os escravos, também os africanos livres, contudo por requisição dos senhores, almejando-se assim preservar as prerrogativas do domínio senhorial. Presumo, mas não sei ao certo desde quando, que os castigos solicitados pelos senhores fossem aplicados no interior do Calabouço, sem exposição pública, de modo a não multiplicar a ressonância desses rituais privados de disciplinamento numa cidade com tamanha concentração de escravos como era o Rio de Janeiro em meados do século XIX. É certo que na década de 1870 os castigos de escravos nas prisões a pedido dos senhores continuavam a ser aplicados e ocorriam longe das vistas do público; na realidade, nem os senhores podiam mais presenciá-los, o que causava protestos deles, pois talvez achassem que seus cativos contassem com a leniência de médicos, funcionários e carrascos.[15]

Além da semelhança quanto ao sistema de punição adotado para escravos e africanos livres no meio urbano, tanto uns como outros fugiam com regularidade de seus senhores e arrematantes. Ao fazê-lo, os africanos livres tentavam passar por libertos ou livres, misturando-se à população negra da Corte. A africana livre Maria Cassange andava fugida de seu arrematante, um certo Silva, quando foi detida em fevereiro de 1846, provavelmente porque suspeitaram que fosse escrava. Maria contou que desde que fugira dormia na casa do preto forro Bernardo, morador no Saco do Alferes, nas lojas de um sobradinho pertencente a uma senhora idosa cujo nome ignorava. Pagava aluguel ao preto forro, pela dormida e para guardar lá as suas cousas, "o tabuleiro, um pano da Costa, um par de brincos, um vestido novo, um lenço de seda, e 1600 réis em dinheiro". Disse ainda que tinha um bilhete "para não ser presa" — quer dizer, para poder estar na rua à noite sem risco de ser detida por andar "fora de horas", como se dizia —, que lhe fora feito pelo caixeiro de uma taverna, "igualmente no Saco do Alferes de nome João".[16] É raro termos tantos detalhes sobre o pouco que tinha uma africana livre e quitandeira, sobre como zelava pelo que tinha, sobre os arranjos que fizera com um caixeiro e um preto forro para passar por liberta. A regra é o registro breve: "manda recolher a esse estabelecimento o Africano Livre Jesuíno, de nação Moçambique, pertencente a essa casa, que foi preso por fugido"; "o africano livre Felisberto, de nação Cabinda, que tendo sido preso por andar fugido declarou pertencer ao serviço deste Estabelecimento"; "o africano livre

Jacinto, de nação Congo, que foi preso por suspeito de fugido pela Subdelegacia da freguesia da Lagoa", e assim por diante, exemplos numerosos.[17] Em suma, a rede de vigilância urbana que apoiava o domínio senhorial ao realizar detenções costumeiras de pessoas negras por suspeição de que fossem cativas, de estarem fugidas, por andar fora de horas, funcionava tal qual para os africanos livres, tão escravos quanto os outros também no que concerne a esse aspecto.

Se os registros tendiam a ser sumários no que respeita às informações sobre a experiência dos africanos livres fugidos, de novo abundavam em colorido quanto ao que pensavam autoridades e senhores ou arrematantes sobre eles. Em janeiro de 1863, Ernesto Seixas, responsável por alguma repartição pública que não descobri qual era, escreveu ao diretor da Casa de Correção, Daniel Thompson, para informar a fuga do africano livre Cândido, de nação benguela. Ainda não havia recuperado o africano, mas descobrira que ele se envolvera numa "bulha com outros pretos", por isso achava que talvez já estivesse preso. O fato é que Ernesto não o queria mais, pois aquele "preto me tem incomodado muito; quando está espiritualizado [isto é, embriagado] fica insolente não respeitando a nenhum empregado da casa nem os vizinhos". Já o tinha "sofrido" havia bastante tempo para não "molestar a V. Sa.", mas agora queria outro africano para substituí-lo. Recebeu Jovito, pois Cândido continuou "evadido". Em junho de 1863, noutro exemplo entre vários, Hermenegildo Ribeiro Feijó mandou carta a Thompson sobre o africano Joaquim, cujos serviços haviam sido confiados ao seu pai, que falecera. "Este Africano é um tratante de primeira ordem", esbravejava o missivista, pois "com saúde não queria dar-me jornal algum nem os 640 réis diários que eu lhe impus". Havia desaparecido por cinco meses, durante os quais "não me dera um real". Teve de procurar o africano e mandar prendê-lo para fazer a entrega dele ao governo. Só não explica o motivo pelo qual achava que o africano lhe devia "jornal", se o arrematante havia sido o pai do correspondente, que já fora desta para outra melhor. Joaquim acabou na Casa de Correção, de onde tinha licença para sair de vez em quando. Numa dessas folgas, apareceu na casa de Hermenegildo, "a exigir que eu lhe desse comida", foi mandado embora, voltou duas horas depois, insultou o dono da casa, fez-se um azougue enfim, do qual o autor da carta esperava se livrar devido à "amizade" que tinha com o diretor da Correção. Por fim, havia a preta africana Joana, que prestava serviços ao Instituto dos Meninos Cegos, para desespero de seu diretor, pois "além de nimiamente preguiçosa, só querendo prestar algum serviço quando e como quer, é o símbolo da insolência e insubordinação". Não estava fugida naquele momento, mas provocava "desordens", insultava a senhora encarregada da portaria, atracara-se com a outra africana do instituto, "ontem foi a mim próprio que desrespeitou, querendo atracar-se comigo por ter sido obrigado a dar-lhe quatro cipoadas para puni-la de novos insultos à roupeira". Pedia outra africana livre para o lugar daquela, recebeu Francisca Conga.[18]

A catilinária senhorial divertiria apenas, não fosse indício de que aqueles senhores não conseguiam mesmo imaginar africanos em condição outra que não a de escravos. A visão que tinham sobre as pessoas cujo trabalho exploravam se caracterizava por um feixe de preconceitos culturais que pode ser anacrônico chamar "racismo", mas cujo nome, seja ele qual for, não tornará a cousa menos virulenta. Noutra hipótese, estavam todos engajados na empresa de tratar africanos livres como escravos para que os africanos escravizados não cobiçassem a condição dos outros, ditos "livres", garantindo a estabilidade da propriedade escrava ilegal. A segunda hipótese é quiçá conspiratória em excesso, mas pode ser que valha algo em combinação com a primeira, afinal temos visto que a produção de silêncios e dissimulações a respeito da lei de 1831 foi atividade regular da classe senhorial-escravista brasileira (isto é, decorrente da defesa de interesses políticos e econômicos particulares; conformação de atitudes e práticas condizentes com esses interesses).

O africano livre fugido que resolvia voltar sabia, como qualquer escravo, que um jeito de evitar ou moderar o seu castigo seria arrumar padrinho. Em 8 de fevereiro de 1863, o diretor da Casa de Correção recebeu bilhete de um certo Julião, em nome de ninguém menos do que Cansansão de Sinimbu, político liberal, àquela altura o ministro da Justiça.[19] Sinimbu se mobilizara pelo africano José, "que dele se veio valer para o apadrinhar, e espera pois [...] o dispense da falta cometida, se não for esta daquelas que mereça severa punição".[20] Além do todo-poderoso, outro tipo corrente de padrinho era o "amigo" do algoz: "o portador veio, por intemédio de um amigo, pedir-me para que eu escrevesse ao meu amigo e camarada, a fim de, cabendo no possível, relevar por esta vez, a culpa em que caiu o africano livre, de nome Pedro, nação Nagô, de ausentar-se da casa de correção". A cartinha foi endereçada ao diretor da Correção e assinada por Vicente d'Oliveira, que se despediu assim: "Saúde e felicidades lhe deseja quem se presa ser seu amigo e muito obrigado". Encontrei poucos desses bilhetes para entender melhor o protocolo narrativo deles, sem dúvida muito diferente das diatribes anteriores, pois se referem a fugidos que retornaram por moto próprio, talvez merecedores de perdão ou correção branda. De qualquer modo, esses textos não giram em torno da iniciativa do "portador", salvo para reconhecer que cometera uma "falta", mas sim das relações hierárquicas e pessoais entre o padrinho e o sujeito investido de autoridade senhorial. Ao se mostrar "altivo" e "insubordinado", o africano livre era sujeito de suas ações; ao voltar ao domínio senhorial, fazia-o sob a proteção de alguém. Tal escravo, qual africano livre. Todavia, tanto num caso como no outro, o africano que buscava padrinho mobilizava o conhecimento que tinha das redes de relações de poder e dependência pessoal que pautavam a sociedade brasileira oitocentista.

Diferencial importante na experiência dos africanos livres devia ser o fato de que os filhos das mulheres nessa condição nasciam por direito livres, não escravos. As famílias escravas valorizavam a alforria das mulheres em idade de ter filhos, pois se garantia assim a liberdade da geração seguinte. Decerto os africanos livres pensavam do mesmo jeito, contudo apareciam às vezes denúncias de escravização ilegal daquelas crianças por meio do batismo delas como escravas. Aliás, histórias de batismo como escravas de crianças de mulheres libertas eram igualmente comuns. Na ausência de fontes que permitam dar ideia da frequência desses episódios, pode-se ler lentamente um trecho de documento constante da ação de liberdade, iniciada em 1859, movida pela parda Leopoldina contra Venceslau Cordovil de Siqueira e Mello. Leopoldina fora libertada por Bartolomeu, pai de Venceslau, quando ainda tinha oito anos de idade. Venceslau teria dado sumiço na carta de alforria e escravizado a própria Leopoldina e dois filhos dela, Leopoldo e Perpétua.[21] Em seu arrazoado, o curador de Leopoldina escreveu que Venceslau Cordovil tinha "por costume [...] mandar batizar e dar no rol de família pessoas livres como seus escravos". Segue-se trecho do interrogatório feito ao senhor:

> Perguntado se Alberto Africano livre era tido como escravo e como tal fora batizado [...] por ele respondente? Disse que sempre o teve por livre, tanto que quando o tirava da Correção nas vezes que fora recolhido como fugido foi sempre nessa qualidade e nunca como escravo seu, sendo também recolhido à Correção nessa qualidade. Que não o mandara batizar como escravo seu mas que como talvez fosse entre os escravos diversos dele respondente sendo ainda mo-

leque, o compreendessem nessa qualidade no assento de batismo. [...] Perguntado se mandara batizar os filhos da Africana livre Germana, chamados Joana e Primo e outros como seus escravos, sendo essa Africana casada com o escravo Policarpo? Respondeu que a dita Africana era casada com esse seu escravo, que desse matrimônio nasceram os filhos declarados na Denúncia mas que é falso estarem batizados como escravos dele Respondente [...].

Venceslau Cordovil confessou ter batizado o africano livre Alberto como seu cativo com uma indiferença notável: ele fora confundido com outros escravos mandados batizar na mesma ocasião. Escravizar alguém ilegalmente parecia natural, um equívoco de somenos importância. Cordovil negou que tivesse batizado como escravos os filhos da africana livre Germana, casada com um escravo seu, porém ficou óbvio que a família vivia sob o seu domínio, cativa de fato. Ainda quanto a Alberto, ele mencionou dois tipos de passagem dele pela Casa de Correção. Fora "recolhido" lá, o que sugere que Venceslau enviara o africano livre para ser "corrigido", como se praticava quanto aos escravos. Além disso, Alberto fora detido como fugido, sabe-se lá quantas "vezes". Mesmo que Alberto fosse reconhecido como africano livre por Venceslau, as experiências descritas no trecho do interrogatório foram típicas de gente cativa: foi batizado como tal, preso por fugido, enviado à Correção por "requisição do senhor" para ser castigado.[22]

O africano livre "emancipado" — ou seja, aquele que prestara serviços durante pelo menos catorze anos, requisitara e recebera a sua carta de emancipação em decorrência do decreto de 28 de dezembro de 1853 — ficava quase um liberto. "Quase" porque havia a "obrigação de residir no lugar que for pelo Governo designado", como vimos. Um documento do Ministério da Justiça, de 14 de março de 1861, avaliou o pedido de carta de emancipação do africano livre Simplício, de nação congo, que estava à espera na Casa de Detenção. Na realidade, Simplício recebera uma carta de emancipação anterior com a cláusula de residir em Itaboraí. No entanto, pedira para que ela fosse revogada e que se lhe passasse outra, com "residência nesta Corte, por ter de casar-se com a liberta Maria". Simplício dizia que Maria era a mãe de seus filhos. O pedido foi concedido, apesar de o burocrata do ministério ter se dado ao desfrute de comentar que a saída de Simplício da prisão iria "aumentar o número de mendigos; porquanto, além de ser ele valetudinário tem falta de vista".[23] Menos sorte teve o africano livre Brás, de nação mina, que trabalhara no Arsenal de Guerra. Ele recebera carta de emancipação em aviso de novembro de 1859, porém "com a cláusula de reexportar-se para a Costa d'África à sua custa". Marcou-se um prazo de três meses para que Brás se fosse, durante os quais o africano teria de se apresentar à polícia todas as segundas-feiras. Brás sumiu. Reapareceu "preso por vagabundo" em outubro de 1861. Foi ficando na Casa de Correção até que um oficial do ministério despachou que ele devia ser remetido "para alguma das províncias". Não seria mais reexportado para a costa d'África. Em despacho de 15 de abril de 1862, o diretor-geral do Ministério da Justiça concordou com a ideia, mas acrescentou que, "conquanto deva o Africano ser obrigado ao trabalho, não se lhe negue todavia um salário razoável". Que bom. Consta que a nova carta de emancipação só foi concedida em 5 de novembro de 1863. Enquanto isso, cadeia.[24]

A experiência dos africanos livres emancipados se assemelhava mais à dos libertos no que tange ao perigo de ser detido por suspeição de que fosse escravo, num processo que poderia levar até à reescravização, como ainda veremos. Em novembro de 1855, Bernardo, de nação benguela, estava "capinando à frente de casa", na rua da Copacabana, quando foi detido por uma patrulha de guardas nacionais de cavalaria que fazia ronda na área, suspeito de ser escravo fugido. Descobriu-se depois que Bernardo era africano livre, aprendera o ofício de cavouqueiro, recebera carta de emancipação após prestar serviços na Santa Casa de Misericórdia e de trabalhar na construção do Hospício Pedro II.[25] Em agosto de 1864, Fulgino, de nação angola, estava preso na Casa de Correção. Dizia ser africano livre e que havia prestado serviços desde que chegara ao país, aos dez anos, no brigue *Rio da Prata*, em meados dos anos 1830. Mas Antônio Gonçalves Ramos alegava que Fulgino se chamava Antônio, seu cativo. Ou seja, havia dúvida sobre a identidade do africano, problema frequente nos papéis da polícia, que por vezes trazem desenhos de escarificações e outras marcas existentes nos corpos dos africanos para esclarecer essas situações. José de Alencar, consultor jurídico do ministério, outrossim romancista, achou que a carta de emancipação de Fulgino deveria ser retida até que houvesse provas mais conclusivas sobre a identidade dele. Contudo, há um pronunciamento, sem data ou assinatura, bem no alto do ofício, favorável à entrega imediata da carta ao africano. Pelos usos da burocracia do tempo, deve ser a manifestação do ministro da Justiça, Zacarias de Góes e Vasconcelos.[26]

Em 23 de março de 1861, o africano livre José Raimundo, de nação angola, foi multado por fiscais municipais e preso "à ordem" do subdelegado do segundo distrito da freguesia de Santa Rita por infração de posturas.[27] Segundo relato do procurador do próprio africano, os fiscais acharam que ele estava "embaraçando uma das ruas desta Cidade", ocorrência comum à época, em que carregadores e carroceiros interrompiam o "trânsito público" ao parar para entregar ou receber mercadorias em ruas estreitas, desniveladas, muita vez empoçadas. Não obstante José Raimundo haver obtido alvará de soltura em 8 de abril do mesmo ano, o diretor da Casa de Detenção decidiu averiguar a sua condição de africano livre, em vez de soltá-lo de pronto, provavelmente porque desconfiou que fosse escravo. Daí em diante a vida do angolano se complicou. Alegou que fora importado em 1838, na embarcação portuguesa *Flor de Luanda*, aprisionada pelos ingleses. Declarado africano livre, teve seus serviços concedidos à Santa Casa de Misericórdia. Ficou lá até 1847, quando o conselheiro José Clemente Pereira, administrador da Santa Casa, em reconhecimento aos seus bons serviços, lhe entregou um documento dizendo que era a sua carta de emancipação. Passara a viver no "gozo de sua liberdade" desde então. Ao ser preso e ter a sua condição de africano livre emancipado contestada, José Raimundo apresentou a carta que lhe dera o finado conselheiro José Clemente Pereira. Na perspectiva das autoridades, o africano livre "se julgou emancipado" pela carta do conselheiro, porém não o estava de fato, pois não seguira os procedimentos pertinentes para obter a emancipação. Consta que também havia em favor do africano uma carta "passada pelo Encarregado de Negócios de S. M. Britânica, nesta Corte", mas fiquei em dúvida sobre se a carta inglesa estava com ele e lhe fora entregue em 1847 ou se era de 1861, quando começara esse imbróglio, ou até de período posterior, e fora remetida diretamente ao governo pela legação britânica. A primeira hipótese é bastante possível, pois há outro caso, de Bernardo, de nação angola, "recolhido à Casa de Correção por suspeito de fugido" em agosto de 1855. Bernardo alegou ser africano livre e apresentou como documentos comprobatórios precisamente "cartas passadas pelo Encarregado de Negócios de S. M. Britânica nesta Corte datada de 31 de Outubro de 1846, e pelo Provedor da Santa Casa de Misericórdia datada de 1º de Novembro do mesmo ano". O ministro da Justiça à época ordenou que Bernardo fosse solto.[28] Ao que parece, tanto o conselheiro José Clemente Pereira quanto as autoridades consulares britânicas procederam do mesmo modo em relação aos dois angolanos, Bernardo e José Raimundo, e eles conservaram as cartas recebidas para recorrer a elas em situações de apuro, que vieram a seu tempo. José Raimundo foi enviado para a Casa de Correção e lá ficou; em abril de 1863, continuava na cadeia e se queixava de que a carta de emancipação conferida pelo conselheiro e entregue à polícia para provar a sua liberdade não lhe havia sido devolvida. Africanos livres emancipados, assim como libertos, sabiam da importância de se apegar aos papéis que apoiavam a sua alegação de liberdade. Não consta do dossiê documento que esclareça o final dessa história.

A referência à circunstância de haver cartas de autoridades consulares em favor de Bernardo e de José Raimundo traz o tema da atuação dos ingleses em defesa dos africanos livres, bastante visível ao menos desde a segunda metade da década de 1840. Em consulta da seção de Justiça do Conselho de Estado de 23 de abril de 1847, os conselheiros apreciaram uma nota de 22 de março do mesmo ano, da legação britânica ao ministro dos Negócios Estrangeiros, a respeito "dos negros que têm sido emancipados no Brasil pelo Tribunal da Comissão Mista".[29] O governo britânico queria "conhecer o seu estado e condição", solicitava que o governo brasileiro desse instruções ao curador dos africanos livres para que elaborasse um relatório sobre o assunto. Os conselheiros acharam que o pedido não procedia, pois "os Africanos libertados pela Comissão Mista, e que foram consignados ao Governo Imperial, se acham empregados em qualidade de criados, e trabalhadores livres". O governo imperial reconhecia a sua "obrigação" de "garantir a liberdade" daquelas pessoas, por isso não convinha "permitir à Legação Britânica neste país nenhuma fiscalização ou intervenção neste objeto". Resposta tão inconvincente deve ter motivado os ingleses a voltar à carga em 1848 para solicitar ao governo uma lista dos africanos livres existentes. Como não a obtiveram, o cônsul no Rio de Janeiro, Hesketh, recebeu ordens para organizar uma lista por conta própria, buscando contato com alguns africanos livres, pedindo para que esses dissessem aos outros que se apresentassem no consulado britânico, que ao menos mandassem os seus dados por intermédio de parceiros. Hesketh colheu informações entre novembro de 1849 e julho de 1851, chegando a uma lista de 857 africanos livres. W. D. Christie transcreveu parte do relatório de Hesketh, cujo conteúdo parece coincidir com bastante do que se encontra nos papéis da polícia e das prisões da Corte:

> [...] há razão para suspeitar que muitos dos africanos livres [*liberated Africans*] foram levados para o interior e vendidos, ficando desamparados em cativeiro ainda pior do que esses cujos nomes envio agora. Pelas declarações ouvidas aos africanos que vieram ao consulado, ficou claro o quanto estão desprotegidos, e o tratamento injustificável ao qual uma parte deles tem sido condenada. Vê-se que várias das mulheres tiveram filhos, e que uma parte dessas crianças foi batizada como escrava ou não teve o seu nascimento consignado nos registros paroquiais, e com toda probabilidade poucos desses nascimentos foram informados ao curador. Alguns dos africanos que se apresentaram deram os nomes de companheiros falecidos, afirmando em certos casos que haviam morrido devido ao tratamento bárbaro que tiveram.[30]

O autor do documento comentou ainda a farta distribuição de africanos livres entre "as classes respeitáveis", o fato de muitos desses africanos já terem cumprido havia muito o período legal de "servidão" devido àqueles que agiam como seus "verdadeiros senhores", que eles sequer gozavam da proteção que os senhores dedicavam aos negros de sua propriedade. Africanos empregados na Casa de Correção, nas obras públicas e no Arsenal de Guerra reclamavam de mau tratamento; só os lotados no Arsenal de Marinha pareciam bem alimentados e vestidos, saudáveis e contentes. O cônsul havia conversado com o curador dos africanos livres, que se declarara impotente para conter os abusos diante da influência dos concessionários junto ao governo.

De qualquer modo, pode-se imaginar o efeito de ter autoridades consulares inglesas a colher informações pela cidade e seus arredores, a convidar africanos livres para comparecer ao consulado e contar as suas histórias. Não só esses africanos ficaram mais informados sobre a usurpação de seus direitos, como essa movimentação toda fez circular histórias entre os africanos importados após 1831 que permaneciam ilegalmente escravizados. Em meados da década de 1850, o governo inglês pressionava o governo brasileiro para que concedesse cartas de emancipação a africanos livres que, segundo as informações de que dispunham, estavam na circunstância de serem beneficiados pelo decreto de 28 de dezembro de 1853.[31] É possível que as queixas frequentes de autoridades e funcionários a respeito de africanos livres "altivos" e "incorrigíveis", em especial na Corte, tivessem alguma relação com a proximidade e as iniciativas em favor deles por parte de diplomatas ingleses.

Não deve ser coincidência que a densidade e a quantidade de informações concernentes à rebeldia dos africanos livres na Corte sejam maiores na documentação policial e prisional do início da década de 1860, quando a representação britânica esteve a cargo de W. D. Christie. Christie menciona outra lista elaborada pelos funcionários consulares britânicos que lhe fora entregue em maio de 1860, mas que vinha sendo elaborada desde 1856, com os nomes de 1301 africanos livres cujos serviços haviam sido arrematados por particulares. Os aluguéis pagos ao governo eram baixíssimos, havia indicações seguras de que os africanos nada recebiam além de roupa e comida, muitíssimos deles tinham estourado havia tempo o período de catorze anos de prestação de serviços.[32]

Além de denunciar os abusos cometidos em relação aos africanos livres, a legação inglesa pressionava pelo reconhecimento da redução ilegal ao cativeiro dos outros africanos importados em desrespeito à lei de 1831, iniciativa que as autoridades brasileiras consideravam "subversiva", conforme já vimos ao abordar a apreensão do *Piratinin*, em 1851. Em 1854, por exemplo, os diplomatas ingleses passaram a observar as idades de escravos africanos anunciados para venda nas folhas da Corte, dirigindo reclamações e pedidos de investigação ao governo imperial quando encontravam indícios de ingresso posterior a 1831. Em 22 de maio de 1854, o chefe de polícia escreveu ao ministro da Justiça, Nabuco de Araújo, a respeito de nota enviada pelos ingleses ao Ministério dos Estrangeiros sobre anúncio publicado no *Jornal do Commercio*, no qual "se oferecia para alugar ou vender uma negra Africana de 18 a 20 anos", idade que por si só confirmaria a importação ilegal.[33] A polícia colheu informações detalhadas, descobriu que a africana, chamada Felicidade, fora escrava de dona Isabel da Costa, casada em segundas núpcias com João Martins de Paiva, que em 1847 a preta havia sido doada a Clara Tavares, enteada de João, por ocasião do casamento dela com José Mendes de Almeida. Em novembro de 1853, o casal vendera Felicidade a Manoel José de Faria, que então a tinha e queria alugar ou vender, por isso foi quem apresentou à polícia os documentos "de sisa, paga muito antes daquele anúncio, e da competente matrícula". Nesses documentos constava que Felicidade tinha 24 anos, e não dezoito a vinte como se dissera no anúncio, "com o fim unicamente, segundo me declarou a pessoa, que o mandou fazer, de mais chamar sobre ela a atenção dos compradores". Declarando-se não satisfeito com essas informações, o chefe de polícia mandou trazer Felicidade à sua presença, interrogou-a, constatou "ter com efeito mais de 24 anos, e falando perfeitamente o Português, e de maneira a bem passar por uma crioula, declarou-me ter vindo para aqui, quando muito criança em companhia de sua mãe, escrava também da mencionada dona Isabel". As "provas" nada provavam quanto ao ingresso legal da africana, como sabemos: sisa, matrícula e escritura de venda poderiam ser obtidos mediante declaração simples do proprietário, sem documento que certificasse a legalidade da importação original; afirmar que uma africana falava português como uma ladina ou crioula nada determinava quanto à época precisa da chegada dela ao país. Apesar disso, seguia-se a conclusão enfática de "que esta Africana não se pode por maneira alguma confundir com os Africanos ultimamente importados, e nem mesmo com razão dizer-se que foi importada depois da abolição do tráfico".

No dia seguinte, houve outro ofício com enredo idêntico, concernente ao "moleque" Pedro, anunciado no *Jornal do Commercio* no mesmo dia de Felicidade. Tudo igual, um desfile de informações sobre vinda da Bahia, compra e venda de lá para cá, daqui para lá, conforme vida de escravo, até virar "cousa" pertencente a Manoel Coelho Moreira. Fora este quem anunciara Pedro como "moleque", erro crasso, pois o chefe de polícia tinha diante de si "um preto já barbado, se bem que moço", como se não houvesse rapaz barbado de dezenove, vinte anos. Mas o documento da sisa atribuía 29 anos ao preto, logo fora outro exemplo de cativo anunciado para venda com idade inferior à realidade "unicamente com o fim de mais excitar o desejo de o procurarem". Ao menos esses proprietários admitiam o hábito de mentir, quem sabe até sobre que mentira contavam naquela ocasião. O ministro da Justiça, Nabuco de Araújo, limitou-se a encaminhar as informações ao ministro dos Estrangeiros, que tinha de lidar com os ingleses.

Desculpem-me perder a paciência diante de tanta lorota. Christie escreveu algumas linhas sobre esses anúncios de africanos com idades que constituíam confissão de sua importação por contrabando. O parágrafo dele começa assim: "Esses escravos ilegais estão a todo momento e por toda parte em presença das autoridades brasileiras, *mas eles não são vistos*" (grifo meu).[34] A lei de 1831 ensinara as autoridades imperiais a silenciar, a mentir e a não ver. Às vezes, confessavam isso mesmo. Em 5 de agosto de 1854, o chefe de polícia, Teófilo Ribeiro de Resende, oficiou a Nabuco de Araújo a respeito dum anúncio de venda de vários escravos em leilão organizado pelo consulado geral de Portugal.[35] Antônio Cabinda e Manoel Benguela figuravam com idades de 22 e 23 anos, respectivamente, o que levava a supor importação posterior à lei de 7 novembro de 1831. O chefe de polícia fez diligências, observou os africanos, que lhe pareceram "muito ladinos" e "tinham para mais de 30 anos". As idades publicadas no jornal se deviam ao costume dos proprietários de "diminuir as idades dos escravos que anunciam para vender", de modo a "atrair concorrentes". Havia mais cativos listados no referido anúncio e esperava-se que o chefe Teófilo colhesse informações sobre eles também. Quiçá cansado de fazer essas investigações, comuns naqueles dias devido à insistência da legação britânica, o chefe de polícia prosseguiu da seguinte maneira:

> Ora se isto aconteceu acerca dos dous escravos mencionados a respeito dos quais se tornaram estéreis as diligências [...] com muito mais razão e fundamento seriam infrutíferas se se instituíssem a respeito dos outros escravos compreendidos no mesmo anúncio, por se dizer que dois deles de nomes César Benguela, e Joaquim Mina tinham 24 anos, e 25 Matias Quilimane; porquanto, se pode-se [sic] supor que foram também importados depois de promulgada e executada a sobredita lei, igualmente se deve ou pode presumir que foram antes, com a idade de um ou dous anos, o que não era cousa impossível, visto que naquela época podiam vir escravos até com um mês de idade, trazidos juntamente com suas mães, ou no ventre delas, e ainda hoje teriam 23 anos incom-

> pletos. Por estas razões não julguei dever fazer diligências a respeito dos três últimos escravos mencionados, e indicados no Aviso [...], sendo que se fosse cousa precisa providenciar acerca d'escravos que se anunciam, dando-se-lhes a idade de 24 e 25 anos, só por se supor que podiam bem ser importados depois da Lei citada, *a mesma suposição pode e deve haver acerca de todos os escravos Africanos entre nós existentes*, quaisquer que sejam suas idades, por isso que podiam bem ser importados depois da dita Lei, tendo 5, 10, 15 e mais anos, *o que não me parece de modo algum conveniente fazer em nossas atuais circunstâncias, salvo o caso de haverem escravos novamente importados, e de não restar a respeito deles a menor dúvida* [grifos meus].

O chefe Teófilo esbanjou sinceridade e foi preciso ao mostrar que não havia razão outra que não de conveniência política para proceder de modo a ignorar a presença de africanos ilegalmente escravizados diante dele próprio e de outras autoridades. O objetivo era resistir à pressão, dos ingleses ou donde viesse, para alargar o significado de "africanos livres", reconhecendo nessa condição todos os africanos importados após a lei de 1831, e não apenas aqueles apreendidos nas ações de repressão ao tráfico. Ao que parece, o ministro da Justiça encaminhou esses papéis ao Ministério dos Estrangeiros sem comentário, decerto por estar de acordo com o que dizia o chefe de polícia. Ademais, o governo imperial permaneceu vigilante em relação ao Judiciário, preocupado em evitar guarida a ações judiciais que defendessem o direito à condição de africano livre de pessoas que não houvessem sido formalmente apreendidas em navios negreiros ou logo após desembarcar deles.

Nabuco de Araújo era ministro da Justiça no gabinete comandado pelo marquês de Paraná, que subira ao poder em 6 de setembro de 1853, conhecido por sua política de "conciliação" dos partidos e arrefecimento das paixões políticas. A essa altura, a doutrina do governo imperial em relação à lei de 1831 estava consolidada e podia ser enunciada sem rodeios. Abandonada a ideia de Barbacena de extingui-la por ato legislativo, que atravancara as discussões sobre o modo de dar fim ao tráfico negreiro em 1837 e 1848, a sua prescrição prática estava em pleno vigor. Em 20 de setembro de 1853, apenas duas semanas após a posse do gabinete, o então visconde de Paraná discursou no Senado ainda no rescaldo do desembarque do Bracuí, com vários parlamentares preocupados diante do intuito do governo de ampliar a competência dos auditores de Marinha na repressão ao contrabando em terra.[36] Disse o visconde:

> Pretende-se que a disposição de que se trata assista [assusta?] aos proprietários possuidores de escravos; e o orador julga que com efeito ela pode causar algum susto se for executada indiscretamente. Mas *os pacíficos fazendeiros que têm escravos anteriormente adquiridos, qualquer que tenha sido a maneira por que os compraram*, não devem esperar perseguição alguma da parte do governo, porque este tem em consideração o estado do país e as desordens que poderia suscitar uma inquirição imprudente sobre o passado, em que há tão grande número de compreendidos [grifo meu].[37]

Ao abordar a participação do pai como ministro da Justiça no gabinete Paraná e comentar a questão da lei de 1831 nesse contexto, Joaquim Nabuco observou que a "prescrição" da referida lei havia se convertido "em razão de Estado". Para aquela geração, dizia ele, "pareceu sempre mais fácil abolir a escravidão de um golpe do que fazer cumprir retrospectivamente a lei de 7 de Novembro".[38] Nem uma cousa, nem outra. Ou talvez Joaquim Nabuco estivesse certo, pois a realização da segunda implicaria encerrar na cadeia boa parte da gente graúda do país, incluídos aí os "pacíficos fazendeiros" e seus representantes no Parlamento. Quanto ao "grande número de compreendidos" na lei de 1831, quer dizer, os cerca de 750 mil negros escravizados à sua revelia, cabia evitar que fizessem valer os seus direitos na justiça. Joaquim Nabuco transcreveu um ofício "confidencial" do ministro Nabuco de Araújo ao presidente da província de São Paulo sobre o tema, de 22 de setembro de 1854. Em Jundiaí, acontecera de a polícia prender o africano Bento como escravo fugido, evento rotineiro país afora. Uma pessoa se apresentou dizendo que o negro lhe pertencia, que tinha título de compra. No entanto, o juiz de direito local desconfiou que o africano tivesse sido importado após a lei de 7 de novembro de 1831, por isso fez exames, interrogatórios. Depois encaminhou Bento ao chefe de polícia, juntando as provas que obtivera. O resto do documento é interessantíssimo:

> Deploro com V. Ex. que o Juiz de Direito por um rigor contrário à utilidade pública e pensamento do Governo levasse as coisas ao ponto a que chegaram. Louvo os escrúpulos e hesitação do Chefe de Polícia e de V. Ex. na colisão que se dá entre a Lei e a prescrição que o Governo se impôs com a aprovação geral do país e por princípios de ordem pública e alta política anistiando esse passado cuja liquidação fora difícil, cujo revolvimento fora uma crise. O Governo estabeleceu essa prescrição para si e seus agentes e até onde chega a sua ação; nada pode ele em relação ao Poder Judiciário. O império das circunstâncias o obriga, porém, a fazer alguma coisa senão direta, ao menos indiretamente, a bem dos interesses coletivos da sociedade, cuja defesa incumbe ao Governo. Não convém que se profira um julgamento contra a Lei, mas convém evitar um julgamento em prejuízo e com perigo desses interesses, um julgamento que causaria alarme e exasperação aos proprietários. Está dito o meu pensamento [...].[39]

Em escrita elegante, mas incisiva, Nabuco de Araújo, investido da autoridade de ministro da Justiça, considerava condenável a conduta de um juiz de direito que queria cumprir a lei com rigor; reduzia os "interesses coletivos da sociedade" aos dos grandes proprietários de terras e escravos; reconhecia a separação dos poderes Executivo e Judiciário, mas sugeria claramente que o tal juiz de direito tinha de ser pressionado, sabe-se lá por que meios, para que não cumprisse o seu dever. A força da escravidão, chamada aqui eufemisticamente de "império das circunstâncias", transformara em "razão de Estado", na expressão de Joaquim Nabuco, a defesa da prevaricação e da anistia aos perpetradores costumeiros do crime de escravizar negros ao arrepio das leis do país. Em 1837, o senador Teixeira de Gouvêa tentara articular alguma saída que, ao mesmo tempo, contemplasse os interesses da classe proprietária e preservasse as instituições do país, livrando-as da contingência de se estruturar na veia da corrupção e do casuísmo. O mal-estar se prolongou ao longo dos anos 1840, com o impasse em torno da lei de 1831 chegando a derrubar o gabinete liberal de 1848. Em meados dos anos 1850, a classe dominante do país — burocracia governante e grandes proprietários de terras e escravos — se "conciliara" em torno da defesa da escravidão a qualquer custo, tornando o Estado imperial fiador de uma instituição que, naquele momento, ramificava a ilegalidade e a corrupção pela sociedade inteira. Estava aí "o ponto a que chegaram" as cousas, na frase de Nabuco de Araújo, mas sem o "espírito" original dela.

Todavia, a escala da ilegalidade era tamanha que instantes de perigo continuariam a ocorrer. Não se deve subestimar a dificuldade de arrolhar o Judiciário num país inteiro, fazê-lo uniformemente infenso aos direitos daqueles escravizados ao arrepio da lei, pois a dependência em relação à instituição da escravidão variava muito nas diversas regiões e províncias. Christie comentou brevemente um caso de 1863, de uma mulher chamada Henriqueta, detida na Casa de Correção da Corte, cujo registro como africana livre teria desaparecido. Ela entrara na justiça contra o seu suposto senhor, que fora intimado a apresentar documentos que provassem os seus direitos de domínio sobre ela. Como tais documentos não foram entregues, o juiz municipal, Silveira Martins, "apesar de grande oposição", declarou Henriqueta "africana livre" e a depositou na Casa de Correção para que recebesse a sua carta de emancipação, pois já cumprira os catorze anos de serviços. Todavia, Henriqueta estava na cadeia havia seis meses sem que o governo resolvesse a sua situação. Ao aventar a história, ao que parece baseado em notícia que lera no *Jornal do Commercio*, Christie desejava sublinhar de novo os abusos cometidos contra os africanos livres; outrossim, sugeria a dificuldade de fazer valer os direitos deles mesmo quando um juiz parecia disposto a agir conforme a lei.[40]

Na realidade, o relato de Christie deixa claro que ele tivera acesso a uma versão truncada da história de Henriqueta, pois o caso fora bastante mais lesivo aos direitos da africana e potencialmente delicado para o governo imperial. Em sua petição, de junho de 1863, o curador da africana, Francisco Belisário Soares de Sousa, alegou que ela tinha direito a receber a sua carta de emancipação segundo o estabelecido na lei de 28 de dezembro de 1853.[41] Acrescentou que Henriqueta vinha prestando serviços a Antônio Carlos Rodrigues da Silva, "a quem sempre considerou como seu responsável", porém se descobrira que esse senhor não tinha direitos sobre ela. Juntava-se uma certidão passada pelo curador dos africanos livres, tirada do "abecedário geral das pessoas a quem se acham confiados africanos livres", no qual não havia o nome do suposto arrematante de Henriqueta. Intimara-se Rodrigues da Silva a exibir os documentos que provassem o seu direito aos serviços da africana. Em vez disso, aparece um depoimento detalhado dele, pelo qual se deduz que Henriqueta nunca fora formalmente africana livre, mas sim ilegalmente escravizada com a intermediação de ninguém menos do que o finado visconde de Macaé, duas vezes ministro de Estado na década de 1840, uma delas presidente do conselho (gabinete de 8 de março de 1848), conselheiro de Estado e senador.[42]

Segundo o relato de Rodrigues da Silva, ao casar com dona Rita Emiliana Pereira de Castro, ele encontrara a preta Henriqueta a servi-la. Buscou informações sobre a condição dela, por não haver encontrado os documentos pertinentes. Descobriu que o comendador Antônio Luiz Fernandes Pinto pedira ao visconde de Macaé uma africana menor para o serviço de sua sobrinha, a dita dona Rita. Viera primeiramente uma negra muito doente, que "principiava a encanecer", por conseguinte o comendador a devolveu pelo portador que a trouxera, "por não estar no caso do pedido para o serviço de uma menina". Alguns dias depois, remetida de novo pelo visconde de Macaé, chegara "uma negrinha também bastante doente, porém de catorze a quinze anos, e declarou ela mesmo chamar-se Henriqueta, e ser de nação Benguela". Nenhum papel acompanhara a chegada de Henriqueta, nada que a indicasse como africana livre ou como cativa do próprio visconde, "que no empenho de satisfazer o pedido é possível que remetesse uma de sua propriedade, em falta da africana pedida, *o que naquela época era fácil*" (grifo meu).

Essa observação de Rodrigues da Silva, mais o comentário de que a negrinha aparecera "bastante doente", são indícios fortes de que Henriqueta acabara de ser importada no tráfico negreiro ilegal. Parecia senso comum que os africanos chegavam da travessia em más condições de saúde, no mínimo tinham sarnas e outras doenças de pele, além de estarem magros e abatidos. O depoente disse que Henriqueta fora entregue em 1846, "para mais ou menos"; o visconde de Macaé ficara ministro do Império até o início de maio de 1846, logo é possível que ao mesmo tempo tenha sido ministro e se beneficiado do que "naquela época era fácil", ou seja, se tornado proprietário de africanos contrabandeados até o ponto de dar de presente uma dessas africanas à sobrinha de um camarada comendador. Seja como for, Rodrigues da Silva encontrou a preta em casa, a servir a esposa, mas ela não era africana livre, pois "nenhuma reclamação se apresentou por seus salários"; tampouco havia papel de doação do visconde que a desse como escrava, por conseguinte não podia matriculá-la enquanto tal, "porque a isso se opunha a minha consciência". Resolveu se certificar de que ela não era mesmo africana livre. Tirou-lhe "as marcas do braço esquerdo", e com o nome, nação, data, mais os nomes de dona Rita e do próprio visconde de Macaé, possíveis concessionários, foi ao curador dos africanos livres e nada encontrou. Disse mais, que em julho de 1859 tinha contado essa história toda no juízo de órfãos. Enquanto isso, o fato é que Rodrigues da Silva continuava a alugar a africana, como ama de leite ou para outros serviços, e a receber os seus salários, até que Henriqueta arrumou curador e procurou o juízo municipal em meados de 1863, provavelmente alertada quanto a seus direitos pela própria movimentação do suposto senhor ou arrematante para esclarecer a situação. O juiz municipal, Gaspar Silveira Martins, proferiu sentença favorável à Henriqueta, ou seja, considerou-a africana livre, "atendendo que o réu expressamente declara não ser senhor da Autora, nem pretender reduzi-la à escravidão". Outrossim, Silveira Martins determinou que Rodrigues da Silva tinha de abrir mão dos serviços de Henriqueta, o que parece ter sido golpe duro à "consciência" do mancebo, que argumentou que "seu tempo legal" de serviço como africana livre "não havia terminado". Rodrigues da Silva criava embaraços à liberação de Henriqueta, que ao que parece permanecia na Casa de Correção quando se interrompem as informações constantes do dossiê, em janeiro de 1864.

A densidade de informações sobre a história de Henriqueta é caso raro, encontrá-la um golpe de sorte do historiador. A raridade do dossiê se explica pela conduta de Rodrigues da Silva, consciencioso e desajeitado na mesma medida, a oferecer informações copiosas sobre o modo como as redes de relações pessoais infiltravam os africanos contrabandeados na sociedade, a falar tanto que obrigou o juiz municipal a reconhecer a condição de africana livre de alguém que não havia sido apreendida na repressão ao tráfico em mar ou logo após o desembarque. Via de regra, as tentativas de firmar a condição de africano livre nos tribunais naufragavam. Em 1865, a preta Júlia entrou na justiça contra sua senhora, Maria Joana do Espírito Santo, alegando que era africana livre e prestara serviços por mais de vinte anos, estando por conseguinte na situação de "obter a sua liberdade" segundo as disposições dos decretos de 28 de dezembro de 1853 e 24 de setembro de 1864.[43] Júlia disse que "pertenceu a um lote de seus companheiros, aqui importados no ano de 1845, e que vinham remetidos para a Ponta do Caju, desta Corte, onde foi achada à noite por Joaquim José Madeira, que dela fez entrega à notificada, sua filha, em cujo poder tem estado até hoje, intitulando-se sua senhora, e querendo ultimamente vendê-la". Esta última informação sugere que Júlia se animou a lutar contra o seu cativeiro em parte para evitar ser vendida, talvez para fora da Corte ou para senhor que não fosse de seu agrado. Segundo o juiz que proferiu sentença contra a negra, ela não provara a sua história, salvo quanto ao fato de morar "sobre si" na Corte e ter a sua condição de livre reconhecida por vizinhos, companheiros e fregueses em seu ofício de lavadeira. A senhora refutou a versão de Júlia, alegando que ela havia sido importada antes de 1838 e fora escrava do inglês Guilherme Erving em Ubatuba. O pai a arrematara em praça quando da morte do inglês e a dera de presente à filha, Maria Joana. Desnecessário dizer que, se a preta Júlia não provara ter sido importada após 7 de novembro de 1831, tampouco a senhora ofereceu documento que comprovasse a importação dela antes disso — limitou-se a argumentar que viera antes de 1838. Nesses processos cíveis atinentes à lei de 1831, contrariamente a outros em que a liberdade estava em litígio, *in dubio pro* escravidão.

Em março de 1867, a "crioula" Isadora, por seu curador, entrou na justiça contra seu senhor, Joaquim Antônio Teixeira, alegando que era filha da africana livre Josefa, logo tinha direito à liberdade.[44] História por natureza explosiva, pois levantava a questão do direito à liberdade não só dos africanos ilegalmente importados, mas de seus descendentes, gente crioula, brasileira, a nascer indevidamente no cativeiro a cada dia. Josefa, a mãe de Isadora, não tinha a condição formal de africana livre, mas se afirmava que havia sido importada após a lei de 1831 e que a sua "originária senhora", Maria Tereza de Jesus, "nunca pagou a sisa da compra dessa escrava, nem de qualquer outra". Fora Maria Tereza quem batizara Isadora como escrava, filha de Josefa, "de nação", sua suposta cativa. Maria Tereza de Jesus havia vendido Isadora a Pachedo de Medeiros, que a vendera ao casal Maria Augusta e Leopoldino Passos, que a vendera a Joaquim Antônio Teixeira... Vendas repetidas constituíam o tipo de experiência que fazia a "cousa" se rebelar, fugir, buscar direitos na justiça. Em sua defesa, Teixeira, o senhor de Isadora à época, se limitou a dizer que a mãe dela, Josefa, fora mesmo escrava de Maria Tereza de Jesus, "e sempre como tal foi considerada, sem reclamação alguma, sendo falsa a asserção de ser ela africana livre". No fundo, ninguém provara o que alegava. *In dubio pro* escravidão, em consequência "todos os argumentos da autora são destituídos de fundamento".

Apesar do insucesso dessas tentativas de obter reconhecimento da condição de africano livre por via judicial, parece relevante que tenham ocorrido na década de 1860, quando se registraram casos que tais noutras paragens, em especial os promovidos por Luiz Gama na capital da província de São Paulo, em situações que tiveram repercussão na imprensa e devem ter preocupado governo e fazendeiros quanto ao que poderia acontecer nos tribunais em anos vindouros.[45] O governo imperial teve quiçá a esperança de que alguns dispositivos da lei de 28 de setembro de 1871, em particular no que concerne à matrícula especial, obrigatória para todos os cativos, pudessem "estabilizar" a propriedade escrava, no sentido de criar enfim um critério uniforme de comprovação documental desse tipo de propriedade. Nesse sentido, passaria a existir um jeito de invalidar de antemão tentativas judiciais de alargar a aplicação do conceito de africano livre. Não obstante, brechas apareceriam mesmo após 1871, por exemplo, para utilizar as idades declaradas dos africanos matriculados no intuito de alegar importação após 1831. Por outro lado, o fato de até hoje não termos notícia de nenhuma avalanche de ações de liberdade baseadas na lei de 1831, mesmo nas décadas de 1870 e 1880, sugere que o Judiciário, por moto próprio e pressão do governo, cedeu à "razão de Estado", ou ao "império das circunstâncias" — isto é, continuou a negar aos africanos contrabandeados e seus descendentes o seu direito à liberdade e a sustentar a ficção de legalidade de boa parte da propriedade escrava existente no país.[46]

Para fechar este capítulo, que já vai longo, antes que meus leitores fechem o livro, conto outra história que mostra a impossibilidade de viver sem sobressaltos em meio a uma ilegalidade de tamanha escala. Em 28 de outubro de 1874, a seção de Justiça do Conselho de Estado se reuniu para apreciar um ofício do presidente da província do Rio Grande do Norte, João Capistrano Bandeira de Mello Filho, a respeito de africanos que reivindicavam a liberdade alegando terem sido importados após a lei de proibição do tráfico de 1831.[47] Os africanos estavam listados no inventário de um senhor de engenho, mas haviam dirigido uma petição ao chefe de polícia explicando os motivos pelos quais pensavam ter direito à liberdade. O que espantou os conselheiros foi que o chefe de polícia da província achara que havia ali matéria para investigar, por isso encaminhou a petição ao promotor público, que decidiu interrogar os africanos, obteve "valiosos documentos" para comprovar a história deles e entregou tudo ao juiz municipal, para proceder segundo a lei. Nesse ponto, o herdeiro do falecido, um "bacharel", protestou ao presidente da província, pois "o procedimento" do juiz municipal "tem levado a perturbação e a desordem às fábricas de seus Engenhos". O presidente da província, porém, considerou que estava tudo conforme a lei, ao que parece sem suspeitar que residia aí precisamente o problema, e deu prosseguimento ao caso, limitando-se a enviar "vinte praças" para o local para garantir a ordem, ainda que não tivesse "receio de que seja alterada".

Pasmos diante do que se apresentava, os conselheiros passaram um longo sabão no presidente do Rio Grande do Norte, dizendo-lhe que o "negócio não é tão simples", "é muito grave pelo seu alcance e consequências". Fizeram várias considerações para reafirmar a ideia de que não cabia investigar o direito à liberdade daqueles africanos, que só aqueles que haviam sido apreendidos em mar ou imediatamente após o desembarque tiveram a sua condição de "africanos livres" reconhecida. A lei de 7 de novembro de 1831 e o decreto de 12 de abril de 1832 não sustentavam a pretensão de liberdade dos escravos, a começar pelo fato de que não se podia confundir libertos com africanos livres, como já vimos. Outrossim, a lei de 5 de junho de 1854 havia estabelecido a competência do auditor de Marinha quanto aos "escravos apreendidos posteriormente ao desembarque", não importando qual fosse "a distância da costa em que esses escravos se achassem". Destarte, "ao foro comum só compete a liberdade que não provém do tráfico, mas de outros fatos lícitos ou ilícitos, por exemplo, a do escravo que saiu do Império e voltou a ele; a do homem livre reduzido à escravidão, a do que se quer remir etc.". Depois desse argumento de aparência jurisprudencial, os conselheiros resolveram dizer a verdade. Quanto aos africanos não apreendidos na repressão ao tráfico, estava em vigor uma "prescrição dos fatos passados", que "se funda em evidentes reclamações de ordem pública"; "seria uma medida revolucionária arrancá-los sem indenização de seus senhores"; "essa ideia, infelizmente apoiada pela autoridade pública", equivalia a "uma propaganda de insurreição", seria "funesta nas Províncias, onde há grande aglomeração de escravos". Em suma, não havia suporte legal algum para a opinião dos conselheiros, que se mantinham fiéis ao "império das circunstâncias". Havia apenas 13 mil cativos na província do Rio Grande do Norte segundo o censo de 1872, explicação possível para a indiferença olímpica de seu presidente em relação aos perigos de aplicar a lei de 1831. Os conselheiros de Estado reprovaram a conduta da autoridade provincial, o ministro da Justiça concordou, o imperador rubricou. Só não sei o que foi feito para enquadrar o Judiciário local.[48]

8. Que se cumpra a lei

Quando era ministro da Justiça, recomendou ao presidente da província de São Paulo que fizesse alguma cousa, "senão direta, ao menos indiretamente", para impedir que um juiz de direito reconhecesse a liberdade do escravo Bento com base na lei de 1831. Como conselheiro de Estado, foi um dos signatários, ao lado de Eusébio de Queiróz e do visconde de Jequitinhonha, de parecer que proibia terminantemente a imigração de negros livres para o Brasil.

Houve um artigo da lei de 7 de novembro de 1831 o qual o governo imperial se empenhou em fazer cumprir com rigor, ou ao menos não há indício de que tenha havido interesse em flexibilizar a sua aplicação. Pelo contrário, ocorreram tentativas claras de alargar o seu entendimento, de torná-lo mais abrangente. Tratava-se do artigo 7º, que dizia assim: "Não será permitido a qualquer homem liberto, que não for brasileiro, desembarcar nos portos do Brasil debaixo de qualquer motivo que seja. O que desembarcar será imediatamente reexportado". Não obstante o caráter sumário das informações constantes dos anais parlamentares a respeito da discussão e aprovação da lei de 7 de novembro de 1831, um breve discurso do deputado Montezuma, na sessão de 5 de agosto, sugere motivos para a inclusão de semelhante artigo.[1] A Câmara estava à espera de que o projeto viesse do Senado, Montezuma marcava posição quanto à necessidade de legislação específica para combater os contrabandistas, que continuavam a importar africanos apesar dos compromissos internacionais do país que proibiam o tráfico, contudo alegava que se devia providenciar também para evitar a entrada de libertos. Segundo ele, "dos Estados Unidos, da costa d'África e de muitas outras partes são remetidos para aqui os refugos dos libertos, que nos vêm servir de maior peso do que vêm aumentar o número de braços capazes de se empregarem em objeto produtivo". "Todos sabem", prosseguia ele, que os Estados Unidos haviam estabelecido "uma república denominada Libéria", para onde iam "libertos africanos". Todavia, quando não conseguiam mandá-los para lá, faziam "ajustes com eles, adiantam-lhes ajudas de custo", de modo a convencê-los a ir para São Domingos, Brasil etc. Outrossim, Montezuma explicou que os traficantes andavam utilizando o golpe de importar africanos declarando-os "nas alfândegas do Brasil como libertos de Angola, Moçambique, etc."; introduzidos os negros, acabavam vendidos em leilões ou "de outro qualquer modo".

Tomou a palavra em seguida o deputado Rebouças, para apoiar a ideia de Montezuma. Se Montezuma se referia a "refugos dos libertos" que poderiam vir de outros países, Rebouças torcia o tema para focalizar libertos africanos que já estavam no país e que deveriam deixá-lo, "pois eles não querem trabalhar". Para conseguir esse objetivo, dizia que bastava ao governo cumprir "leis existentes" que proibiam os estrangeiros de "vender a retalho" no Brasil. Os africanos libertos levariam a vida a vender panos da costa, berimbaus etc.; por conseguinte, se privados desse meio de subsistência, "sairiam imediatamente do país". A retórica de Rebouças, generalista quanto à ideia de ociosidade dos libertos não importa a sua procedência, quanto à dificuldade de submetê-los às condições vigentes de exploração do trabalho nas fazendas, se aproxima mais de outros pronunciamentos do período sobre eles, alguns dos quais já citados, outros por vir.[2]

Apesar de o intuito original de Montezuma ter sido a elaboração de um projeto específico proibindo qualquer "homem liberto não brasileiro" de "desembarcar nos portos do Brasil",[3] adotou-se por fim o alvitre de incluir o artigo 7º no texto da lei de 7 de novembro de 1831. Em 25 de janeiro de 1834, o chefe de polícia Eusébio de Queiróz oficiou ao ministro da Justiça para dirimir uma "dúvida": "Proibindo o Artigo 7º da Lei de 7 de Novembro de 1831 a entrada de estrangeiros 'libertos' [...], esta expressão compreende todos os estrangeiros de cor, ou os libertos somente no sentido da Constituição?".[4] Percebe-se que a resposta à consulta de Eusébio estava contida na pergunta dele, pois a lei rezava expressamente que a proibição concernia a "libertos", dizia respeito à condição legal de ex-escravo. No entanto, o chefe de polícia pretendia alargar o escopo da proibição, fazendo-a uma interdição à entrada de "todos os estrangeiros de cor", enfim, atribuindo ao artigo um critério racial. O ensejo da consulta foi se apresentar na Corte "um homem preto", ao que parece natural de

Moçambique (a palavra está abreviada e, aos meus olhos, é de difícil leitura), vindo com passaporte de Lisboa e solicitando autorização para residir no país. A resposta do ministro, Aureliano de Souza e Oliveira Coutinho, foi a de que o referido africano "é compreendido no artigo 7º da Lei de 7 de Novembro de 1831". No verso do ofício, consta que a resposta seguiu em 28 de janeiro de 1834, anexado o passaporte "do Preto liberto". Em 26 de janeiro haviam aportado outros dois homens, da ilha do Príncipe, chamados Manoel José e José Caetano, mas esses estavam sem passaporte. Anotou-se que eram "pretos forros", "que portanto os não deixe desembarcar e os faça sair do Império".

Ao reparar bem, nota-se que o provável moçambicano, "um homem preto", já virara "Preto liberto" quando da devolução de seu passaporte. Manoel José e José Caetano não traziam passaportes, logo pode ser que a condição de "pretos forros" lhes fosse atribuída pelas autoridades imperiais, em vez de asseverada por eles. Em resumo, o sentido do artigo 7º, na interpretação da polícia e do Ministério da Justiça, deslizava de "homem liberto, que não for brasileiro" para a proibição de ingresso no país de quaisquer pessoas negras livres ou libertas "que não provarem ser cidadãos Brasileiros", conforme outro ofício de Eusébio ao ministro, em 21 de março de 1835.[5] Todavia, a conduta adotada pelo governo extrapolava em muito o escopo da lei de 1831 e provocava reclamações de autoridades estrangeiras. Por conseguinte, mudou-se a estratégia por meio de um aviso do Ministério da Justiça de 9 de maio de 1835:

> Tendo o Governo Imperial de fazer *cumprir religiosamente* a Lei de 7 de Novembro de 1831 acaba de expedir Circulares a todos os Encarregados de Negócios e Cônsules Brasileiros, residentes em países estrangeiros, para participarem aos respectivos Governos, e publicarem pelas folhas, que aos Chefes de Polícia do Império se

> tem determinado que não consintam desembarcar, ou residir em qualquer Província dele, homem algum de cor, que chegue de fora do Brasil, quando no seu passaporte não venha declarada a sua qualidade de ingênuo, e mesmo assim abonada essa qualidade por aqueles Cônsules, ou Encarregados de Negócios, que existirem nos lugares d'onde vierem, [...][6] [grifo meu].

Em outras palavras, qualquer negro estrangeiro livre que quisesse ingressar no país era tido por liberto, salvo a certificação de sua condição de ingênuo — isto é, de ter nascido de ventre livre, de nunca ter vivido em cativeiro — pelas autoridades consulares brasileiras de seu local de partida. Desse modo, sem contradizer a letra da lei de 1831, criava-se um empecilho poderoso à entrada de negros livres no país, pois qualquer ingressante em potencial tinha o ônus da prova de sua condição de ingênuo.

Em outubro de 1835, Eusébio buscava modo de garantir a reexportação de marinheiros escravos e "libertos de cor" vindos à Corte como parte da tripulação de navios.[7] A polícia utilizava o procedimento de não permitir a saída dos navios "que os trazem, sem que apresentem à visita os mesmos homens de cor, com que entraram". A linguagem do chefe de polícia escorregou maciamente da descrição de condições civis — "escravos" —, ou mistas — "libertos de cor" —, para a adoção de critério apenas racial — "homens de cor". Ele achava necessário implementar medidas mais fortes, por isso propunha que, à chegada, os comandantes dos navios depositassem trezentos mil-réis por cada "pessoa de cor" que trouxessem e assinassem termo de responsabilidade por elas. Os comandantes levantariam o depósito à saída, ao se constatar a presença da "pessoa de cor" a bordo; se não estivesse lá, o governo reteria o dinheiro depositado para custear a reexportação posterior dela. O próprio Eusébio tinha dúvidas sobre a medida que cogitava, pois podia ser "arbitrária". A parte relativa ao depósito não parece ter sido adotada, porém a assinatura do termo de responsabilidade de reexportação virou praxe. Em janeiro de 1839, por exemplo, Izidoro Manoel Carrazedo viajou de Moçambique para a Corte numa galera portuguesa "trazendo em sua companhia como criados dois Africanos".[8] A polícia fez o capitão do navio assinar termo de reexportação dos africanos, em cumprimento à lei de 7 de novembro de 1831 e ao decreto de 12 de abril de 1832. Dias depois, Izidoro solicitou permissão ao chefe de polícia para reexportar os seus dois criados em outra embarcação. Desde que os africanos saíssem, tudo certo, foi a resposta; o contrário seria "inadmissível por ilegal".

O artifício de alargar na prática o sentido do artigo 7º da lei de 1831 por meio da exigência de prova da condição de ingênuo aos negros que chegavam aos portos brasileiros deve ter sido barreira eficiente ao ingresso deles. Às vezes se encontram registros de reclamações desses negros, e o modo de o governo lidar com elas deixa ver o tamanho da dificuldade que se lhes impunha. Em 5 de fevereiro de 1836, Eusébio oficiou ao ministro Limpo de Abreu para comunicar que resolvera abrir uma exceção e permitir o desembarque de Antônio João de Carvalho, que viera de Luanda "a fim de se ordenar"; todavia, o angolano teria de assinar "termo de sair do Império logo que tomar ordens".[9] Em sua petição, assinada de próprio punho, Carvalho reclamava que o seu desembarque havia sido "embaraçado" devido ao "simples acidente da cor", sendo o capitão do navio compelido a assinar termo de reexportá-lo. No entanto, argumentava, viera no intuito de se preparar para o sacerdócio, precisava de permissão para o "livre desembarque". Além disso, a lei de 7 de novembro de 1831 "apenas determina no Artigo 7º que não será permitido a qualquer homem liberto o desembarcar nos portos do Brasil; porém o Suplicante não é liberto, é sim livre, e como tal nasceu"; e arrematou lembrando que "a lei atendeu só à condição e não à cor". Em suma, o negro angolano via tudo com absoluta nitidez. Não é possível saber se Eusébio cedeu à razão, ou se Carvalho, bem articulado como era, tinha protetores na Corte que lhe valeram nessa hora.

A regra nessas histórias era a reexportação do africano, sumária, sem que tenhamos detalhes da situação.[10] Às vezes aprendemos um pouco sobre as personagens, como no caso de João Francisco, de nação quelimane, que viera de Montevidéu como cozinheiro de um navio em março de 1838.[11] O capitão tivera de seguir a praxe de assinar termo de reexportá-lo. No entanto, João Francisco reclamava que o tal capitão não lhe pagara os salários; ademais, não era liberto, tinha até mesmo um papel do "punho do Amo" a quem servira de 1825 a 1830. Por fim, não trouxera o documento exigido quanto à sua condição de ingênuo porque "não sabia da necessidade" dele. Em resposta à petição do africano, Eusébio citou a lei de 1831, o aviso de maio de 1835 e resumiu o sentido das cousas: "homens de cor", "para serem julgados ingênuos", precisavam da declaração do cônsul que lhes abonasse essa "qualidade"; do contrário, ficavam "libertos" e obrigados à reexportação. "Indeferido", pois, o pedido do quelimane João Francisco.

As tentativas de revogar a lei de 1831, em 1837 e 1848, incluíam nos projetos substitutivos a reformulação do artigo 7º, cujo conteúdo se agregava ao do artigo 1º, de modo a fazer valer a interpretação abrangente que o governo vinha dando a ele. No projeto do marquês de Barbacena, o artigo 1º rezava assim: "É proibida a importação de escravos, e de pretos livres no território do Brasil".[12] Com a expressão "pretos livres" se queria sem dúvida englobar as condições de liberto e de ingênuo. Todavia, fico na dúvida sobre o motivo pelo qual não se optou, por exemplo, pela expressão "pessoas de cor", ou até "homens de cor", igualmente correntes nos ofícios ministeriais à época. Afinal, o designativo "pardo" era muito presente, logo a fórmula utilizada poderia suscitar dúvida quanto à permissão de entrada de pardos livres e libertos. Pode ser também que a escolha da denominação "preto" mantivesse o foco em africanos ou pessoas vistas como próximas a eles, devido à aparência física e portes culturais julgados mais ou menos subjetivamente, o que abria a brecha à aceitação de pessoas tidas por "pardas". De qualquer maneira, como vimos, o Senado foi pródigo em silêncios e sessões secretas. Apesar de constar a discussão do artigo 1º em 17 de julho de 1837, diz-se apenas que foi "aprovado", derrubadas as emendas.[13] Entre as emendas recusadas, uma que preferia a redação seguinte: "É proibido o comércio de escravos novos para o Brasil"; outra, do próprio Barbacena, que após "pretos livres" acrescentava "excetuando-se os que forem Cidadãos Brasileiros". Ambas parecem caminhar no sentido que indiquei, de conotar africanidade ao sentido do artigo 1º, quiçá à expressão "pretos livres", se bem que a primeira emenda a excluía para restringir tudo a escravos africanos, "escravos novos". Enfim, melhor pular para 1848.

A discussão do artigo 1º na Câmara em 1848 aparece nos anais e é esclarecedora em alguma medida. A redação naquela ocasião era a seguinte: "É proibida a importação de escravos e pretos livres no território do Brasil, na qual não se entende compreendida a passagem de uma para outra província".[14] Relevada a redação, estranhíssima ou puramente ilógica (existiam províncias do país fora do "território do Brasil"?), o que se adicionou após a vírgula tinha a ver com o tráfico interprovincial, ou melhor, com a tentativa de acautelar possíveis leis provinciais que criassem obstáculos ao mercado de escravos.[15] Quanto ao que nos concerne no momento, houve um debate sobre o sentido da expressão "pretos livres". O deputado Gomes de Menezes observou que achava que ela se referia "à introdução de pretos boçais, pretos novos, pretos selvagens".[16] Porém não tinha certeza, por isso queria saber "se se compreende também na expressão — pretos livres — pretos que porventura existam em alguma parte do mundo, e que possam, conforme o direito das gentes, viajar por todo mundo". O deputado não achava conveniente que o artigo 1º abrangesse os pretos pertencentes à segunda categoria. Falou em seguida o deputado Taques, para discordar de Gomes de Menezes, defendendo a ideia de que "a proibição da entrada de pretos deve estender-se também a pretos livres que formam nação independente, ainda que algum adiantamento tenham em civilização". O ministro da Justiça concordou com o deputado Taques e acrescentou que "a razão" disso "é porque devemos evitar, e evitar por meio eficaz, que para o futuro, em qualquer tempo, se queira estabelecer no país colonização de pretos".[17] Em outras palavras, os negros eram bem-vindos enquanto entrassem como trabalhadores escravos, mas não se desejava que viessem negros — africanos ou de outra procedência qualquer — como colonos, trabalhadores livres. O artigo foi aprovado sem emendas, mas caiu na lei de 4 de setembro de 1850, que fechou o foco no combate ao tráfico na costa e nada estabeleceu a respeito da proibição de entrada no país de "libertos", "ingênuos" ou "pretos livres", continuando a viger a lei de 1831 a esse respeito.

Ficou tudo como estava, até mesmo quanto a encontrarmos de vez em quando detalhes sobre africanos que conseguiam ingressar no país e sobre as estratégias utilizadas por eles para obter sucesso. A importância de ter relações prévias na cidade de chegada ficou evidente no caso de Guilherme da Costa Teixeira, "um menino de cor preta de menor idade", "filho legítimo de Guilherme Teixeira", que vinha "recomendado de Benguela" para "educar-se em um colégio desta Corte". José Gonçalves de Carvalho Júnior, comerciante da praça do Rio, escreveu previamente ao chefe de polícia, Francisco Diogo Pereira de Vasconcelos, em 12 de fevereiro de 1853, declarando-se ciente da exigência de "assinar termo de reexportação os indivíduos, pretos ou pardos, que da Costa d'África venham para este Império".[18] No entanto, prosseguia, o menino vinha por ordem do pai com o fito de se educar, nascera de ventre livre, "não parece ser-lhe aplicável a medida policial, que tem em vista fins mui diversos". O protetor do menor pedia que o desembarque do garoto não sofresse embaraços, que o capitão do navio não fosse obrigado a assinar termo de reexportação. O chefe de polícia achou que se podia "consentir". Mas a rotina continuava a ser a reexportação, como no caso de quatro supostos "africanos libertos" chegados de Luanda e devolvidos de pronto, em novembro de 1857.[19]

Houve preocupação do governo imperial quanto à possível entrada no país de negros provenientes dos Estados Unidos por ocasião do fim da guerra civil. Em outubro de 1865 o chefe de polícia da Corte oficiou ao ministro da Justiça, Nabuco de Araújo, para acusar o recebimento de missiva reservada sobre o tema, na qual se recomendava "toda a vigilância a fim de que, pelos vapores que diretamente devem vir dos Estados Unidos, não sejam introduzidos, ou importados, libertos norte-americanos".[20] Se ocorresse a vinda de tais libertos, que fossem detidos e reexportados segundo o artigo 7º da lei de 1831. O chefe de polícia concluiu afirmando que "tem sido sempre rigorosamente observada esta disposição da Lei". Na realidade, a preocupação do governo imperial em relação à introdução, no país, de negros norte-americanos intensificara-se desde a década de 1850, quando lhe chegavam notícias de planos de proprietários do sul dos Estados Unidos de expandir a produção algodoeira Amazônia adentro. Durante a guerra civil, Abraham Lincoln pretendeu combinar a emancipação dos escravos com a deportação dos negros para outras paragens, longe dos Estados Unidos, sonho afinal malogrado. Na segunda metade dos anos 1860, derrotados os Confederados na guerra, alguns poucos milhares de proprietários imigraram para o Brasil e vários tentaram, sem sucesso, convencer o governo imperial de que seria conveniente trazer com eles negros que lhes serviam havia muito tempo.[21]

Pode ser então que esse receio de um possível fluxo de negros de procedência outra que não africana tenha levado o governo imperial a reforçar, na década de 1860, a interpretação abrangente que preferia dar ao artigo 7º da lei de 1831, tornando-o mais eficaz como barreira à entrada de pessoas livres de cor em geral. Como temos visto, até então vigorava a proibição à vinda de libertos, segundo a letra expressa da lei, e o obstáculo prático ao ingresso de pretos e pardos livres por meio da exigência de prova da condição de ingênuo deles, doutrina criada pelo aviso de 9 de maio de 1835. Uma resolução imperial de 11 de maio de 1868, baseada em consulta da seção de Justiça do Conselho de Estado, mostra a vigência à época de um novo ordenamento legal da matéria.[22]

Ocorrera que em maio de 1867 se apresentara na Corte, a bordo da sumaca argentina *Luisita*, proveniente de Buenos Aires, um marinheiro chamado Brown, "homem de cor e súdito inglês". As autoridades do porto, em cumprimento à lei de 1831, obrigaram o capitão do navio a assinar termo de responsabilidade de reexportação; "mais tarde", compeliu-se o capitão a prestar fiança pelo marinheiro, talvez pelo fato de Brown haver desembarcado. A legação argentina protestou junto ao Ministério dos Estrangeiros, pedindo anulação da fiança, argumentando que a lei de 7 de novembro de 1831 "se acha em desuso".

O Ministério dos Estrangeiros replicou, dizendo que "no Brasil as Leis estão em vigor e devem ser religiosamente observadas, ou são derrogadas pelo Poder competente, e então não têm aplicação a caso algum". O ministério se reportou a uma consulta da seção de Justiça do Conselho de Estado, de 30 de novembro de 1866, respeitante a uma mulher negra que viera em companhia de um imigrante norte-americano, o fazendeiro J. A. Cole, mas que fora impedida de permanecer no país em vista do artigo 7º da lei de 7 de novembro de 1831.[23] Wlamyra Albuquerque analisou esse caso em detalhe.[24] Cole comprara terras em Campinas e queria se radicar no país trazendo em sua companhia a referida mulher de cor preta, que estaria a seu serviço havia muitos anos, mais as duas filhas menores dela. Todavia, os conselheiros de Estado acharam que urgia "impedir o desembarque de homens e mulheres de cor procedentes do estrangeiro, livres ou libertos". Alegaram três motivos para a proibição: queriam "obstar ao crescimento e preponderância da raça africana"; desejavam favorecer a "colonização Europeia"; por fim, urgia evitar "a fraude da introdução de escravos sob o pretexto de libertos". Como o assunto em pauta concernia a uma negra norte-americana, aduziram que não convinha admitir "a imigração de homens [e mulheres] de cor provenientes dos Estados Unidos", pois "o contato dessa gente recentemente emancipada" em virtude de uma guerra poderia instilar rebeldia entre os escravos brasileiros. Três luminares da política imperial assinaram o parecer: Nabuco de Araújo, Eusébio de Queiróz e o visconde de Jequitinhonha.[25]

O ministro argentino treplicou, afirmando que a lei de 1831 não se aplicava a Brown, "visto que se refere aos libertos, e não se acha provado que esse indivíduo estivesse alguma vez na escravidão". Completou com um remoque quanto à afirmativa do governo de que cumpria "religiosamente" a lei de 1831: "Que muitos indivíduos de cor, segundo é notório, têm sido introduzidos no país não só pelos navios mercantes como pela marinha de guerra do Império"; que a repetição de fatos que tais mostrava que o governo "consentira expressamente em sua transgressão".

O bate-boca prosseguiu. Em sua nova missiva, após negar peremptoriamente que o governo tivesse tergiversado quanto ao cumprimento do artigo 7º da lei de 1831, o ministro dos Estrangeiros recorreu à novíssima definição de um verbete de dicionário — a saber, da palavra "liberto". Segundo ele, apoiado na consulta citada dos conselheiros de Estado, de 1866, "a expressão — libertos — de que usa a citada Lei é a antítese de escravos". Nessa acepção, portanto, o vocábulo "liberto" incluía os libertos propriamente ditos, ou ex-escravos, e os nascidos de ventre livre, ou ingênuos.[26] Todos os que não continuavam escravos passaram a ser libertos, pois um vocábulo virara antítese do outro. No entanto, subentende-se que os nascidos de ventre livre ou ingênuos incluídos no âmbito reinventado da palavra "liberto" eram apenas os ingênuos negros, não os nascidos de ventre livre em geral, pois nesses estariam incluídos os supostamente brancos. Por conseguinte, chegamos à conclusão de que todo negro que não permanecia escravo doravante ficava liberto. Como resultado, não entrariam mais negros no Brasil de jeito nenhum, uns por serem escravos, outros por terem virado libertos. Neste país, ao que parece, nunca se fez mesmo política adotando critérios de exclusão racial. O inglês Brown e a criada norte-americana do fazendeiro Cole foram reconhecidos ingênuos e de "cor negra" pelo próprio ministro dos Estrangeiros; mas não puderam desembarcar porque se tornaram "libertos" segundo o *newspeak* do governo imperial. Teriam sido barrados por sua condição civil, não por critério racial, apesar de o enredo racializado da história parecer óbvio a este observador, salvo melhor entendimento.[27]

Em suma, talvez seja correto considerar que o governo imperial cumpriu com rigor o artigo 7º da lei de 7 de novembro de 1831, corretíssimo observar que buscou alargar o sentido desse artigo de modo a impossibilitar a entrada de negros no país salvo na condição de escravizados ilegalmente. Destarte, essa breve história da aplicação do artigo 7º sugere de novo a maneira negativa pela qual as autoridades imperiais viam os negros libertos, gente tida por ociosa com a qual não se podia contar para a labuta nas fazendas fora do âmbito do trabalho forçado. Para fechar essa parte, uma história que aponta para o tema derradeiro deste livrinho, qual seja, o problema da precariedade da liberdade numa sociedade em que a escravização ilegal virara direito senhorial costumeiro, na qual negros livres e libertos viviam sob uma aura de desconfiança e preconceito.

A incrível história do pardo Albino Augusto de Oliveira foi narrada pelo chefe de polícia da Corte, Izidro Borges Monteiro, ao ministro da Justiça, Francisco Diogo Pereira de Vasconcelos, em ofício de 23 de outubro de 1858.[28] Ao que parece, a polícia investigou a história de Albino porque ele pedira autorização em Angola para vir ao Brasil, pois por ocasião do ofício mencionado ele já chegara ao Rio "com passaportes do Cônsul-Geral do Império em Angola, e do Governador Civil da mesma Colônia". As inquirições, que incluíram o depoimento de várias pessoas, revelaram que Albino e sua mãe, a parda Josefa, tinham vindo de Alagoas para a Corte em 1830, trazidos pelo major Antônio de Castro Vianna como escravos. Albino se tornou cativo de dona Francisca Candida Ferreira França, que se afeiçoou ao pardinho, tratando-o bem, resolvendo educá-lo, a ponto de ser "dado como branco na matrícula da escola pública da freguesia da Glória". Porém o ofício afastava a suspeita de que fosse filho do finado senador Manoel do Nascimento Castro e Silva. Não se explica como, mas a sorte de Albino virou. Diz-se apenas que devido ao seu "mau procedimento foi vendido ao Cônego Durão", este o vendeu a Luiz Ribeiro, que o vendeu a Francisco Flores, que o levou para Luanda. Josefa, sua mãe, continuava cativa na província da Bahia, "e não tem reclamado cousa alguma acerca de sua liberdade, ou da de seu filho". Todavia, o chefe de polícia observava que não fora "possível saber se o pardo Albino foi libertado em ato de batismo", pois havendo falecido o major Castro Vianna, que o trouxera de Alagoas, não se conseguira informação sobre quem o vendera naquela província, e em que localidade e igreja teria sido batizado.

O chefe de polícia reuniu os elementos para montar essa história porque o governo tinha de decidir se o pardo Albino, residente em Angola, poderia entrar no Império brasileiro sem violar o artigo 7º da lei de 1831. Logrou a permissão de ingresso, já que nascera no Brasil. A vida de Albino, conforme a narrativa do chefe de polícia, tem como um de seus nexos essenciais a incerteza de fronteiras entre escravidão e liberdade. Não se sabe se Albino havia sido alforriado em pia batismal; se o foi, sofreu em seguida escravização ilegal; na Corte, frequentou escola pública, o que revela que passava por menino livre, até "branco", pois um escravo não seria matriculado em escola primária; em algum momento foi considerado ingrato, o que o levou de volta à condição de cativo, comprado e vendido a torto e a direito, até parar em Luanda. O ofício do chefe de polícia informou que Albino recebera a sua liberdade em Angola, onde se achava "indevidamente reduzido à escravidão", em 10 de março de 1858. Em suma, a sorte de Albino virara de novo, voltara da escravidão à liberdade. Liberdade que poderia ser bastante precária, como a história dele ensinava, e veremos em seguida.

9. Liberdade precária

Negros presos pela polícia por suspeição de que fossem escravos, ainda que alegassem liberdade, permaneciam escravos até que conseguissem provar a sua condição de livres. Eram corriqueiros os leilões dessas pessoas, para que fossem arrematadas por quem se interessasse em tê-las como propriedade.

Cândido Neves perdera já o ofício de entalhador, como abrira mão de outros muitos, melhores ou piores. Pegar escravos fugidos trouxe-lhe um encanto novo. Não obrigava a estar longas horas sentado. Só exigia força, olho vivo, paciência, coragem e um pedaço de corda. Cândido Neves lia os anúncios, copiava-os, metia-os no bolso e saía às pesquisas. Tinha boa memória. Fixados os sinais e os costumes de um escravo fugido, gastava pouco tempo em achá-lo, segurá-lo, amarrá-lo e levá-lo. A força era muita, a agilidade também. Mais de uma vez, a uma esquina, conversando de cousas remotas, via passar um escravo como os outros, e descobria logo que ia fugido, quem era, o nome, o dono, a casa deste e a gratificação; interrompia a conversa e ia atrás do vicioso. Não o apanhava logo, espreitava lugar azado, e de um salto tinha a gratificação nas mãos. Nem sempre saía sem sangue, as unhas e os dentes do outro trabalhavam, mas geralmente ele os vencia sem o menor arranhão.

[...] *Jantava e saía outra vez, à cata de algum fugido. Já lhe sucedia, ainda que raro, enganar-se de pessoa, e pegar em escravo fiel que ia a serviço de seu senhor; tal era a cegueira da necessidade. Certa vez capturou um preto livre; desfez-se em desculpas, mas recebeu grande soma de murros que lhe deram os parentes do homem.*

Machado de Assis, "Pai contra mãe",
Relíquias de casa velha, 1906

Alguma recapitulação, antes de prosseguir. Vimos que durante o longo período em que exerceu a chefatura de polícia da Corte, entre 1833 e 1844, Eusébio de Queiróz organizou a instituição em torno do pressuposto de que "não sendo fácil obter provas de escravidão, quando um preto insiste em dizer-se livre", parecia "mais razoável a respeito de pretos presumir a escravidão, enquanto por assento de batismo, ou carta de liberdade não mostrarem o contrário".[1] A adoção desse pressuposto — isto é, da escravidão de um preto qualquer suspeito de ser escravo até prova em contrário — ocorria no contexto do contrabando para o país de mais de 750 mil africanos nas décadas de 1830 e 1840. A doutrina de Eusébio de Queiróz teorizava a conduta do poder público, por assim dizer, com vistas a coadunar a classe senhorial no procedimento de acumulação de propriedade escrava ilegal. Além disso, transferia-se à população negra o ônus da prova de sua liberdade, medida conveniente em circunstâncias nas quais a prova de escravidão, que seria a obrigação dos senhores, dependia cada vez mais de artifícios diversos, destinados a produzir a ficção de legalidade da propriedade originária do contrabando.

Resta ver as consequências duradouras dessa situação no que respeita à experiência de liberdade dos negros. Por suposto, a polícia da Corte atravessou o século XIX a prender pessoas de cor sob a dupla suspeição de que fossem escravas e de que estivessem fugidas. O tirocínio policial nessa atividade dependia de exercícios de interpretação potencialmente complexos, erros sempre à espreita, pois três a cada quatro negros habitantes do país eram livres por ocasião do recenseamento de 1872. Conforme o censo, a população brasileira somava 9 930 478 habitantes, divididos, quanto à condição social, em 8 419 672 livres (84,7%) e 1 510 806 escravos (15,2%). Quanto às raças, havia 38,1% de brancos, 19,6% de pretos, 38,2% de pardos e 3,9% de indígenas. Pretos e pardos somados, incluídos tanto livres e libertos quanto escravos, chegavam a 5 756 234, ou 57,9% da população total. Excluídos os escravos, temos uma população livre de cor de 4 245 428, ou seja, 42,7% dos habitantes do país eram indivíduos livres de cor, logo egressos da escravidão e seus descendentes, pretos e pardos; considerando-se apenas a população negra, 74% dela era livre. No caso específico da cidade do Rio, havia 274 972 habitantes, dos quais 226 033 livres (82,20%) e 48 939 escravos (17,7%). A população negra do Rio — escravos e pessoas livres de cor somados — representava 44,4% do total. Se considerarmos apenas a população negra, 59,9% era livre, 40% escrava; ou seja, em cada cinco pessoas de cor habitantes da Corte em 1872, três eram livres, duas escravas.[2]

Vejamos agora os Livros da Casa de Detenção da Corte, que registravam o movimento diário de detenções na cidade, relativos às décadas de 1860 e 1870.[3] Apesar de muitas lacunas, é uma série documental condizente com análises quantitativas, pois permite acompanhar informações sistemáticas sobre grande número de variáveis ao longo do tempo. Para cada ficha de detento, encontramos nome, idade, nacionalidade, naturalidade, filiação, motivo da prisão, estado civil, endereço, ocupação, altura, cor, traje, data de entrada na Detenção, data de saída, nome do senhor (no caso dos escravos), condição civil (escravo, livre, liberto), circunscrição e autoridade responsável pela detenção (delegacia, distrito). Utilizavam-se livros separados para anotar as prisões de pessoas livres e escravas. O banco de dados organizado a partir desses livros contém 8445 entradas, 2697 em livros referentes a escravos (31,9%), 5748 (68%) em livros de livres (libertos incluídos). Ao observar apenas as detenções relativas a escravos, parece evidente que em todo esse período a polícia da Corte continuou a atuar como coadjuvante importante do poder senhorial quanto ao controle social dos cativos. Assim, 61% dos registros de prisão de escravos poderiam ser descritos como atos de auxílio à manutenção do domínio senhorial — por exemplo, detenções realizadas por requisição do próprio senhor, por fuga ou suspeita de fuga, pelo fato de o escravo estar na rua "fora de horas" etc.; 29,7% das prisões deles se deveram à perpetração de crimes diversos; 6,1% procuraram a polícia por moto próprio; 3% das entradas nada dizem sobre o motivo da detenção.

Aproximemos mais a lente, fechando o foco nos casos de prisão por estar "fugido" ou "fugida", por "suspeita de" fugido ou fugida. A busca resulta em 1097 registros, 447 por fugido(a), 650 por "suspeita de" fugido(a). Note-se que 70% das ocorrências aparecem em livros de registro de escravos, porém surpreende que quase 30% delas constem em livros de livres e libertos. Em outras palavras, 30% das pessoas detidas porque as autoridades policiais as consideraram suspeitas de serem escravas, e de andarem fugidas, declararam-se livres ao dar entrada na Casa de Detenção. Não obstante a dificuldade em ter certeza a respeito dos procedimentos utilizados à época, havia situações em que a polícia tendia a anotar a informação conforme se lhe apresentava; por conseguinte, caso alguém detido por suspeita de ser escravo fugido declarasse ser escravo e andar fugido, abrir-se-ia uma entrada no livro de detentos escravos. A polícia parecia inclinada a acreditar numa pessoa que admitia ser escrava, apesar de haver vários exemplos na documentação policial de gente livre que alegava ser cativa para evitar o perigo mais imediato de recrutamento para o Exército ou a Marinha. De modo geral, observa-se que os casos definidos como "fugido" ou "fugida" iam parar nos livros de escravos ao longo de todo o período, decerto porque os próprios negros se diziam cativos ao serem detidos. Noutros episódios, a polícia lidava com a circunstância de decidir como anotar as cousas mesmo ao duvidar de tudo ou de parte do que ouvia, ou de fingir duvidar. Por exemplo, uma pessoa era detida por suspeita de ser cativa e andar fugida; sem acreditar nela, mas tendo de considerar a sua alegação de liberdade, a polícia poderia lançar o caso no livro de detentos livres, criando-se uma contradição, pois uma pessoa livre não poderia ser presa por suspeita de estar "fugida". Outrossim, ainda segundo a lógica pertinente a uma sociedade escravista, um escravo não poderia ser detido por "vadiagem", já que a condição de escravo vinculava a pessoa de imediato à ideia de trabalho sob o domínio de determinado senhor.[4]

As 650 detenções por "suspeita de" fugido ou fugida são de especial interesse porque a conduta da polícia nesses episódios poderia ter impacto relevante na experiência de liberdade de ex-escravos e seus descendentes. Pois bem, 344 pessoas presas por "suspeita" de andarem fugidas, ou 53%, apareceram em livros de escravos; nada menos do que 306, ou 47%, em livros de livres — isto é, essas pessoas se declararam de condição livre ao serem detidas por motivo pertinente a escravos. Há diferença relevante entre os dados referentes às décadas de 1860 e 1870. Excluídas onze fichas nas quais a data da prisão é ilegível ou inconsistente, registraram-se 366 entradas por "suspeita de" fugido(a) nos anos 1860, 273 nos anos 1870. Nas referentes à década de 1860, 77,8% foram coligidas em livros de escravos, 22,1% em livros de livres; nas concernentes à década de 1870, 20,1% em livros de escravos, quase 80% em livros de livres. Em suma, os registros de prisão por "suspeito de ser escravo fugido" migraram em grande parte dos livros de escravos na década de 1860 para os livros de detentos livres na década de 1870.

Qual o sentido dessa inversão? Até a década de 1860, ainda parecia vigorar com força o pressuposto de que alguém detido por suspeição de ser escravo, e de andar fugido, permanecia escravo até prova em contrário. Na década de 1870, sem dúvida por influência da lei de 28 de setembro de 1871, a tendência passava a ser considerar livre a quem não se podia provar escravo. Em tese, só a certidão de matrícula realizada segundo a lei de 1871 tornara-se evidência legal do cativeiro de alguém. Por conseguinte, é provável que os escribas da polícia e da Casa de Detenção tenham passado a adotar o alvitre de anotar prioritariamente em livros de livres as informações referentes a pessoas que se declaravam livres, mas haviam sido presas porque as autoridades suspeitavam que fossem escravas. Há aqui duas histórias entrelaçadas, que se nutrem de um nexo estrutural comum, qual seja, a existência de zonas amplas de incerteza social sobre as fronteiras entre escravidão e liberdade na sociedade brasileira oitocentista. A doutrina de Eusébio de Queiróz ampliava a abrangência da escravidão para muito além da própria legalidade, para ver em todo negro livre um suspeito potencial de cativeiro, gente que precisava aprender a evitar movimentos e práticas culturais que colocassem em perigo a liberdade limitada que lhe cabia. O outro lado da história é que numa sociedade em que mais de 70% dos negros eram de condição livre no final do terceiro quartel do século XIX, em especial diante da nova conjuntura social e política criada pela lei de 1871, as perspectivas de solapar a doutrina queiroziana por dentro dela própria pareciam óbvias: se as fronteiras incertas entre escravidão e liberdade oprimiam e comprimiam a liberdade possível aos livres, criavam oportunidades aos escravizados, que se moviam e escondiam em territórios sociais ambíguos, na Corte e alhures.[5]

Os dados provenientes dos livros da Casa de Detenção da Corte oferecem um panorama da situação, sugerem o quanto a experiência de liberdade dos negros no Brasil do século XIX permaneceu constrangida pela força da escravidão. Não se pode subestimar o quanto o risco de ser empurrado de volta à escravidão, ou de ser reduzido ilegalmente ao cativeiro, pautava o pensamento, a conduta e as estratégias de vida dos negros brasileiros naquele tempo. O restante deste capítulo é uma tentativa de mergulhar nessa experiência, de acompanhar histórias de pessoas que tiveram de lidar com a precariedade de sua liberdade, em especial ao serem detidas por suspeição de que fossem escravas.

Os cárceres imperiais estavam normalmente cheios de negros detidos sob suspeita de que fossem escravos, de andarem fugidos. A detenção poderia durar pouco, na hipótese de o senhor se apresentar logo para "reclamar" a sua propriedade, de o escravo prestar informações corretas para a localização do proprietário, de o negro conseguir acionar padrinhos e mostrar documentos que provassem a sua liberdade, se fosse livre ou liberto. Outras vezes, mofava-se na cadeia, a esperar por investigações que a polícia demorava a fazer, quando as fazia, a virar força de trabalho do governo em obras públicas e outros serviços.

Em 9 de agosto de 1834, Eusébio de Queiróz escreveu ao ministro da Justiça, Aureliano de Souza e Oliveira Coutinho, a respeito dos escravos recolhidos ao Calabouço que "apesar de repetidos anúncios nunca são reclamados".[6] Esses cativos davam despesas ao governo e se eram soltos morriam na miséria ou caíam "nas garras de algum aventureiro, que se intitula Senhor". O chefe de polícia sugeria que se adotasse na Corte o que se fazia na província de Minas Gerais, onde escravos anunciados e não reclamados num prazo de trinta dias ficavam à disposição do juízo de órfãos para serem arrematados como bens do evento. O ministro concordou com a medida, que resultou no aviso de 12 de agosto de 1834. Nele, mandava-se publicar "todos os meses uma relação geral dos escravos recolhidos à prisão do Calabouço durante o mês, e não reclamados", providas as informações necessárias à identificação dos supostos cativos.[7] Nos meses seguintes, tornaram-se regulares ofícios como o de 27 de março de 1835, de Eusébio ao juiz de órfãos, com o qual se remetia uma "relação dos escravos, que excedem a seis meses, que se acham na prisão do Calabouço"; ou outro, de 30 de abril do mesmo ano, no qual o chefe de polícia encaminhava ao juiz de órfãos uma lista vinda do Calabouço com os nomes dos "presos Africanos" que haviam completado seis meses lá sem serem reclamados. Nesses documentos, "escravos" e "africanos" são palavras intercambiáveis. Eusébio pedia que os negros listados fossem dados à "arrematação" — quer dizer, leiloados — o quanto antes, para adquirir novos senhores.[8]

O problema é que entre esses negros aprisionados e não reclamados, vários mais tarde leiloados, havia regularmente alguns que declaravam ser livres ou libertos, porém as autoridades não davam crédito ao que diziam. Na verdade, as interações cotidianas entre as autoridades públicas e a população negra da Corte giravam bastante em torno das decisões das autoridades a respeito da veracidade das narrativas que ouviam aos africanos e seus descendentes. Em dezembro de 1835 um inspetor de quarteirão da freguesia de Santana anotou em seu extrato dos acontecimentos da semana, a ser enviado ao juiz de paz, depois ao chefe que polícia, que "veio residir para a Casa Nº 122 e 124 a preta livre Maria Helena da Silva, entregou a Guia passada pelo Juiz de Paz do 3º Distrito do Sacramento em a dita data, e lista de 7, *ficou de apresentar a carta de liberdade*" (grifo meu).[9] Ou seja, Maria Helena cumprira formalidades exigidas à época a quem mudava de residência dentro da Corte, solicitando a guia do juiz de paz da freguesia de onde vinha e a entregando ao inspetor do quarteirão no qual ficava a sua nova moradia. Além disso, anexara a lista das sete pessoas que vinham com ela. Todavia, ao registrar que Maria Helena ficara "de apresentar a carta de liberdade", o inspetor criava um distanciamento entre o que lhe dissera Maria Helena e a realidade das cousas, que restava por determinar. Maria Helena "dizia ser livre" — ou liberta, para ser mais preciso —, porém cabia a ela o ônus de provar a sua condição por meio do documento de prova da alforria.

Difícil saber o que levava um inspetor a não acreditar no que alguém lhe dizia a respeito de sua própria condição. Talvez fosse o modo de se vestir, o jeito de falar, as marcas incisas no corpo. O fato é que o inspetor bebia em pressupostos compartilhados, tinha um olhar pautado por padrões culturais que, aos contemporâneos, não careciam de explicação. Revisitemos os "extratos das partes", vistos anteriormente quando abordamos a questão do furto de escravos.[10] São trechos pequenos, fragmentados, porém ordenados por uma lógica social que interessa desvendar:

Freguesia de Santana, novembro de 1835:

"Foi *preso por fugido* e remetido ao Calabouço *o preto Domingos Cabinda, escravo de* Mariano de tal. Foram *presos por vadios*, e remetidos ao Arsenal de Marinha para o serviço nacional João Antônio da Silva, preto forro, Antônio Correa, branco, Fernando Antônio da Costa, cigano, Pedro Fernandes, cigano, Justo Brum, caboclo, José Pereira Maia, pardo".

Freguesia de Santa Rita, novembro de 1835:

"Nicolau Afonso, crioulo, *que diz ser livre*, filho de Alberto Dias, e de Maria Redondo, *preso para apresentar carta de liberdade, ou a baixa, por dizer, que foi soldado* da Brigada — remetido ao Calabouço. Foi preso Domingos Pinheiro, *que diz ser forro*, por dar uma pedrada em um menino".

Freguesia de Santana, novembro de 1835:

"Foi preso [a], e recolhido [a] ao Calabouço por ferir a um preto Joana Moçambique, *que diz ser escrava de Manoel de tal*. Foi preso, e recolhido ao Calabouço *o preto Mateus Angola, escravo de* Clara Maria de Jesus".

Freguesia de Santana, novembro de 1835:

"Foram apreendidos *dois Africanos* na casa de Dona Leonarda Angelina de Castro, *e pelos indícios que há mostram, que são livres*, por terem vindo para o Brasil depois da extinção da escravatura".[11]

Freguesia de Santana, fevereiro de 1836:

"Foi presa por fugida, e remetida ao Calabouço, a preta Mariana, escrava. Foi remetido ao Arsenal de Marinha, para o serviço da Esquadra, *o crioulo forro Joaquim reconhecido vadio, e desordeiro*; foram remetidos à Santa Casa de Misericórdia, por desacisados Manoel dos Santos, e Bento José de Mello".

Freguesia de Sacramento, março de 1836:

"[...] foram presos Francisco Antônio da Silva e Joaquim Cassange *que diz ser forro*, por andar mendigando sem necessidade".[12]

(Todos os grifos são meus.)

É possível reordenar esses pedaços ao observar o modo de os escribas expressarem, nos trechos, o seu grau de convicção na veracidade daquilo que haviam escutado aos indivíduos detidos. Alguns casos parecem autoevidentes. O preto Domingos Cabinda era escravo de Mariano de tal, foi preso por fugido e enviado ao Calabouço. Tudo aqui está em seu lugar "natural": africanos são pretos, escravos, se fogem e são pegos vão para o Calabouço, para ficar à disposição dos senhores e receber castigo. As mesmas palavras, a mesma convicção de veracidade, aplicam-se a Mateus, preto, Angola, escravo de alguém, Calabouço. No caso dos dois africanos apreendidos na casa de dona Leonarda Angelina, as palavras e o tom exprimem um certo desarranjo. *Apesar* de africanos, havia "indícios" de que eram livres; *apesar* de africanos importados "depois da extinção da escravatura" (isto é, do tráfico) serem livres, não parecia natural que assim fosse. Num paradoxo, a maneira de notificar a apreensão desses africanos contrabandeados indicava o caráter incomum do evento, a estranheza em fazer cumprir a lei em tal assunto.

Surpreendente, à primeira vista, é o caso de Joana Moçambique, presa "por ferir a um preto", e "que diz ser escrava de Manoel de tal". De fato, é raríssimo nesses documentos que os escribas duvidem de africanos que se digam escravos. Todavia, há alguns exemplos de pessoas livres ou forras, africanas ou crioulas, que se dizem escravas em determinadas situações. Joana Moçambique, presa por ter cometido um crime, na hipótese de ser mesmo escrava, poderia esperar talvez que seu senhor se interessasse por sua sorte diante da ameaça de perder a sua propriedade. Não sendo escrava, Joana poderia confundir e delongar a ação da justiça ao declarar-se tal. De qualquer forma, o mais incomum mesmo nessa notificação é o fato de se tratar de uma mulher preta a postular a condição de escrava, seja lá qual for o motivo das autoridades para desconfiar disso. No caso de pretos e pardos livres, africanos ou crioulos, declarar-se cativo podia ser estratégia para evitar um destino às vezes ainda mais temido: o de ser recrutado.

No campo das certezas desses redatores públicos, impressiona tudo o que concerne à ideia de vadiagem. "Escravo" e "vadio" parecem expressões reconfortantes, que arredam a dúvida. "Livre", "forro" e "liberto" intranquilizam. "Presos por vadios", sem nuances, aparecem pretos e crioulos forros, pardos, ciganos, até mesmo um branco, ocorrência rara. Se há algo a acrescentar, vadio-mor: Joaquim, crioulo forro, "reconhecido vadio, e desordeiro". Nessa passagem sobre Joaquim, é curioso que o redator não duvide de sua condição de "forro", como acontece tantas vezes nesses documentos; em compensação, a certeza é rotunda quanto à vadiagem do sujeito. "Forro" e "vadio" são cores que combinam: a incerteza da primeira ideia desaparece na possibilidade de reprimir e ordenar, contida na segunda. Por conseguinte, "vadio" é quase sinônimo de recruta forçado: vira "soldado", "marinheiro", "assenta praça", vai para "o serviço da Esquadra", para o Arsenal de Marinha, para a Armada, para o Exército — "para o serviço nacional", enfim.[13]

Por isso não surpreende que o problema da resistência ao recrutamento seja onipresente nas fontes policiais e presidiárias. Evitar semelhante destino é motivo até mesmo para que vários homens livres ou libertos declarem-se cativos diante das autoridades públicas. Damásio Maximiano encontrava-se preso no Calabouço em novembro de 1836.[14] Em representação ao imperador, por seu procurador, disse ser "homem Preto livre, cidadão Brasileiro nato, soldado do Extinto 4º Batalhão da 2ª Linha da

Província de Pernambuco, marinheiro do Brigue *Niger*". Reclamava que, sendo homem livre, era tratado como cativo. Chamou "déspota" ao administrador da prisão, que lhe tinha "cortado as carnes" com açoites; além disso, fora obrigado a carregar água "pelas ruas públicas desta Corte", no libambo, em companhia de "indivíduos sujeitos" — isto é, escravos. Pedia a intervenção de Vossa Majestade Imperial para que fosse remetido para o brigue no qual estava matriculado, onde sofreria a pena que lhe coubesse, mas "como cidadão que é, visto que a Constituição lhe garante este título".

O ministro da Justiça, Gustavo Adolfo de Aguilar Pantoja, pediu explicações a Eusébio de Queiróz, que as solicitou ao administrador do Calabouço, que as deu em 11 de dezembro de 1836. Segundo ele, o reclamante, ao ser preso, não se dera por Damásio Maximiano, homem livre, cidadão brasileiro. Pelo contrário, na presença dele próprio, administrador, identificara-se como José Crioulo, "escravo de Antônio Tertuliano dos Santos, morador na Vila de Santos". Quanto às carnes cortadas com açoites, o administrador alegou que não passaram de "meia dúzia de chibatadas", mandadas dar "por correção", porque o detido tinha péssimo comportamento — mostrava-se "insubordinado". Os açoites o teriam sossegado. Em relação a carregar água em libambo, "a bem do Serviço Público", pensasse nisso antes de se declarar cativo, o que fizera quiçá "para evadir-se ao mesmo Serviço Público" — isto é, servir no brigue de guerra. Em suma, esprimido entre duas opções possíveis, nossa personagem parece ter oscilado: se ficasse José Crioulo, era escravo, Calabouço, açoite, libambo; se ficasse Damásio Maximiano, recruta forçado, brigue de guerra e açoites também, com certeza.

Noutra história, de janeiro de 1845, o administrador do Calabouço prestou informações ao chefe de polícia sobre dois grumetes da nau *Pedro II* que estavam lá detidos.[15] O administrador respondeu que "ambos se acham presos a ordem de V. Exa. por suspeitos de serem cativos". Um deles, Manoel Francisco, contou que desertara, e que depois disso andara por diferentes barcos de cabotagem. Ultimamente, matriculara-se "como cativo" no patacho *Espadarte*. Certa vez, aparecera no Calabouço um Fuão Andrade, trazendo a referida matrícula do *Espadarte*, para requerer a soltura de Manoel Francisco. Inquirido na ocasião, o preso disse "ser forro e que para livrar-se da praça matriculara-se como escravo". Sustou-se a soltura.

Fica a desconfiança de que os maus-tratos e ameaças de prisão e recrutamento faziam às vezes com que personagens como Joana Moçambique e Manoel Francisco, mesmo que forros, dissessem ser escravos para facilitar o acesso a um protetor no momento do perigo. Estratégia de ocasião, para evitar uma deportação para a África ou o degredo dos navios de guerra em alto-mar. Histórias de pessoas livres que se diziam escravas aconteciam menos amiúde do que as de gente que alegava liberdade diante de autoridades que permaneciam céticas. Tal como o preto Cesário, de nação mina, "o qual diz ser forro", que havia sido remetido para a prisão "por ser ébrio e ladrão de galinhas", em abril de 1845; ou Amélia, "crioula de menor idade", "que declarou ser forra", presa por "vagabunda" em maio de 1845 junto com outras jovens por estar "habituada a vagar pelas ruas", a proferir palavras e praticar ações supostamente ofensivas à moral pública.[16] Mas apareceu uma protetora dela, dona Maria Joaquina de Medeiros Gomes, para pedir a sua soltura. O diretor da Casa de Correção resistiu, pois havia empregado a menina na oficina de costura, para que adquirisse "amor ao trabalho"; se fosse solta, voltaria à senda da "vida licenciosa e vagabunda na qual com passos gigantesco [sic] caminhava". Nesses curtos relatos sobre Cesário e Amélia, a associação entre a condição de liberto ou liberta e a tendência à vadiagem e ao crime aparece em linguagem viva, terra e estrume donde Manoel Antônio de Almeida lavrou seu Leonardo Pataca, como já reparei antes, hão de lembrar. De qualquer modo, as expressões "diz ser forro" e "declarou ser forra" sugerem que a própria liberdade das personagens estava em questão.

Em alguns episódios o engano quanto à condição de alguém ficava patente. Em 10 de junho de 1847, Francisco José Veloso fez recolher ao Calabouço, como seu escravo, o preto de nome Henrique, congo. Em 12 de junho, o preto argumentou ser forro e requereu soltura; foi atendido em 14 de junho, mas não há detalhes sobre como provou não ser cativo. Pode ter apresentado uma carta de liberdade, um mandado de manutenção de liberdade, uma certidão de batismo, possivelmente algum protetor ou padrinho teve parte no negócio. Em setembro de 1847, um escravo do barão do Bonfim localizou um suposto cativo da irmã do barão, dona Florinda Mesquita, que andava fugido. Atribuíam a ele o nome de Malaquias; mas o próprio jurava ser João José de Almeida, nascido de ventre livre, filho da preta forra Maria Joaquina. Sua mãe falecera, porém ainda vivia seu padrinho Joaquim, morador no Porto da Estrela, onde fora batizado. Pessoas da casa senhorial afirmavam que se tratava mesmo do escravo Malaquias, não obstante o próprio barão confessar que não o conhecia. Não sei o desfecho da história, que talvez esteja no documento, ilegível em várias passagens.[17]

Para negros livres e libertos o perigo dessas situações é que, se por qualquer motivo tivessem dificuldade de provar a sua condição, poderiam ser considerados cativos e declarados bens do evento. Nesse caso, ficavam regidos pelo capítulo v do decreto de 9 de maio de 1842, que rezava assim: "São bens do evento *os escravos, gado ou bestas, achados sem se saber do senhor ou dono a quem pertençam*" (grifo meu).[18] Após averiguações e editais de praxe, na hipótese de os proprietários não aparecerem, no prazo de sessenta dias para os escravos, quinze dias para gado e bestas, os bens eram avaliados e em seguida leiloados em praça pública. O exercício policial de apreender escravos fugidos deve ter sido auxílio importante ao controle senhorial no meio urbano. Os números dos Livros da Casa de Detenção da Corte e os papéis cotidianos da polícia não deixam sombra de dúvida sobre a dedicação do corpo policial à tarefa. Ademais, os pedestres (soldados da polícia) recebiam pagamento por cada escravo fugido apreendido, o que poderia conduzir a um excesso de esmero deles no ofício. Os senhores deveriam pagar o valor da apreensão ao reclamar o escravo no Calabouço ou na Casa de Detenção.[19]

Ao mesmo tempo, o tal hipotético esmero aumentava o risco de detenção indevida de negros livres e libertos. Às vezes, por acaso, ou ao menos sem que eu possa atinar com a explicação, surge um maço de documentos com número significativo de registros de erros da polícia na detenção de supostos escravos fugidos, com algum detalhe a respeito do que faziam os negros para tentar esclarecer a situação. Pode ser que os chefes de polícia à época fossem mais empenhados em averiguar o que alegavam os negros detidos; quiçá eles cuidassem melhor do arquivo da secretaria; ou quem sabe a "seleção natural" das traças e outros bichos nos tenha reservado os documentos de certos períodos específicos, não doutros.

O fato é que temos informação rica sobre isso num maço que reúne ofícios da chefatura de polícia da Corte ao diretor da Casa de Correção e ao administrador do Calabouço para o período de 1853 a 1855,[20] depois em alguns outros, da década de 1860. Em 24 de fevereiro de 1854, o chefe de polícia, Alexandre Joaquim de Siqueira, informou ao diretor da Casa de Correção que mandara soltar o preto-mina Calixto, que fora recolhido à cadeia como suspeito de cativo, "por conhecer como verdadeiras as firmas das pessoas, que assinaram a carta de liberdade, apresentada pelo referido preto". Em 10 de novembro de 1853, Joana

Thereza da Silva, "recolhida a essa Casa por suspeita de cativa", recebeu autorização para ir à sua residência, à rua das Violas, "competentemente acompanhada", "a fim de trazer a carta de liberdade, que ela diz ali existir". Nesses casos, portanto, a possibilidade de apresentar a carta de alforria, cuja validade teria de ser atestada pelo chefe de polícia, livraria os detidos da suspeita de serem cativos. Outras vezes, o que lhes valia era o conhecimento de pessoas que sabiam de sua condição de livres e se dispunham a ajudar. Em junho de 1854, o dr. Couto e Mello atendeu ao chamado do chefe de polícia, decerto instado pelo negro em apuros, e "me provou ser o crioulo Honório filho d'Africana livre já falecida de nome Umbelina, cujos serviços lhe haviam sido confiados, e por isso nesta data mandei passar ordem para lhe ser entregue o dito crioulo". Ao que parece, filhos de africanas livres podiam ser "herdados" pelos arrematantes dos serviços delas, como ocorreu com Honório, que contudo deve ter apreciado sair da cadeia para voltar à "liberdade" que lhe era possível. Ainda em junho de 1853, Veríssimo Antônio, preso "por suspeito de cativo", foi interrogado pelo chefe Alexandre Joaquim de Siqueira; como resultado, este ordenou ao diretor da Casa de Correção que investigasse a história que o negro lhe contara, "ouvindo alguma pessoa, dessa Casa, que saiba do fato, que ele refere, do ex-Administrador Antonino tê-lo conhecido como livre na Província de Pernambuco". No caso do preto Guilherme Novaes da Trindade, de agosto de 1854, ele disse ser livre e carvoeiro do vapor *Pedro II*; a sua história foi confirmada e ele entregue "à competente autoridade". O mais das vezes, todavia, o que temos é apenas o ofício seco ordenando a soltura dos suspeitos: em agosto de 1854, "o preto Leandro, de nação Mina, que diz ser forro", apreendido "por suspeito de cativo" num ofício, aparece em outro como "o preto liberto de nome Leandro", que se mandava "pôr em liberdade"; em junho de 1853, a preta forra Maria Joaquina seria posta em liberdade, mas antes teria de assinar "termo de bem viver", em talvez outro testemunho da associação costumeira entre condição de liberto e vadiagem; em janeiro de 1854, "mandei pôr em liberdade o crioulo Sinfrônio da Costa Porto"; em fevereiro de 1854, idem quanto ao "preto José Francisco de Nação Rebolo", e assim por diante.

Em meados dos anos 1850, o número de pessoas detidas no Calabouço e na Casa de Correção por suspeita de que fossem escravos fugidos se tornara um incômodo ao governo imperial. Como se diz expressamente numa consulta da seção de Justiça do Conselho de Estado, de 11 de fevereiro de 1856, "O grande número de detidos, que era útil quando a Casa estava em construção, hoje é um mal que cumpre diminuir".[21] Em suma, a Casa de Correção da Corte se construíra com a força de trabalho de africanos livres e de indivíduos detidos por suspeição de que fossem escravos fugidos; concluídas as obras, aquelas pessoas passaram a importar pela despesa que davam ao poder público. A consulta de fevereiro de 1856 se originara da petição da proprietária da escrava Miquelina, que por ser órfã e menor de idade argumentava que não tinha como cobrir as despesas feitas por sua cativa na Casa de Correção, por conseguinte não podia tirá-la de lá.[22]

Os conselheiros avaliaram duas medidas para lidar com o problema. Consideraram em primeiro lugar a possibilidade de aplicar a escravos, ou supostos escravos, o mesmo procedimento abreviado determinado em decreto de 25 de novembro de 1850 a respeito da arrematação de outros bens. Todavia, acharam que cativos não se comparavam bem a "gêneros ou efeitos de fácil deterioração, ou avariados, ou de guarda dispendiosa". Vendas ordenadas e executadas de maneira sumária tinham cabimento no juízo comercial a respeito de certas mercadorias, mas escravos "não podem ser comparados a esses objetos", pois o valor deles e outras considerações exigiam que se seguissem formalidades destinadas a garantir o direito de propriedade dos senhores. De qualquer maneira, os conselheiros recomendaram o alvitre de abreviar a duração da espera para se decidir sobre a condição de bens do evento de escravos fugidos. Em vez de a polícia esperar por sessenta dias para ver se o suposto senhor aparecia para reclamar o escravo, outros tantos para que o juiz provedor chegasse a uma decisão, mais um período para a realização do leilão segundo o estabelecido no regulamento de 9 de maio de 1842, os conselheiros propunham que os detidos fossem prontamente colocados à disposição do juiz provedor. Concluíam que tal medida "economizará muito tempo". Quanto às despesas feitas pelos suspeitos de serem escravos fugidos na Correção, obstáculo comum ao levantamento deles devido a senhores sem recursos para fazê-lo, ou pelo acúmulo de dívida às vezes superior ao próprio valor do cativo no mercado, os conselheiros recomendavam a restrição das despesas atribuídas aos senhores. Os proprietários deveriam pagar apenas os custos de "apreensão e condução", de "custas judiciais, para os anúncios e arrematações", de "vestuário". Despesas de "sustento" e enfermaria seriam cobradas somente quanto aos cativos "que não trabalharem". Tudo isso apareceu em decreto de 14 de fevereiro de 1857, que deu "providências a respeito dos escravos demorados na Casa de Correção da Corte".[23]

Suponho que essas medidas ajudem a explicar o número bastante expressivo de pessoas detidas como escravos fugidos, declaradas bens do evento e levadas à arrematação em praça pública ao longo da década de 1860. São listas e mais listas de gente indo a leilão, o que leva a indagar sobre a hipótese de pessoas livres e libertas compartilharem aquele destino com as que permaneciam escravizadas. De vez em quando a possibilidade de tais erros se confirmava, com a descoberta da liberdade de alguém prestes a ser leiloado. Uma lista típica, salvo por um detalhe, aparece em ofício de 7 de abril de 1868, do diretor da Casa de Correção,

Daniel José Thompson, ao juiz da provedoria, acompanhando a remessa de escravos para serem arrematados em praça como pertencentes a bens do evento:

> Sinfrônio, crioulo de Fidélis da Costa Pimentel; Domingos Cabinda de Thereza Carolina Charpentier; Maria, Monjola, de Ana Maria de Jesus Barbosa; Manoel, crioulo, de José dos Reis Belo; Antônio Angola, de José Geraldo; Antônio, crioulo, de Manoel Bernardo de Souza; Joaquim, crioulo, de Joaquim Antônio Dias, e Maria, crioula, do Conselheiro Mariano Carlos de Souza Correia; devendo notar a V. Excia. quanto a esta última que o Conselheiro Mariano Carlos de Souza Correia declara ser ela de condição livre.[24]

Pelas histórias que aparecem na documentação coligida, os escravos que figuravam nessas listas haviam chegado ao Calabouço da Casa de Correção, em sua maioria, por haverem sido apreendidos como escravos fugidos ou por terem sido enviados para lá pelos próprios senhores para sofrer castigos. Entre os fugidos, acabavam bens do evento os que não eram reclamados pelos senhores, porque não se pôde localizá-los a partir das informações disponíveis, ou porque os proprietários resolveram abandonar seus cativos, em geral devido à quantia que teriam de pagar para reavê-los, conforme já observado. Alguns dos conduzidos ao Calabouço para sofrer castigos acabavam igualmente abandonados, mas nesse caso me parece que predominavam razões disciplinares ou a impossibilidade de o cativo continuar a prestar serviços, por motivo de saúde ou limitação física.

O detalhe destoante nessa lista de gente indo a leilão é que, ao enviar os "bens", o próprio diretor da Correção informava que o conselheiro Mariano, suposto senhor da crioula Maria, afirmava "ser ela de condição livre". Imagino que o tal conselheiro tenha se apresentado na undécima hora, depois de o juiz provedor haver julgado Maria bens do evento e requisitado a negra para arrematação. De qualquer modo, houve tempo de emendar a cousa, pois em ofício de 3 de julho de 1868 o juiz da provedoria concluía "ser *de condição livre* a preta Maria, crioula, que aqui se achava presa como escrava do conselheiro Mariano Carlos de Souza Correa, mandando pôr *a mesma escrava* em liberdade" (grifos meus).[25] A frase do juiz da provedoria apresenta uma "dialética" interna, por assim dizer, no mínimo curiosa: após concluir que a preta Maria era "de condição livre", ordena a soltura da "mesma escrava"! Sorte maior deu o preto Antônio, que fora arrematado por Antônio Ribeiro Marinho & Cia. Ofício da diretoria de contabilidade do Tesouro Nacional ao diretor da Casa de Correção, de 2 de outubro de 1873, solicitou o valor da despesa realizada por Antônio na Correção, paga pelo arrematante, que cumpria agora ressarcir, pois a venda fora "posteriormente anulada, por ser julgado liberto o dito preto".[26]

Pode ser inglório dar dimensão justa ao drama humano por trás de cada uma dessas histórias, de pessoas que haviam sido escravizadas, lograram se libertar, ameaçadas de voltar ao cativeiro. Os episódios se repetem a cada pacote desses papéis, perturbadores. Numa vista d'olhos, lemos uma notícia do mundo da escravidão: Felicidade, preta-mina, escrava de Paulina Maria da Conceição, preta-mina ela também, fora recolhida ao Calabouço por ter sofrido castigos severos e por estar doente do peito "em razão de lhe terem arrancado o filho". Noutra folha, aparece o crioulo Getúlio, detido como escravo do dr. Lopo d'Albuquerque Diniz, "que declara ser livre, casado, ter servido como praça do exército, e ser guarda nacional". Mandou-se averiguar. Depois aparecem o preto Sebastião e o pardo Ladislau, crioulos ambos, que se achavam no Calabouço como bens do evento. As inquirições mostraram que tinham recebido alforria condicional, que já haviam cumprido o tempo de serviço ao qual estavam obrigados, não podiam entrar em leilão. Esses episódios ocorreram entre agosto e outubro de 1866. Todavia, Ladislau se encontrava no Calabouço desde 13 de julho de 1862, dizia ter pago uma quantia em dinheiro para remissão do período de serviço que lhe restava para ficar plenamente livre, mas não o deixavam "gozar" a liberdade. A sua história mexeu até mesmo com o diretor da Correção, Daniel Thompson, que fechou assim o seu ofício ao chefe de polícia: "Conhecedor dos sentimentos filantrópicos de V. Exa. e a bem da moralidade pública rogo-lhe se digne ouvir a esse infeliz no intuito de que não seja defraudado o direito de um miserável".[27]

A situação dos negros detentores de alforrias condicionais parecia particularmente frágil, o que requer atenção, pois a historiografia sobre o tema tem ensinado que comumente entre 30% e 40% das liberdades eram concedidas mediante alguma condição, com frequência prestação de serviços por vários anos (sete, em muitos casos) ou por período indeterminado (até a morte do cônjuge sobrevivente, casamento do filho ou da filha, maioridade deles etc.), fora a prática comum de compra da alforria mediante endividamento do libertando, que amiúde se via em apuros para saldar a dívida.[28] Em 12 de janeiro de 1867, Daniel Thompson escreveu ao juiz da provedoria para observar que entre os escravos que se achavam à disposição do juízo encontrava-se o crioulo Emílio, que chegara ao Calabouço enviado por Clementina Rosa Soares em novembro de 1864. Descobrira-se depois que dona Clementina adquirira direito apenas aos serviços de Emílio por verba testamentária, logo o negro recebera liberdade sob condição. O diretor da Correção queria "evitar que sendo arrematado em praça se reduza à perpétua escravidão um indivíduo que tem direito à sua liberdade na época do falecimento da usufrutuária de seus serviços". Ou seja, Emílio cumpria condição por tempo indeterminado, pois devia esperar pela morte da beneficiária de seus serviços para ficar plenamente livre. Thompson dizia zelar pelos "direitos desse infeliz", que ademais, em época de Guerra do Paraguai, afirmava "ter desejos de obter liberdade para voluntariamente se oferecer para o serviço de guerra".[29] Emílio foi declarado livre pelo juiz, decerto por este haver considerado que dona Clementina desistira de seus serviços ao deixá-lo no Calabouço por um longo período. Nesse caso, como em tantos outros, impressiona que esses negros tenham ficado anos a fio na prisão à espera de definição de sua situação.[30]

Em 5 de setembro de 1867, Daniel Thompson escreveu ao chefe de polícia a respeito de João, crioulo, preso no Calabouço desde 7 de agosto por estar na rua "fora de horas", que constava como escravo do dr. Costa Lima, porém afirmava ser livre. Ao saber que o dr. Costa Lima visitava o estabelecimento naquele dia, o diretor da Correção foi ter com ele para descobrir "a verdade". O doutor lhe disse que João era mesmo livre, "apenas seu criado e não escravo".[31] Dias depois, em 11 de setembro, Thompson enviou um longo ofício ao chefe de polícia narrando a história do "preto-mina de nome Fiel", que se encontrava no Calabouço desde junho do ano anterior. Fiel reclamava que continuava detido sem outro motivo que não a vontade de José da Costa e Souza, que se inculcava seu senhor, contudo não o era, pois apenas tivera direito a usufruir dos serviços dele para "indenizar-se de um empréstimo que lhe fez para sua alforria". Fiel fora escravo da preta-mina Rosa, de quem se libertara oferecendo-lhe o pecúlio de novecentos mil-réis e contraindo um empréstimo de 1:100$000 (um conto e cem mil-réis) com o dito Costa e Souza, pois a senhora exigia dois contos pela alforria. A transação foi feita e ele ficou liberto, "como poderão jurar suas companheiras as pretas forras Maria da Conceição e Maria das Dores que moravam e quitandavam na praça do mercado com ela [a senhora?], e presenciaram o fato". O preto-mina alegava que já havia pago a Costa e Souza quantia bem superior a que lhe devia, porém fizera tudo em confiança e não tinha recibo de nada, ficando impossibilitado de buscar seus direitos. O inculcado senhor o mantinha no Calabouço aquele tempo todo "por mero capricho", depois declararia proibitivas as despesas para retirá-lo, de modo a obrigar "a nação a considerá-lo bens do evento e reduzi-lo à escravidão, vendendo-o em praça pública". Daniel Thompson achava Fiel um negro "de boa índole e costumes", e o que ele dizia sobre as possíveis intenções do suposto senhor "em todo o caso são factíveis de se darem".[32]

Os leitores devem imaginar que, nesses maços, para cada ofício a narrar a história de uma pessoa cuja liberdade se comprovou antes de ela ser levada a leilão como cativa, há outros a trazer róis de gente encaminhada para arrematação. Não se pode saber quantas dessas pessoas passavam pela experiência da reescravização. Só temos as histórias breves dos que conseguiram escapar dela. O crioulo Antônio dera entrada no Calabouço como escravo de Maria Luiza da Conceição, virara bens do evento provavelmente por abandono, foi posto em liberdade "visto haver o mesmo crioulo provado ser liberto por seu ex-senhor José Paes Brito e Melo" (setembro de 1867). Lista de gente para leilão. Em meio a vários "escravos" transferidos da Casa de Detenção para o Calabouço da Casa de Correção seguiu Joaquim Cabinda, cativo de Manoel Joaquim, que foi reconhecido como Rufino, angola, africano livre que trabalhara na própria Correção durante muitos anos e recebera a sua carta de emancipação em 13 de outubro de 1864 (ofício de novembro de 1867). Lista de gente para leilão. A preta Maria se achava "recolhida" à disposição do juiz da provedoria como bens do evento; "foi nesta data pelo mesmo Juiz mandada pôr em liberdade por ter verificado ser a mesma liberta" (dezembro de 1867). Lista de gente para leilão. A preta Thereza, rebola, escrava de dona Delfina Rosa do Espírito Santo, presa "como pertencente a bens do Evento", considerada livre pelo juiz da provedoria (fevereiro de 1868). Lista de gente para leilão. Germano, de nação moçambique, recolhido ao Calabouço "como pertencente à herança do finado Maurício José Ferreira, mandada arrecadar pelo Juízo de Ausentes". O negro afirmava ser liberto e apresentou como prova "o documento que incluso apresento a V. Exa. firmado por pessoas do meu conhecimento cujas assinaturas não posso duvidar, por serem verdadeiras", segundo a explicação de Daniel Thompson, em missiva ao chefe de polícia (fevereiro de 1868). Lista de gente para leilão. Dona Joaquina Rosa Gomes requereu ao chefe de polícia a soltura de "seu escravo menor de nome Joaquim". Todavia, o "crioulo" asseverava que era livre, por isso continuava "recolhido" ao Calabouço, a prisão dos escravos, "até verificar-se sua condição" (maio de 1868). Lista de gente para leilão. A preta Benedita estava no Calabouço por requisição de Severo da Cunha Machado, depositário dos bens pertencentes a Lourenço Leite Ribeiro, talvez para arrematação judicial, quem sabe por algum ato de insubordinação. O fato é que ao chegar lá "declarou ser liberta por seu dito senhor pela quantia de 600$000 réis e apresenta a inclusa carta de alforria registrada em data de 6 de Março próximo findo no competente livro de registro a fls. 30 verso" (maio de 1868). Lista de gente... Lembram da preta Thereza, rebola, considerada livre em fevereiro de 1868? Está logo aqui em cima, neste mesmo parágrafo. Pois em junho de 1868 foi presa de novo, pelo subdelegado da freguesia de São Cristóvão, "por suspeita de fugida". Daniel Thompson informou que a preta "já aqui se achou presa no mesmo calabouço à disposição do Juízo da Provedoria como pertencente a bens do Evento, e por ofício do mesmo Juízo datado de 6 de Fevereiro do corrente ano, foi posta em liberdade por ser considerada como de condição livre". Lista de gente... [33]

A leitura desses papéis deixa impressão forte de constrangimento sistemático à liberdade dos negros. Parecia difícil estar seguro numa sociedade cujo Estado se fizera fiador da propriedade escrava adquirida por contrabando, que rotinizara a escravização ilegal, que se acostumara a ver em cada negro um escravo até prova em contrário, por conseguinte rotinizara também a reescravização, ou ao menos a circunstância de levar a vida a temê-la, a articular estratégias para lidar com o perigo. Em 23 de maio de 1872, Jesuína, cabocla, fora detida e levada ao Calabouço.[34] Não se menciona o motivo da prisão, em cuja ocasião ela nada reclamara, "apesar de lamentar-se muito". Mais tarde pedira para falar "a sós" com o diretor da Casa de Correção; ao conseguir o seu intento, Jesuína lhe entregou cópia da sentença de manutenção de sua liberdade. Vê-se, portanto, que a mulher lamentou a sua má sorte, pois já não era a primeira vez que tinha de lutar para permanecer livre; além disso, ela não se expôs a princípio, preferindo a estratégia de falar diretamente ao diretor, quiçá porque temesse entregar o documento de prova de sua liberdade a algum funcionário que fizesse pouco caso de seu direito, que pudesse lhe surrupiar o papel. A ameaça de sofrer abusos, de mofar na cadeia sem justificativa, de acabar em leilão, como se fazia ao gado e às bestas, tudo isso estava lá, na experiência dos negros livres, na Corte e alhures.

Vez ou outra algum contemporâneo se dispunha a resumir a história como ela realmente acontecia, mesmo que em retórica suave. Pode ser que na missiva que se segue a principal preocupação da autoridade fosse dar destino a escravos abandonados pelos senhores porque não tinham mais condições físicas de suportar a exploração de seu trabalho. Do chefe de polícia da Corte, desembargador Ludgero Gonçalves da Silva, ao juiz da provedoria, 3 de dezembro de 1873:

> Alguns pretos existem no Calabouço desta casa, a [sic] muito tempo reclusos como bens do evento, sem decisão acerca de suas

> condições. Não só o prejuízo que eles causam à fazenda pública, por serem a maior parte deles velhos e achacados, como sobretudo a perda da liberdade por tanto tempo que quase em geral vão terminando com o óbito, reclamam de V. Exa. providências a respeito, *mesmo porque bem pode acontecer que no meio desses infelizes algum exista preso por suspeita de ser escravo fugido, que não tenha tal condição* [grifo meu].[35]

Apesar de a resistência ao recrutamento para o Exército e a Marinha ser bastante presente na documentação policial, há indícios de que os escravos viam alguma oportunidade de escapar ao cativeiro se tornando pedestres da polícia, rondantes da Guarda Nacional ou voluntários durante a Guerra do Paraguai. Nesses casos, a identificação correta de um fardado que era na realidade escravo fugido podia causar certo desconforto às autoridades. Em 17 de agosto de 1864, o pardo Timóteo assentou praça no corpo policial da Corte, dizendo se chamar João Batista dos Santos, ser guarda nacional e trabalhador do Arsenal de Marinha.[36] As informações obtidas pela polícia no Arsenal de Marinha pareciam confirmar a condição de livre de Timóteo. No entanto, poucos dias depois apareceu dona Catarina Joaquina Maciel Woivodick, viúva, alegando ser "senhora e possuidora" dum escravo pardo de nome Timóteo, que recebera como parte do pagamento de sua meação na partilha referente ao inventário do marido. Descobriu-se que a mãe de Timóteo ou João Batista continuava escrava de dona Catarina e testemunhas confirmaram que João Batista era Timóteo. Mandou-se dar baixa no corpo policial e entregar o escravo à dona. Vários anos depois, em 1872, aparece um requerimento, de Damásia Maria dos Santos, solicitando a liberdade de seu filho Timóteo João Batista dos Santos. Timóteo João Batista dera entrada no Calabouço em 24 de novembro de 1868, por requisição de seu senhor, o barão de Silveiras. Este o deixou ficar lá, até que o pardo foi declarado bens do evento em 13 de abril de 1871.[37] Segundo a praxe, deveria ser leiloado, para adquirir novo senhor e para que o poder público se ressarcisse das despesas dele na prisão. Ao requerer que ele fosse posto em liberdade, a liberta Damásia devia estar informada do artigo 6º, inciso 4º, da lei de 28 de setembro de 1871, que declarava libertos os "escravos abandonados por seus senhores". Tudo isso supondo que o pardo escravo Timóteo e o soldado de polícia João Batista dos Santos, de 1864, tivessem se fundido em Timóteo João Batista dos Santos, filho de Damásia, que tentava tirá-lo da prisão em 1872, continuava a fazê-lo em 1873.[38] História significativa, se é mesmo história e não muita coincidência, por mostrar as experiências de Timóteo nas fronteiras entre a escravidão e a liberdade. Cresceu escravo junto à sua mãe escrava, viveu como trabalhador livre empregado no Arsenal de Marinha, virou soldado da polícia por alguns dias, voltou a ser escravo, foi vendido a um barão, acabou enviado ao Calabouço, lá ficou e virou item potencial em rol de leilão, até que veio uma lei que trouxe nova esperança de alforria, mãe liberta a lutar por sua liberdade.

A história de Timóteo mal se compara a outras nas quais escravos foram bem-sucedidos em passar por livres e vestir farda anos a fio. Luiz da Mota fora da Bahia para Pernambuco e servia como guarda nacional em Recife havia onze longos anos quando se descobriu que era escravo fugido.[39] O "desditoso" Luiz da Mota, na petição que enviou a Sua Majestade imperial em 30 de novembro de 1859, ao que parece durante uma visita do imperador à província, não obstante admitir ser escravo fugido, argumentava que os anos que vivera em liberdade e os bons serviços prestados ao soberano e ao país tornavam injusta a sua volta ao cativeiro. O governo imperial orientou o presidente de Pernambuco para que comprasse a alforria de Luiz pelo preço de um conto e quatrocentos mil-réis que os senhores afirmavam aceitar por ela, e que o beneficiado fosse obrigado a pagar a dívida prestando serviços em estabelecimentos públicos.

Mais delicados foram os episódios repetidos de veteranos da Guerra do Paraguai identificados e presos como cativos ao regressar ao país. Em 31 de janeiro de 1870, o diretor da Casa de Correção oficiou ao chefe de polícia da Corte a respeito do "preto Antônio Crioulo", detido como bens do evento à disposição do juízo da provedoria, "que declara ser livre, chamar-se João Fernando Barcelos, e ter servido como praça no exército na Campanha do Paraguai".[40] Em apoio ao que contava o preso, havia o fato de que ele fora reconhecido por dois guardas da própria Casa de Correção, Zeferino Francisco e Manoel Joaquim, que haviam servido com Barcelos, cabo de esquadra da 6ª Companhia do 4º Corpo de Caçadores a Cavalo. Mais ainda, o cabo tivera baixa do serviço devido a ferimentos adquiridos em campo de batalha. Os dois companheiros de Barcelos afirmavam ter participado de combates ao lado dele, haver recebido tratamento de ferimentos na mesma enfermaria, mostravam-se dispostos a declarar isso sob juramento. O diretor concluía, indignado: "Repugna-me que um homem, que na qualidade de cabo de esquadra, militou em campanha, e foi ferido na defesa da pátria, permaneça mais tempo de ferro ao pescoço e conviva com escravos recolhidos por incorrigíveis ao calabouço, *mesmo no caso de ser de condição duvidosa*" (grifo meu).

Diante da repetição de episódios que tais, o governo pediu informações sobre outros indivíduos presos no Calabouço que afirmavam "ter servido na Guerra do Paraguai". O "preto Aprígio Mina — nagô", escravo da viúva Porto, seguira numa das companhias de zuavos da Bahia; mas regressou "por incapaz" após quatro anos sem ter assentado praça (sic). Quanto ao preto João, escravo do finado major Sabino Lopes do Babo, os "assentamentos" dele pareciam "concordes" com os do praça João Antônio

Ferreira, apesar de pequena diferença na altura, "que bem pode ser engano de tomagem ou da medida".[41] Sobre esse João, há despachos detalhados elaborados no Ministério da Justiça entre abril e junho de 1870.[42] Após dar baixa do serviço da Armada, fora reconhecido como escravo e "recolhido" à Casa de Correção por requisição da administração do Banco do Brasil, "na qualidade de liquidante da firma Leal & Santos, credora do dito major". Quanto ao serviço militar dele, apurou-se que fora grumete da Armada com o nome de João Antônio Ferreira, remetido como recruta para o quartel em Villegaignon em agosto de 1865, porém tivera várias entradas no hospital até ser considerado incapaz pela inspeção de saúde em fevereiro de 1866. O diretor do ministério que recolheu as informações sobre João enfatizou que não se podia comparar a sua história com a do pardo Manoel Pereira de Souza, reclamado como escravo pela viúva dona Maria Umbelina de Siqueira Pontes. Este último havia servido por três anos na Armada Nacional e tivera baixa por "incapacidade física", decerto em consequência de ferimentos. Em suma, o burocrata do ministério achava que João devia continuar cativo e ser vendido para amortizar dívidas deixadas por seu senhor, o major Sabino. Escreveu despacho destemido em defesa do interesse escravocrata: "Nem tanto em favor da liberdade!", foi sua sentença de conclusão.

Não obstante, o governo imperial expediu aviso em 15 de junho de 1870 decidindo que "o fato de ter tido [sic] praça na Armada um indivíduo recolhido como escravo à Casa de Correção constitui uma presunção de liberdade; e sem que esta seja ilidida em juízo competente, não pode ele continuar preso". Em outras palavras, o governo imperial não concedia liberdade a esses veteranos de guerra reclamados como escravos, porém os supostos senhores teriam de litigar na justiça para tentar reavê-los. Como de costume, muito cuidado para não desrespeitar o direito à propriedade de escravos, mesmo quando fossem produto de contrabando ou tivessem ido à guerra lutar pelo país escravocrata. De qualquer modo, no caso em pauta, o barão de Muritiba, ministro da Justiça, oficiou de imediato ao chefe de polícia da Corte mandando colocar em liberdade o preto João, e que o Banco do Brasil recorresse aos tribunais.[43] Ao ler o aviso de 15 de junho, motivado pelo caso do preto João, que fora recrutado porém não chegara a participar de combates, o diretor da Correção voltou à carga em defesa do cabo Barcelos, veterano da Guerra do Paraguai, que continuava encarcerado no Calabouço quase seis meses depois de ele haver escrito ao chefe de polícia sobre o assunto (no Calabouço, o negro já completara mais de um ano). Transcrevo, inteiro, o novo ofício do diretor da Correção, cujo nome não consta da minuta ou eu deixei de anotá-lo, porque mostra que às vezes a experiência de indignação que mal consigo disfarçar ao ler esses papéis pertencia também a personagens daquele tempo. Em 20 de junho de 1870:

> Vou pedir a proteção de V. Exa., em favor de um infeliz que prestou serviços à pátria, verteu seu sangue nos campos do Paraguai, e que existe no calabouço desta casa como suposto escravo, e hoje bens do evento. Trato do ex-cabo do 4º corpo de caçadores a cavalo de voluntários do Rio Grande, João Fernandes de Barcelos, aqui recolhido com o nome de Antônio, suposto escravo de José Joaquim de Oliveira, que da Casa de Detenção veio removido em 8 de Junho do ano próximo passado à disposição do Juízo da Provedoria, que me parece, mais que nenhum, acha-se no caso da determinação última do governo em aviso de 15 do corrente, dada em relação ao preto João, e assim concebida, "que o fato de ter ele tido praça na armada, constitui uma presunção de liberdade; e sem que esta seja ilidida em juízo competente, não pode continuar ali (calabouço), e deve ser posto em liberdade". Este infeliz, estou quase convencido não ser escravo; foi preso por suspeição de sê-lo, acha-se como tal re-

cluso a [sic] quase dois anos, sem que houvesse aparecido o suposto senhor, o que prova o ter passado a bens do evento.

Na presença de V. Exa. depuseram dois guardas deste estabelecimento Manoel Joaquim da Fonseca e Silva, e Zeferino Francisco Portela que o reconheciam como companheiro em alguns combates, e Manoel Joaquim além disso de ter sido com ele na mesma enfermaria, tratado de ferimentos recebidos. O que mais preciso é, que possa constituir presunção de liberdade?

V. Exa. justo como é, tomará a causa de Barcelos debaixo de sua proteção a fim de alcançar a justiça que lhe falta.[44]

Aos poucos, passamos a contar menos histórias de africanos escravizados ilegalmente e começamos a enfatizar experiências de negros brasileiros, os ditos "crioulos", escravizados, libertos, livres. Pois o último tópico deste capítulo é precisamente dar a ver algo do repertório das práticas de escravização ilegal deles, conforme se pode ver na documentação policial e em alguns processos cíveis. O tema aparece com mais força nas fontes coligidas referentes às décadas de 1850 e 1860, visto por vezes como decorrência do fim do tráfico africano ilegal. Em agosto e setembro de 1854, a Câmara dos Deputados debatia um projeto de lei apresentado por João Maurício Wanderley, o futuro barão de Cotegipe, parlamentar pela Bahia, que propunha medidas para restringir o tráfico interno de escravos. Wanderley alegava que à cessação do tráfico africano seguira-se o incremento do tráfico interno de escravos, com fluxo constante de cativos das províncias do Norte para as do Sul.[45] O deputado ofereceu diversos argumentos para defender o projeto, entre os quais se destacava o de que em breve haveria falta de braços nas províncias do Norte, além do risco de se reproduzir, no Brasil, a mesma divisão política em torno da escravidão que existia naquele momento nos Estados Unidos. Entretanto, não importa quão fortes seus argumentos de ordem econômica, Wanderley os reforçava desenhando em cores vivas o sofrimento humano associado à recente prosperidade do tráfico interno, "tão bárbaro, tão inumano, e direi ainda mais bárbaro, mais inumano do que era o tráfico da costa d'África. (*Numerosos apartes.*)". Prosseguia assim: "Vê-se mais (e é um horror, senhores!) crianças arrancadas das mães, maridos separados das mulheres, os pais dos filhos! Ide à rua Direita, esse *novo Valongo*, e ficareis indignados e compungidos com o espetáculo de tantas misérias!".[46]

O fato de o deputado baiano ter recorrido a esse apelo "humanitário", por assim dizer, no contexto de um discurso em defesa de projeto de lei proposto por ele próprio não nos deve levar a considerar as suas palavras simplesmente falsas ou exageradas. Em estudo recente e detalhado sobre o tráfico interno de escravos, Robert Slenes demonstra que o negócio envolvia a migração forçada de africanos ladinos, já com bastante experiência de escravidão no país, e de crioulos, ou pessoas já nascidas escravas no Brasil, logo o que ocorria era a desestabilização das condições de cativeiro de grupos e indivíduos havia muito inseridos em práticas de dominação específicas, no interior das quais haviam obtido — por negociação, na astúcia ou na marra — direitos costumeiros que impunham certos limites ao exercício do poder senhorial. Segundo Slenes, "a possibilidade bem real de terem as suas famílias desfeitas pela venda era apenas um dos aspectos do comprometimento geral de antigas 'regras' e expectativas"; o historiador observa ainda que esses negros achavam, "de fato, que estavam sendo tratados como 'africanos novos'".[47]

Convém refletir sobre se tal analogia, em vez de rasgo retórico, pode ser na verdade a maneira mais precisa de descrever a experiência de centenas de milhares de escravizados. Em seu discurso de 1º de setembro de 1854, já referido, Wanderley afirmou que, em consequência dos altos lucros auferidos no tráfico interno, "reduzir à escravidão pessoa livre" tornara-se "no norte uma outra especulação". Asseverou que "Homens a quem estão confiados esses desgraçados meninos de cor parda ou preta têm-os [sic] vendido; outros empregam violência para roubar crianças e vendê-las!". Enquanto denunciava a prática de escravização de pessoas livres de cor, Wanderley teve de responder a apartes do deputado Silveira da Mota, que parecia considerar normal essas ocorrências, pois "Em praça pública faz-se isto em toda a parte. [...] há de haver sempre leilão de escravos". Não importa quão vago o conceito de verdade para parlamentares engajados em debates políticos na Câmara, é sugestivo o fato de ambas as personagens, embora talvez em desacordo quanto ao juízo moral que faziam do assunto em tela, considerarem costumeiros os atos de escravização de pessoas livres de cor.

A verdade é que a escravização ilegal de "crioulos" virara assunto regular na documentação policial das décadas de 1850 e 1860. Em 11 de setembro de 1850, o chefe de polícia, Antônio Simões da Silva, escreveu ao ministro da Justiça, Eusébio de Queiróz, a respeito de Benedito Antônio de Albuquerque, sobre quem recebera correspondência do presidente da província do Rio Grande do Sul informando haver indícios de ser ele "homem livre reduzido à escravidão".[48] Constava que Benedito saíra das Alagoas para a Bahia, e de lá para o Rio Grande do Sul, para ser vendido como cativo. Todavia, ele alegou que era livre, apresentou documentos, "resultando daí presunção de liberdade". Benedito foi então remetido para a Corte, onde permanecia em depósito à espera da definição de seu caso. O dossiê havia sido enviado para a presidência da província da Bahia com a recomentação de que se fizessem "as mais minuciosas indagações" sobre a condição do negro. Noutro episódio, de agosto de 1851, João José da Silva Braga fora preso por ter reduzido à escravidão o cabra Manoel, que viera com ele do Sergipe na qualidade de seu criado.[49]

Essa história sugere que alguns negros livres desciam para o Sudeste na esperança de melhorar de vida, para então descobrir que haviam sido reduzidos ao cativeiro. O preto José, natural de Pernambuco, 37 anos, solteiro, sapateiro, foi preso na Corte em 1865 acusado de haver assassinado o cunhado de seu suposto senhor.[50] José afirmou ser "livre de nascimento", porém havia sido "engajado" para a Corte para ser "criado" do português Manoel Teixeira, que adoeceu e o deixou com Bernardo Pinto, que sugeriu que fosse para Cantagalo, ao que anuiu "iludido com promessas de lá ganhar mais dinheiro pelo seu ofício". Ao chegar a Cantagalo percebeu "que o tinham escravizado", desesperou-se, sofreu castigos que mal pôde suportar, tentou o suicídio, acabou vendido de volta para a capital, agora escravo de Fuão Goulart. Novos castigos, fuga, emprego como sapateiro, até que o cunhado do tal Fuão Goulart o encontrou e quis entregar para o suposto senhor, mas levou uma facada e morreu. Não obstante ser impossível saber se José contou a sua história como ela realmente se passou, ou mesmo se a contou de maneira fiel ao seu modo de ver as cousas, o fato é que sua narrativa não sofreu contradita por outras testemunhas em nenhum aspecto relevante, o que permite que tomemos a sua versão como plausível — ou seja, verdadeira ou não em seus detalhes específicos, fornece informações valiosas sobre a experiência das pessoas livres de descendência africana no Brasil oitocentista.

Por isso impressiona o empenho de José em fornecer à polícia detalhes que poderiam confirmar a sua alegação de que fora reduzido à escravidão ilegalmente:

> Que ele respondente é livre de nascimento, e tem a mãe viva no Pau d'Alho, à qual chama-se Joana Maria da Conceição: que além de sua mãe ainda tem na cidade do Recife uma tia de nome Silvéria Maria da Conceição, que é moradora na rua Direita perto do

beco do peixe frito, e é seu padrinho de batismo o tenente-coronel da Guarda Nacional Antônio Lauriano Lopes Coutinho, o qual também é morador na mesma Cidade à rua do Queimado.

Cá está uma personagem que sabe dar parecença de verdade à sua alegação de liberdade: "Maria da Conceição", nome de sua mãe, era apelido comum de mulheres libertas;[51] o padrinho "tenente-coronel da Guarda Nacional" sugeria uma estratégia corrente de pessoas livres pobres de cor, qual seja, a de buscar no compadrio a possibilidade de proteção em momentos de necessidade ou perigo. Ademais, José nascera em Pau d'Alho, diz que sua mãe ainda morava lá. Após um longo percurso, estamos de volta ao ponto de partida, a Pau d'Alho, à província de Pernambuco, a uma história de escravização ilegal. Como vimos, o termo de Pau d'Alho foi um dos focos principais da rebelião popular de janeiro de 1852 contra os decretos que determinavam o recenseamento e o registro obrigatório de nascimentos e óbitos. Os amotinados, pretos e pardos livres pobres, achavam que o objetivo da lei do registro civil consistia em reduzir à escravidão "a gente de cor"; mais precisamente, pensavam que "as disposições do Decreto têm por fim cativar seus filhos, visto que os Ingleses não deixam mais entrar Africanos".[52] Não sei se José vivia com sua mãe em Pau d'Alho durante os acontecimentos de 1852. De qualquer modo, parece claro que ele conhecia por experiência própria aspectos significativos da precariedade da liberdade no Brasil imperial. Quem sabe a sua narrativa sobre escravização ilegal tenha se nutrido da cultura política popular na qual se formou.

Durante o "grande medo" de 1852, pretos e pardos livres atribuíam ao governo a intenção de reduzir à escravidão a gente de cor. Pode ser que temor tão generalizado seja indício de que os revoltosos soubessem bem que a escravidão vinha se reproduzindo pela prática maciça da escravização ilegal desde a década de

1830, por conseguinte supusessem que a cessação do contrabando de africanos os colocaria na alça de mira de traficantes e fazendeiros. Havia episódios regulares de sequestro e venda de crianças negras que ajudam igualmente a explicar o seu receio de que pudessem "cativar seus filhos".[53] Em 15 de fevereiro de 1855, o chefe de polícia da Corte enviou missiva ao ministro da Justiça a respeito da "menor Luíza", pois o governo imperial recebera informação do presidente da província do Rio Grande do Sul de que a menina, apesar de livre, fora remetida para o Rio para ser vendida.[54] O meliante suposto autor do feito se chamava Manoel Serafim da Silveira, residente na vila de Piratini e "vereador da respectiva Câmara Municipal". Descobrira-se que um certo Manoel Vilaça intermediara a venda da menina para Antônio Amorim, administrador da fazenda da Barra Limpa, freguesia das Dores, província do Rio de Janeiro. Requisitara-se ao chefe de polícia da província do Rio a remessa de Luíza para a Corte. O assunto ficou esquecido até agosto de 1856, quando o ministro Nabuco de Araújo quis saber se afinal a menina fora encontrada, se estava na Corte. Antônio de Godói, o chefe de polícia, apurou que Luíza era "uma menor de 4 a 5 anos de idade, de cor preta", "como livre nascida no Estado Oriental", remetida e vendida como escrava na província do Rio de Janeiro. Ela havia sido encontrada e remetida à Corte, onde se achava "depositada" na casa de Antônio Guimarães, morador no largo do Rocio. Estava-se à espera de manifestação do presidente do Rio Grande do Sul, sobre se queria a remessa da menina para lá, sobre quem pagaria "a despesa com transporte e depósito" (sic).

Crianças de cor livres e pobres podiam ficar indefesas diante do costume senhorial da escravização ilegal. Joaquim de Azevedo Ramos apresentou petição em favor do pardo Odorico em agosto de 1862, alegando ser seu pai e buscando livrá-lo de um cativeiro que considerava ilegal.[55] Ramos explicou que em virtude de sua "fragilidade" tivera "relações de amizade com a preta Felismina, a qual era livre, porém foi vendida ao finado pai do atual Tabelião Perdigão como cativa e com o nome de Teresa, a qual já é falecida desde 1842". Odorico nascera dessas "relações de amizade" entre Ramos e Felismina. Três testemunhas prestaram depoimento detalhado em apoio à história contada por Ramos. Segundo Leocádia Maria da Conceição, natural do Rio de Janeiro, 45 anos, solteira, "vive de suas costuras", residente à rua dos Ciganos, mulher liberta que fora parceira de Felismina no cativeiro, a família Perdigão batizara Odorico como escravo, não obstante reconhecer a condição livre de Felismina.

Ana Rangel de Macedo, natural do Rio de Janeiro, 72 anos, solteira, diretora de colégio, moradora à rua da Princesa dos Cajueiros, enteada do velho Perdigão, ofereceu a sua versão sobre a escravização ilegal de mãe e filho, Felismina e Odorico. Felismina fora vendida a seu padrasto, Manoel Marques Perdigão, por José Bento, homem proveniente de Valença, município cafeeiro do interior fluminense, quando tinha sete anos de idade e lhe davam o nome de Teresa. Certo dia, a suposta Teresa andava na rua em companhia de outra escrava da família quando foi vista por uma mulher que se disse sua madrinha, que aquela menina era Felismina, nascida de condição livre em Valença. A família Perdigão teria acreditado na história e doravante passara a considerar Felismina pessoa livre. Anos depois, dona Mariana, irmã da depoente, levara Felismina para viver com ela. Odorico nascera nessa época, mas dona Ana Rangel não chegou a declarar que fora sua irmã quem batizara o menino como cativo. Entretanto, os autos trazem certidão do registro de batismo, realizado na freguesia de Santana em 9 de junho de 1850. Odorico era "filho de Pai incógnito; foi Protetora Nossa Senhora, e padrinho Manoel Mariano de Castro"; ademais, constava ser escravo de Mariana Rangel de Caldas. A terceira testemunha, Miguel Geraldo da Silva, natural do Rio de Janeiro, 34 anos, solteiro, tipógrafo, residente à rua da Princesa dos Cajueiros, confirmou o conteúdo da petição dizendo que "conhece perfeitamente ser Odorico o próprio e idêntico de que se trata e tido como livre porque foi com ele testemunha criado em casa de Ana Rangel de Macedo". Acrescentou que se consentia que Odorico "andasse calçado", sinal de admissão de sua condição de livre. Às circunstâncias da redução ao cativeiro de Felismina, adicionou o detalhe de que o tal José Bento a trouxera de Valença a pretexto "de aprender a coser acontecendo que aqui chegando vendera a mesma como se fora sua escrava".

Apesar das declarações das testemunhas de que a família Perdigão reconhecia a liberdade de Odorico, o rapaz foi vendido para Leopoldino dos Santos Pereira, que o vendeu para José Antônio Teixeira, que morreu, mas cuja viúva tinha a intenção de vendê-lo de novo, o que afinal parece ter motivado o recurso ao Judiciário por parte de Joaquim de Azevedo Ramos, pai do rapaz escravizado. Ao analisar a petição de Ramos, o juiz municipal exigiu que ele apresentasse "o título de liberdade" de Felismina, sem o qual não concederia mandado de manutenção de liberdade a Odorico. Ramos redigiu de próprio punho uma explicação ao juiz, pois não tinha como atender a essa exigência, "por isso que a mãe do menor era nascida de ventre livre", não podia juntar tal título "por sua nunca existência". Disse mais, que "a existir o título de liberdade da parda mãe do menor, decerto que se tornasse desnecessário o meio justificativo por isso que a posse do título caso não tivesse nascido de ventre livre, e sim tivesse sido libertada seria bastante para provar a liberdade". Em outras palavras, no arrazoado de Ramos, o fato de a falecida Felismina ter sido ingênua — isto é, nascida de ventre livre —, em vez de liberta, dificultava as cousas, pois não havia documento que certificasse o seu estado de liberdade. Destarte, a vulnerabilidade de crianças pretas e pardas diante desses atos de escravização ilegal fica ainda mais evidente.[56]

O que mais impressiona na história da redução ao cativeiro de Felismina e Odorico é que a situação parece obra do destino. Em seu depoimento, Odorico disse que mal tinha lembrança de sua mãe, pois ela morrera quando ainda era bem menino, e que cresceu sem saber de sua condição de livre. No entanto, muitos adultos à volta conheciam a verdade, dispondo-se a admiti-la quando Ramos se decidiu finalmente a lutar contra a escravização ilegal do próprio filho. O jeito da história é de uma conformidade ou impotência geral diante da situação, como se não houvesse mesmo o que fazer quando uma família senhorial, gente "de bem" como os Perdigão, cismava de manter sob a sua "proteção", em cativeiro, crianças negras livres e pobres como Felismina, depois Odorico, filho dela. Tudo indica que o próprio Ramos permaneceu em silêncio diante do cativeiro do filho até que a atitude senhorial mudou em relação ao rapaz, com vendas sucessivas, sabe-se lá para onde da vez seguinte. Em suma, a escravização ilegal de crianças negras pobres parecia naturalizada, parte da paisagem social.

É de novo a sensação na história de Teresa Maria da Hora, em petição apresentada ao juízo municipal em maio de 1869:[57]

> Diz Teresa Maria da Hora de cor preta, de 29 anos de idade, filha natural de Maria da Hora, nascida e batizada na freguesia de Irajá, que tendo sido a mãe da Suplicante escrava do Padre Vigário Manoel José da Costa naquela freguesia foi por ele libertada, e entrou no gozo de sua liberdade, que desfrutou até morrer. A Suplicante nasceu de ventre livre porque livre já era sua mãe quando lhe deu a luz; como livre a Suplicante foi batizada como mostra com a sua certidão de batismo junta. Estes fatos e identidade da Suplicante são conhecidos de muitas pessoas do lugar que a conheciam daquele tempo, como conheciam sua mãe e o dito Padre ex-senhor da mesma. Mas acontece, que por abuso da fragilidade e miserabi-

> lidade da Suplicante tentou-se contra sua liberdade, de sorte, que hoje a Suplicante se acha em poder de Luiz Antônio da Cunha, que ilegalmente a retém e goza de seus serviços dizendo-se senhor da mesma Suplicante [...].

Como se vê, Teresa enfatizou que "muitas pessoas do lugar" conheciam a situação, sabiam de sua redução ilegal ao cativeiro. Todavia, ficara vulnerável ao abuso senhorial devido ao seu estado miserável, balda de recursos para se defender. O senhor contestou a versão de Teresa. Alegou que o falecido vigário libertara alguns de seus escravos por meio de carta de alforria; a maioria ficou livre por testamento. Todavia, o testamento havia sido anulado por sentença judicial. Maria da Hora ficara forra pelo testamento, fora batizada como livre, mas voltara ao cativeiro por força da nulidade do testamento. Além disso, havia outra Maria, conhecida como Maria do Portão ou Maria da Costa Rosa, que o vigário libertara por carta. O senhor dizia que Teresa confundia deliberadamente as duas Marias ao apresentar a carta de alforria de Maria do Portão como se fosse a de Maria da Hora, sua mãe. Por conseguinte, o processo girou em torno do estabelecimento da identidade de Teresa, se ela era mesmo filha da Maria que o vigário libertara por carta de alforria e não da outra Maria, lograda em sua liberdade por um testamento anulado. A preta Teresa mobilizou os parceiros por sua causa. Depuseram em apoio à sua versão da história Martiniano da Costa, africano liberto, 65 anos, casado, carpinteiro, fora escravo do finado vigário; Polidora Maria da Costa, crioula liberta, 63 anos mais ou menos, casada, lavadeira; Joaquim da Costa Gouveia, brasileiro, 35 anos, casado, pedreiro, "cria que foi do Reverendo Manoel José da Costa". As testemunhas declararam que Teresa da Hora era quem dizia que era, que sabiam por terem vivido na casa, que o vigário dera a carta de alforria à mãe de Teresa dias antes de morrer. A menina nascera três meses após a morte do vigário. Após muitas peripécias jurídicas, Teresa ganhou a causa.

A referência à perda de liberdade por efeito de um testamento anulado abre ainda outra via de exploração da precariedade da liberdade no Brasil oitocentista. Em geral, testamentos continham liberdades condicionais, a se efetivar a partir da morte do senhor ou de alguém designado por ele, ou da consumação doutro evento qualquer ao alvitre senhorial, como o casamento de um filho ou filha, a maioridade deles etc. Ademais, testamentos se tornavam amiúde o centro de desavenças familiares em torno da herança, da partilha dos bens, sendo às vezes reformado pelo próprio testador, outras vezes anulado durante a luta fratricida pelo legado do morto. Enfim, liberdade em testamento era situação indeterminada, duvidosa mesmo, que podia resultar na reescravização de gente que até já passara a viver em liberdade.

Em 2 de junho de 1848, o pardo Matias recorreu à justiça para obter "mandado de manutenção" de sua liberdade. Matias afirmava que fora libertado em testamento por sua falecida senhora, dona Francisca das Chagas, que lhe deixara ainda "uma esmola" de 25 mil-réis. Ao apresentar a sua petição ao juiz, ele estava fugido da casa de seu suposto senhor, o dr. Francisco de Salles Torres Homem, médico e advogado, à época um publicista liberal de certa nomeada, mais tarde ministro de gabinete conservador, político nobilitado, que se mostrou espantado com o acontecimento. Afinal, disse ele, havia comprado aquele escravo a ninguém menos do que o "Bispo Capelão-Mor Conde de Irajá", sendo "tal o conceito que lhe merece o Exmo. vendedor, que se julga quase habilitado a declarar que não é o meu pardo" — isto é, haveria um erro de identidade. Mas não havia tal erro, era mesmo do pardo "dele" que se tratava na petição judicial.

Apesar das versões contraditórias, parece possível discernir as linhas gerais dos acontecimentos. Matias nascera em 1809, filho natural de Maria, crioula, batizado na freguesia de São José, na Corte, escravo de João Coelho Marinho, que era casado com dona Francisca das Chagas. Dona Francisca das Chagas fez o seu testamento em junho de 1824, e nele afirmou que Matias ficaria liberto quando da morte dela, sendo o valor dele descontado de seu quinhão nos bens do casal. Todavia, não se sabe bem a partir de quando, o casal passou a viver às turras, ação de divórcio e tudo, querelas em torno de "alimentos" devidos e o mais, como de praxe. Em 1826, o marido resolveu vender Matias, a quem considerava "um tanto vadio e capadócio"; o comprador o vendeu de novo, até que de dono em dono Matias chegou ao reverendíssimo de Irajá, em 1840, e este o vendeu a Torres Homem, em 1847. A essa altura, o casal de brigões morrera havia tempo, porém Matias não esquecera a promessa de liberdade da senhora, que o teria feito livre desde a morte dela, em 1830. Em maio de 1848, por motivos que provavelmente nunca saberemos, ele fugiu da casa de Torres Homem, conseguiu uma certidão da verba testamentária da senhora contendo a promessa de alforria e entrou na justiça para obter a manutenção de liberdade. Passou a viver como livre desde então, até que Torres Homem quis reavê-lo.[58]

A história de Matias sugere que a alforria condicional constante num testamento era promessa de liberdade que poderia ser revogada com certa sem-cerimônia, como fez o marido de dona Francisca ao vender Matias. Quanto ao pardo, demorou a decidir lutar na justiça pelo valimento da promessa de liberdade recebida; quando o fez, porém, foi de maneira decidida, com fuga e manutenção de liberdade. O resultado da contenda foi inesperado, provavelmente do tipo que marca a memória dos envolvidos. Tudo caminhava para a vitória de Torres Homem, com Matias voltando ao seu domínio. A sentença do juiz dizia que a verba testamentária de dona Francisca teria sido revogada, na prática, pela venda de Matias feita pelo marido dela, que estava então no controle dos bens do casal. Todavia, estávamos em 1852, Matias vivia como livre desde 1847, lutava pela liberdade na justiça desde 1848, exibira o seu mandado de manutenção aos oficiais de justiça quando foram detê-lo, conseguira se manter solto, estava aguerrido, convencido de seu direito. Torres Homem desistiu de ganhar. Em 1º de setembro de 1852, dirigiu-se ao juiz desembargador do Tribunal da Relação, que julgaria o recurso à sentença que lhe fora favorável, e de corpo presente, diante de testemunhas, declarou que "ele de sua livre [e] espontânea vontade e sem constrangimento de pessoa alguma desiste de todo o direito e ação que tenha na presente causa pois que era sua vontade que o apelante ficasse livre e gozasse de sua plena liberdade, como se nascesse de ventre livre".

Em certas situações, desavenças entre casais e herdeiros ofereciam brechas aos escravos, que podiam contar com a proteção de uma das partes para obter a alforria.[59] Noutras histórias, como a de Matias, brigas domésticas levavam ao descumprimento de acordos feitos com os negros, resultando em ameaça à liberdade conquistada. A história de João Pantaleão do Espírito Santo exemplifica a ambiguidade da situação, a possibilidade de a cousa ir para um ou outro lado, a depender das relações de força no interior da classe senhorial, mas também da atuação de negros como Matias e João Pantaleão, que não assistiam passivos à briga de mamutes da qual dependeria a sua sorte. Comecemos pela carta de alforria conferida a João:[60]

> Pelo presente por mim feito e assinado declaro que entre os bens de meu casal existe o escravo pardo de nome João, filho da parda hoje livre Valentina Joaquina do Espírito Santo ao qual, *ainda que ausente em lugar incerto* em cumprimento da recomendação de

minha prezada mãe que dele me fez presente, dou plena liberdade para que dela goze como se nascido fosse de ventre livre, com a condição de servir ao Estado na qualidade de soldado do Exército ou do Corpo Policial da Corte pelo tempo de quatro anos.

E por que tenho proposto a meu marido Lourenço Armão Leite Ribeiro ação de divórcio perpétuo, desde já o valor do dito João, se nesta data ainda for vivo será computado na minha meação como se praticar com qualquer outro que porventura o mesmo meu marido tenha igualmente libertado.

Peço portanto a todas as autoridades que façam cumprir a presente como é de minha livre vontade.

Rio de Janeiro, 19 de Outubro de 1863

Ana Teixeira de Barros Leite Ribeiro

O exame da caligrafia do texto em combinação com a da assinatura de dona Ana Teixeira confirma a feitura da carta por ela própria. Consta do dossiê a certidão de batismo de João, datada de 16 de agosto de 1840, filho natural de Valentina, escrava de Mariana Joaquina de Jesus, que declarou fazer "dádiva deste inocente João a sua filha Ana Teixeira de Barros, como escravo que fica sendo de hoje para todo sempre". A carta de alforria e a certidão de batismo, mais o depoimento de testemunhas, serviram de apoio ao pedido de manutenção de liberdade apresentado por João ao juízo municipal da terceira vara em 25 de abril de 1865. Ao fazer isto, o negro estava detido no xadrez da polícia, pois fora localizado e mandado prender por Lourenço Armão, o marido de dona Ana, que se dizia seu senhor. Após fugir de casa, João assentara praça no corpo policial da Corte — precisamente conforme estipularia depois a sua carta de alforria, o que sugere conluio entre ele e sua senhora. Fora na condição de praça do corpo policial que o suposto senhor o encontrara. Para se contrapor à manutenção de liberdade, Lourenço Armão alegou que a carta de alforria concedida a João por sua mulher era "nula e imprestável", sem explicar o motivo pelo qual o seria. O juiz concordou em passar "mandado de manutenção em favor do justificante" em sentença de 3 de maio de 1865. João foi logo solto, o que deixou Lourenço Armão furibundo. Ele recorreu da sentença de manutenção, porém soubera que "o dito escravo não se acha mais no referido quartel, e pelo contrário anda passeando". A irritação do suposto senhor tinha certa graça, pois doutra vez disse que o escravo "de nome João, filho de sua escrava Valentina [...] se adorna hoje com o nome de 'João Pantaleão do Espírito Santo'". Disse mais, que as "dissensões conjugais" haviam feito "lavrar em sua casa a indisciplina", com a fuga de alguns escravos, entre eles João Pantaleão. Em 10 de julho de 1865, o juiz confirmou o mandado de manutenção e João voltou a gozar a liberdade que adquirira havia dois anos.

Histórias de negros que viveram na fronteira entre escravidão e liberdade, de gente ameaçada de escravização ilegal, de reescravização, apareceram regularmente na documentação coligida, como deve estar claro após duas centenas de páginas um tanto monotemáticas. Por isso deixo de contar mais histórias, em especial obséquio aos que tiveram a paciência de permanecer comigo até aqui. Resta ver o que mudou na década de 1870 respeitante ao costume de levar supostos escravos a leilão como bens do evento, tal qual se fazia com gado e bestas. Aliás, acudiu-se primeiro ao lado vexatório e humanitário da cousa, por meio do decreto de 15 de setembro de 1869, assinado pelo ministro da Justiça José Martiniano de Alencar, que proibiu "as vendas de escravos debaixo de pregão e em exposição pública". Desde então as arrematações passaram a ser feitas por meio de propostas escritas. O mesmo decreto proibiu igualmente, nas vendas de escravos, "separar o marido da mulher, o filho do pai ou mãe, salvo sendo os filhos maiores de 15 anos".[61]

A lei de 28 de setembro de 1871 nada disse especificamente sobre bens do evento, porém continha duas disposições que interferiram na prática de enquadrar como tais cativos detidos por suspeita de andarem fugidos e não reclamados por proprietários. O artigo 6º declarava libertos os escravos "abandonados por seus senhores". O artigo 8º mandava proceder à "matrícula especial de todos os escravos existentes no Império".[62] Quanto aos cativos abandonados pelos senhores, eles de fato compunham boa parte das listas de gente enviada a leilão como bens do evento durante toda a década de 1860. Rigorosamente, todavia, escravos abandonados, mas cujos senhores eram conhecidos, não constituíam bens do evento. A lei de 1871 conferia a eles o direito à liberdade de modo inequívoco. Os outros, bens do evento em sentido estrito, consistiam nos "achados sem se saber do senhor ou dono a quem pertençam"; esses não estavam incluídos no dispositivo da lei atinente aos abandonados, por conseguinte não tinham direito à liberdade, conforme esclareceu o Ministério da Justiça em aviso de 10 de setembro de 1872.[63] Em outras palavras, continuaram a ir a leilão, mesmo que sem pregão e exposição pública.

No entanto, a situação dos cativos considerados bens do evento em sentido estrito seria logo afetada pelo dispositivo da lei de 1871 concernente à matrícula especial. Um aviso do Ministério da Agricultura de 12 de novembro de 1875 decidiu que "aos escravos recolhidos em uma casa de detenção e arrematados como bens do evento aproveita a disposição do artigo 19 do Regulamento de 1º de Dezembro de 1871, devendo ser considerados livres".[64] A tradução disso é que ninguém mais podia ser considerado escravo sem haver sido matriculado de acordo com a lei de 1871 e seu regulamento. O tal artigo 19 do regulamento é o que garantia o direito à liberdade ao escravo não matriculado, restando ao senhor recorrer à justiça para tentar provar que a falta de matrícula não decorrera de falta ou omissão sua. O objeto específico do aviso de 12 de novembro de 1875 fora a decisão da recebedoria do Rio de Janeiro, do ano anterior, de se recusar a receber os impostos relativos à trasmissão de propriedade de escravos arrematados como bens do evento devido ao fato de as guias passadas pelo juiz da provedoria deixarem de consignar os números de matrícula deles. O ministério deu razão à recebedoria, pois escravos não matriculados ficavam libertos.

Não sei ao certo se o aviso de 12 de novembro de 1875 produziu os efeitos que deveria. Ele tornava puramente difícil a continuação da prática de apreender supostos escravos fugidos e deixá-los na cadeia a perder de vista, presumindo a escravidão deles até que os senhores aparecessem para reclamá-los ou que decorressem os prazos para a sua arrematação como bens do evento. Tudo indica que ninguém prestou muita atenção ao tal aviso, salvo quanto ao evento específico ao qual se remetia. Isso porque o assunto voltou à baila em aviso de 13 de abril de 1880. Nesse aviso, retornava-se à distinção entre escravos abandonados e bens do evento, para definir os últimos como aqueles "achados sem se saber do senhor a que pertencem". Reafirmava-se que aos cativos bens do evento "aproveita a disposição do artigo 19 do Regulamento de 1º de dezembro de 1871, devendo ser declarados livres".[65] Enfim, mera repetição das palavras do aviso de 1875, o que sugere que ele não produzira efeito.

Esse novo aviso se originara em requerimentos enviados ao presidente da província do Rio de Janeiro pelos escravos Adão e Generoso, que estavam presos na Casa de Detenção de Niterói como escravos fugidos.[66] Eles pediam as suas cartas de alforria porque haviam sido considerados bens do evento. A história de Adão era incrível, pois estava detido desde 1844, a prestar serviços diversos ao poder público desde então. Ele mesmo informou ao governo que fugira de uma fazenda do interior de São Paulo, foram feitas inquirições e se chegou a uma suposta senhora, viúva, moradora em Mogi Mirim. Nada pareceu definitivo, salvo o fato de ele não ter sido matriculado. Generoso estava detido havia dois anos. Não fora reclamado, não havia notícia de sua matrícula especial. O ofício do presidente da província do Rio de Janeiro, Américo Marcondes de Andrade, ao ministro da Justiça, Lafayette Rodrigues Pereira, em 6 de agosto de 1879, resumiu com precisão a doutrina que o governo teria de adotar doravante relativamente a escravos considerados bens do evento:

> Transmitindo a V. Exa. os inclusos requerimentos dos pretos Adão e Genésio [sic], que, por terem sido considerados bens do evento, pedem cartas de liberdade, sou de parecer que o artigo 19 do Regulamento de 1º de Dezembro de 1871, combinado com a Ord. Liv. 3º T. 94 e mais legislação concernente ao assunto autorizam a conclusão de que não podem hoje os escravos constituir bens do evento, porque, ou matriculados fazem-se conhecidos os donos, ou na falta da matrícula lhes favorece a liberdade a disposição daquele artigo [...]. Se a esta interpretação da legislação positiva se acrescentar que a escravidão não se presume contra o direito natural que a todos proclama livres, parece que em caso nenhum se pode declarar alguém escravo, salvo o de prova provada, nos termos da lei escrita, e que por consequência todos os indivíduos da espécie humana que forem encontrados sem dono, ou nas condições de bens do evento, devem ser considerados livres.

Depois de um longo percurso, no qual tivemos de apreciar tantos pronunciamentos em defesa da presunção de cativeiro dos negros, por motivos mais ou menos oportunistas e abjetos, concernentes à defesa da propriedade escrava ilegal e à suposta necessidade dela para a prosperidade e a segurança do Império, refresca quiçá fechar este capítulo com uma defesa hábil da presunção de liberdade. A opinião do presidente da província do Rio de Janeiro, uma das mais apegadas à escravidão em sua decadência ao longo da década de 1880, prevaleceu no aviso de 13 de abril de 1880. Outrossim, deve ter inspirado o do dia seguinte, 14 de abril, no qual o Ministério da Agricultura instava o da Justiça a obter "informações acerca da existência nas prisões públicas, de escravos considerados como bens do evento"; tais informações deviam compreender "não só a data da prisão dos ditos escravos, como ainda todas as circunstâncias que possam interessar ao direito de cada um deles".[67] Ao que parece, iniciava-se o desmonte da engrenagem criada em deferimento à força da escravidão, que mantivera tanta gente em cativeiro à revelia das leis do país desde a década de 1830. O legado dessa engrenagem, porém, é outra história, e ainda é a nossa história.

10. Machado de Assis (remate)

O deputado Martinho Campos, escravocrata empedernido, aparece a "cavalgar" um escravo; seu lema era "escravidão ou morte". Em abril do mesmo ano, na publicaçao seriada das Memórias póstumas de Brás Cubas *na* Revista Brazileira, *capítulo XI, Machado de Assis fizera com que Brás Cubas dissesse assim, ao lembrar a infância: "Prudêncio, um moleque de casa, era o meu cavalo de todos os dias; punha as mãos no chão, recebia um cordel nos queixos, à guisa de freio, eu trepava-lhe ao dorso, com uma varinha na mão, fustigava-o* [...]".

Há na alma deste livro, por mais risonho que pareça,
um sentimento amargo e áspero [...].
Machado de Assis, *Memórias póstumas de Brás Cubas* (1880),
prólogo da quarta edição, 1899

Um dos princípios constitutivos das *Memórias póstumas de Brás Cubas* é a reflexão a respeito do modo como o tráfico africano ilegal e a propriedade de gente escravizada à revelia da lei incidem na configuração das relações sociais, na formação do Estado e no processo de moldagem de representações sobre o caráter nacional no Brasil oitocentista. Para dar plausibilidade a uma hipótese desse teor, é preciso ler o artifício ficcional nas chaves do conteúdo referencial, diálogo com a tradição narrativa pertinente e coerência interna do texto. Por conteúdo referencial não se entende citação, remissão factual, mas o intuito do autor de interpretar o sentido do processo histórico aludido na obra literária. A tradição narrativa pertinente no caso é a ficção realista do Oitocentos e a maneira como institui temas "bons para pensar", por assim dizer, na medida em que deixam fluir alegorias de crítica social — interessam-nos, em particular, as apropriações literárias do tema do adultério feminino. A coerência interna do texto é o modo como integra o conteúdo referencial e a história literária no trabalho de criação de um mundo imaginário vazado na verossimilhança.[1]

As principais menções diretas ao tema do tráfico africano ilegal nas *Memórias póstumas* estão vinculadas a Cotrim, o cunhado de Brás Cubas. A mais completa delas é o perfil da personagem que aparece no capítulo CXXIII, "O verdadeiro Cotrim". A ocasião surge quando Brás, interessado em se casar com a sobrinha do outro, pede-lhe a sua opinião sobre o negócio. Cotrim prefere não opinar, porém admite francamente que, se consultado pela sobrinha, "seu conselho seria negativo". Apesar de o episódio ter se passado por volta de 1849 ou 1850, o defunto autor, ao lembrá--lo do além-mundo em 1880, destila certo fel ao compor o perfil que se segue:

> Talvez pareça excessivo o escrúpulo do Cotrim, a quem não souber que ele possuía um caráter ferozmente honrado. Eu mesmo fui injusto com ele durante os anos que se seguiram ao inventário de meu pai. Reconheço que era um modelo. Arguiam-no de avareza, e cuido que tinham razão; mas a avareza é apenas a exageração de uma virtude e as virtudes devem ser como os orçamentos: melhor é o saldo que o *deficit*. Como era muito seco de maneiras, tinha inimigos, que chegavam a acusá-lo de bárbaro. O único fato alegado neste particular era o de mandar com frequência escravos ao calabouço, donde eles desciam a escorrer sangue; mas, além de que ele só mandava os perversos e os fujões, ocorre que, tendo longamente contrabandeado em escravos, habituara-se de certo modo ao trato um pouco mais duro que esse gênero de negócio requeria, e não se pode honestamente atribuir à índole original de um homem o que é puro efeito de relações sociais. A prova de que o Cotrim tinha sentimentos pios encontrava-se no seu amor aos filhos, e na dor que padeceu quando lhe morreu Sara, dali a alguns meses; prova irrefutável, acho eu, e não única. Era tesoureiro de uma confraria, e irmão de várias irmandades, e até irmão remido de uma destas, o que não se coaduna muito com a reputação da avareza; verdade é que o benefício não caíra no chão: a irmandade (de que ele fora juiz) mandara-lhe tirar o retrato a óleo. Não era perfeito, de certo; tinha, por exemplo, o sestro de mandar para os jornais a notícia de um ou outro benefício que praticava, — sestro repreensível ou não louvável, concordo; mas ele desculpava-se dizendo que as boas ações eram contagiosas, quando públicas; razão a que se não pode negar algum peso. Creio mesmo (e nisto faço o seu maior elogio) que ele não praticava, de quando em

quando, esses benefícios senão com o fim de espertar a filantropia dos outros; e se tal era o intuito, força é confessar que a publicidade tornava-se uma condição *sine qua non*. Em suma, podia dever algumas atenções, mas não devia um real a ninguém.

O mote de Brás é traçar o caráter de Cotrim, elencar as virtudes enfeixadas na natureza daquele homem, a sua "índole original". Destarte, o cunhado era "ferozmente honrado", "um modelo", devotado à família, dedicado a irmandades, useiro no benefício aos próximos. Apesar desse aparente tom laudatório, o texto articula um jogo de oposições por meio do qual o narrador dá a ver sempre duas visões sobre a personagem: para seus "inimigos" ele era avaro, antipático, praticante de uma filantropia interesseira, um "bárbaro", enfim; para ele, Brás, a avareza se desculpava por ser o excesso de uma virtude, a divulgação dos atos filantrópicos parecia uma maneira de instilar em outros o amor às boas ações, o jeito rude de lidar com os escravos virava uma necessidade de ofício. Neste último quesito, aliás, Cotrim seria justo, pois só mandava punir no Calabouço "os perversos e os fujões"; todavia, para lembrar algo que os leitores contemporâneos não deixariam de saber, a intensidade do castigo no Calabouço era determinada pelos senhores, por isso o fato de os cativos de Cotrim saírem de lá "a escorrer sangue" sugeria algo mais sobre os costumes dele em relação aos cativos. Em suma, o procedimento de Brás como autor do perfil de Cotrim aparenta ser o de minar os elogios que faz. Nenhum sentido positivo é unívoco, pois cada um deles suscita a visão contrária, insinua o seu oposto.

Para complicar as cousas, o perfil desenhado por Brás é retrospectivo, diz do jeito de ele ver o cunhado décadas depois dos episódios comentados em suas memórias; logo, rigorosamente, não existe um jeito positivo e outro negativo de traçar o caráter de Cotrim, mas a lembrança de Brás sobre as avaliações e comentários que se faziam sobre o cunhado à época dos acontecimentos relatados. Ora, lembrar é ressignificar, por isso o relato de Brás testemunha o que ele pensava sobre Cotrim no momento da escrita, 1880, trinta anos depois do fim do contrabando de africanos, em pleno processo legal de emancipação dos escravos desde a lei de 1871, em meio à primeira vaga do movimento abolicionista em 1879 e 1880. Não seria possível desenhar uma visão favorável, irretocável, do caráter de um traficante de escravos naquele momento. Brás, o narrador, se engaja numa espécie de remoque retrospectivo ao cunhado, que afinal lhe negara apoio ao plano de casamento.

Esse procedimento de Brás nos obriga a ler o testemunho dele a contrapelo, em busca do que o narrador informa, sem ter a intenção de fazê-lo, a respeito do que pensava de Cotrim e seus negócios lá atrás, na década de 1840. Nesse caso, as justificativas de Brás sobre as atividades de Cotrim podem adquirir outro significado. Por exemplo, à notícia de que o cunhado havia "longamente contrabandeado em escravos" segue-se a sua exoneração de qualquer culpa, pois "não se pode honestamente atribuir à índole original de um homem o que é puro efeito de relações sociais". Descontado o possível efeito irônico da afirmação, irônico por ser retrospectivo, por rememorar um jeito de se referir a traficantes nos anos 1830 e 1840, permanece viva a possibilidade de Brás, nos referidos anos 1830 e 1840, ter pensado precisamente desse modo a respeito dos traficantes de africanos. Eles estavam à frente de um negócio, atendiam a uma suposta necessidade social — quer dizer, à demanda por mão de obra dos fazendeiros, da classe responsável pela "riqueza" do país. Como se disse na Câmara em 1848, havia sido "erro grave" decretar a lei de abolição do tráfico de 1831, "sem que primeiramente se preparasse o país, sem que se tratasse da introdução de braços livres, sem se fazer cousa nenhuma, nem antes nem depois da lei, sendo o nosso país puramente agrícola e dependendo de braços para viver".[2] Em suma, podia-se, sim, na década de 1840, ser ao mesmo tempo traficante de escravos e possuir caráter "ferozmente honrado" — quiçá grifando o *ferozmente*, por dever de precisão.

Brás devia se sentir tão à vontade com a atividade dos negreiros que pensava em se casar com a filha de um ferrenho defensor deles, Damasceno, cujo perfil aparece no capítulo XCII, "Um homem extraordinário". O sujeito parecia uma cascata de palavras, e sua plataforma política começava pela defesa do "desenvolvimento do tráfico dos africanos e a expulsão dos ingleses". Para arrematar, por dá cá essa palha enveredava por bravatas nacionalistas. Ao reparar que enjoara muito durante a viagem de retorno ao Rio, lembrou que o mesmo incômodo acometera os demais passageiros, "exceto um inglês", o que ensejou uma catilinária infernal contra os *godemes*:

> Que os levasse o diabo os ingleses! Isto não ficava direito sem irem todos eles barra fora. Que é que a Inglaterra podia fazer-nos? Se ele encontrasse algumas pessoas de boa vontade, era obra de uma noite a expulsão dos tais *godemes*... Graças a Deus, tinha patriotismo, — e batia no peito, — o que não admirava porque era de família; descendia de um antigo capitão-mor muito patriota. Sim, não era nenhum pé-rapado. Viesse a ocasião, e ele havia de mostrar de que pau era a canoa [...].

Damasceno era casado com uma irmã de Cotrim. O jeito de ele se posicionar em relação à agressividade da ação inglesa contra o tráfico em 1849, 1850, é quase o que se poderia esperar de uma citação direta à matéria histórica referida. Apesar do distanciamento irônico do narrador em 1880, tanto em relação a Cotrim quanto a Damasceno, Machado de Assis espalha indícios demais de que Brás não fora hostil ao ponto de vista dos traficantes na querela dos anos 1840. Com boa vontade, poderíamos talvez atribuir a ele o tipo de "transação" política, justificada pelo pragmatismo, que vimos ser tão comum no período do contrabando negreiro: "o tráfico no Brasil prendia-se a interesses [...] dos nossos agricultores; e num país em que a agricultura tem tamanha força, era natural que a opinião pública se manifestasse em favor do tráfico [...]", disse Eusébio de Queiróz na Câmara dos Deputados em seu famoso discurso de 16 de julho de 1852.[3]

Há outra camada de sentido na passagem sobre Cotrim na qual convém reparar. Camada subliminar, porém talvez a que mais pode esclarecer o modo de o autor ver o narrador de sua lavra, Machado de Assis criador de Brás Cubas. O perfil do "verdadeiro Cotrim" consiste em comentário detalhado sobre a radicação e o espraiamento social da figura do contrabandista de africanos na Corte de meados do século XIX. O cunhado traficante de Brás tinha reconhecimento pela riqueza alcançada e pela devoção à família, era tesoureiro de confraria, irmão de várias irmandades, até fora juiz de uma delas, que lhe pintara o retrato a óleo; além disso, cultivava a imagem de generoso, distribuindo favores, pretendendo inspirar boas ações em seus semelhantes. Em suma, traficante cidadão de bem, "um modelo", até mesmo "patriota" exemplar diante do conflito com os ingleses.

Ao que parece, a atitude de Cotrim em negar apoio à pretensão de Brás de lhe desposar a sobrinha tivera fundo moral: ele alegou que não devia declarar seus motivos, que não queria fazê-lo, que não era de sua "honra", mas pode ser que pensasse na reputação do cunhado nas altas rodas sociais, pois terminara havia pouco o longo caso de adultério entre Brás e Virgília, um dos segredos mais comentados do tempo entre a gente de igual naipe. Ou seja, é possível que o contrabandista de africanos posasse de paladino da moralidade doméstica. Apesar desse episódio, Brás e Cotrim continuaram a ter relações amistosas nos anos seguintes.

Brás se tornou deputado e confessa ter se utilizado das vantagens da posição para fazer "obséquios" ao cunhado: "pude obter-lhe uns fornecimentos para o arsenal de marinha, fornecimentos que ele continuava a fazer [...], e dos quais me dizia algumas semanas antes, que no fim de mais três anos, podiam dar-lhe uns duzentos contos" (capítulo CXLVIII). Cotrim transitara de contrabandista de africanos para outra forma de atividade corrupta ligada ao Estado imperial, passou de um negócio predatório a outro sem deixar de ser "honrado", merecedor de "obséquios". Quiçá haja aí algum comentário de Machado de Assis sobre o legado duradouro do tráfico negreiro ilegal à conformação da cultura das classes proprietárias do país em relação ao Estado.

No entanto, o tráfico africano ilegal é princípio organizador da matéria ficcional das *Memórias* doutro jeito, a saber, na maneira como Machado de Assis seleciona os sintomas da configuração histórica do tempo e sociedade referidos no romance. Mais do que expor relações de força e conflitos sociais, obrigando-se a partidarizar a narrativa a cada passo, escolhendo lados, emitindo julgamentos, Machado descreve e analisa o caráter daquela sociedade por meio da (auto)exposição crua dum testemunho dela, o próprio Brás Cubas. Assim, formalmente interditado o ponto de vista autoral, sem recurso tampouco ao possível distanciamento do narrador em terceira pessoa, aparecem, sem julgamento explícito de valor, os pilares da sociedade criada pelos contrabandistas de africanos e os proprietários de gente ilegalmente escravizada: sonho de superar a duplicidade eliminando certos constrangimentos da lei e da opinião; "uma hipocrisia paciente e sistemática" (cap. LIII), para dissimular a contradição entre lei e práticas senhoriais; corrupção generalizada, tanto nas relações dos cidadãos com o Estado como nas interações entre os cidadãos; leveza moral ou insensibilidade social, quer dizer, nenhum sentimento de culpa ou remorso respeitante às injustiças e arbitrariedades cometidas. O diagnóstico machadiano é inclemente, "amargo e áspero", politizado até a medula, por isso deve espantar encontrá-lo num texto frequentemente visto como o suprassumo da arte pela arte.

É óbvio que parte da inspiração veio da própria história literária, pois Machado de Assis concebe as suas *Memórias póstumas* em diálogo com a tradição do romance de adultério na literatura realista do século XIX. O adultério é o tema que vincula os sintomas sociais pinçados por Machado, o eixo de articulação deles na literatura e na história. Para o meu propósito aqui, basta lembrar a obra fundamental do gênero, referência indispensável a Machado e a quem mais houvesse que se aventurasse nessa seara no último quartel do século XIX: *Madame Bovary*, de Flaubert, publicado originalmente como folhetim da *Revue de Paris* em 1856, primeira edição em volume em 1857. A história dos adultérios de Emma Bovary e as controvérsias literárias e políticas que provocou oferecem uma pauta de problemas que podem guiar uma aproximação às *Memórias póstumas* doutra perspectiva.[4]

O romance de adultério — o feminino, em particular — tendia a seguir certo protocolo de temas, tais como a atribuição de motivos para a "queda" da mulher, o remorso dela, a reprovação do marido e da opinião e a punição de seus atos, fosse pelo suicídio da adúltera ou a sua morte por alguma doença cruel e prolongada. *Madame Bovary* consolida o gênero precisamente porque torna instável o tratamento desse repertório de temas, produz incerteza sobre o sentido deles. Parte desse trabalho de consolidação, ou de esclarecimento do que estava em jogo nessas histórias, ocorreu por meio do processo judicial movido contra o autor da obra, o editor do periódico que a publicou originalmente e o seu impressor. O processo teve enorme repercussão e ajudou a transformar o livro em sucesso instantâneo junto ao público leitor.

Ernest Pinard, o advogado do Ministério Público, mostrou-se incomodado em especial com o gênero narrativo praticado pelo sr. Flaubert, qual seja, o "descritivo, a pintura realista", realizado com todos os "cuidados", os "recursos" da arte.[5] O sentido da observação foi marcar a aparente falta de comentário do autor sobre os rumos da história, a sua abstenção quanto a julgamentos de valor. Desse modo, ao Ministério Público parecia que as duas "quedas" de Emma Bovary haviam sido contadas de um ponto de vista externo, objetivo, sem condenação da lascívia e degradação da protagonista. O principal motivo dos adultérios teria sido a "insipidez" do casamento, no qual a placidez e a mediocridade do marido e da vida interiorana teriam produzido o famoso *ennui* de Emma e o seu inconformismo com tal sorte que parece estar na origem de todos os males. O suicídio de Emma ao final, ainda que fosse considerado uma "conclusão moral", não poderia anistiar os "detalhes lascivos" dos adultérios. Demais, o suicídio não se configurava como punição, pois não era certo que a protagonista se remoesse de remorsos, que sofresse com a condenação da comunidade ("opinião pública"), mesmo o marido continuou a reverenciá-la após a descoberta de suas traições. Emma morreu quando e como quis, "com todo o prestígio de sua juventude e sua beleza; [...] após ter tido dois amantes, deixando um marido que a ama [...], que lerá as cartas de uma mulher duas vezes adúltera e que, depois disso, ama-la-á ainda mais além do túmulo".[6]

O sr. Sénard, advogado do réu, apresentou um longo arrazoado em defesa da moralidade da obra de Flaubert, cujo principal pensamento seria "a excitação à virtude pelo horror ao vício".[7] A chave moralista mal cabe na fechadura, o que talvez explique a prolixidade da peça da defesa e suas referências um tanto patéticas às longas vigílias e fadigas de Flaubert na produção do texto. Sénard incorporou de pronto a ideia do advogado de acusação de que Flaubert buscava "uma fidelidade totalmente daguerreana na reprodução do tipo de todas as coisas, na natureza íntima do pensamento, do coração humano", característica tornada mais impressionante devido à "magia do estilo" do autor.[8] Todavia, o que se seguia disso era que a verossimilhança das situações governava o varejo do texto mais do que a reafirmação do intuito moral a cada passo.

Assim, por exemplo, quanto à queixa da acusação de que Emma não mostrava remorso após a consumação dos atos de adultério, Sénard argumentou que Flaubert não poderia escrever "o que não existe na natureza". Ou seja, ao consumar o ato, a protagonista estaria envolvida, inebriada pelo "licor encantado" da ocasião; se houvesse "o sentimento da falta" já nesse primeiro momento, "ela não seria cometida".[9] Segundo o advogado de Flaubert, a desilusão e o remorso de Emma em cada caso de adultério foram um processo, vieram com o tempo, culminando na longa agonia do suicídio por envenenamento. O desfecho com a morte da protagonista funcionava como uma espécie de moralidade diferida na obra, logo não fazia sentido julgá-la por suas partes isoladas. Quanto ao motivo mais profundo das "quedas", estaria na "educação". Emma representaria tendência comum à época de dar à mulher educação "acima da condição na qual nasceu"; as aspirações obtidas dessa maneira não se harmonizariam depois com a situação real do casamento, levando à infelicidade e ao perigo da degradação.[10] Os réus foram absolvidos, porém sem escapar da humilhação duma reprimenda. O tribunal considerou que a obra merecia "severa censura, pois a missão da literatura deve ser ainda mais a de ornar e de recrear o espírito elevando a inteligência e depurando os costumes" do que pretender "imprimir a repulsa pelo vício, oferecendo o quadro das desordens que podem existir na sociedade".[11]

Os argumentos da acusação e da defesa valem pelo que são: tentativas de prevalecer na arena jurídica, de modo que não é preciso confundir as ideias dos advogados com o intuito crítico de abrir sentidos possíveis à obra de imaginação que se lhes apresentava. Um aspecto crucial da contenda é a politização do ponto de vista da narrativa, em especial no que concerne a tentativas de suspender o juízo moral, mesmo que fosse apenas o adiamento dele, procedimento que poderia ser particularmente inquietante na publicação seriada de obras literárias em periódicos, na forma consagrada do romance-folhetim.

Machado de Assis enfrentou situação que em alguns aspectos parece remissão (quiçá deliberada), em ponto menor, às agruras de Flaubert com *Madame Bovary*, quando da publicação do conto "Confissões de uma viúva moça", em folhetim do *Jornal das Famílias*, de abril a junho de 1865.[12] O conto tem a forma de uma série de missivas da narradora, Eugênia, a "viúva moça", a uma amiga, Carlota, nas quais ela conta a história de sua atração por, e namoro por correspondência com, um homem solteiro que lhe frequentava a casa ainda à época em que seu marido vivia. A situação parecia evoluir para a consumação do adultério, com conversas sobre fuga e cousas que tais, quando o esposo de Eugênia ficou doente e morreu em poucos dias. A jovem viúva, cumprido o dever do nojo e lágrimas de praxe, esperava que Emílio, o tal mancebo que lhe fizera a corte, reaparecesse para desposá-la. Em vez disso, enviou-lhe uma carta na qual dizia ser "homem de hábitos opostos ao casamento",[13] e adeus. A Eugênia restaram o "amor ofendido e o remorso de haver de algum modo traído a confiança de meu marido";[14] ademais, ela dizia que se animara a escrever a história para que a lição que aprendera pudesse servir "às nossas amigas inexperientes".[15]

O jeitão moralista da história mal esconde a ousadia do entrecho, o modo como deixa em suspensão o desfecho convencional do elogio à virtude da mulher casada. Logo apareceu um crítico, apelidado Caturra, para argumentar que a história que se contava no *Jornal das Famílias* era de moralidade duvidosa, contradizia o programa do periódico, ameaçava a virtude das moças e senhoras suas leitoras. Enquanto isso, por longos três meses, continuava a aparecer a narrativa de uma mulher a descrever o tédio de seu casamento, o fato de que não conseguia deixar de pensar em seu sedutor, por fim a disposição dela em levar adiante a aventura, a trocar cartas com Emílio, conjecturar encontros, pensar em fuga. Com a insistência do Caturra e a participação doutros correspondentes, Machado de Assis assumiu a autoria do conto, que era publicado sob o pseudônimo "J", para dizer aos leitores que deveriam aguardar até o final da história para melhor avaliar o seu mérito. De fato, a polêmica cessou com o término da história, o que levou alguns críticos a sugerir que ela começara como uma armação publicitária, com a participação do próprio Machado de Assis, decerto também do editor do periódico, para aumentar as vendas do *Jornal das Famílias*.[16] Mesmo que essa conjectura permaneça sem solução, os temas da insipidez do casamento, da esposa dissimulada e do marido alheado ou insosso, do perigo do adultério, do remorso e da punição a ele associados reaparecem todos de maneira a lembrar a polêmica em torno de *Madame Bovary*. Havia enfim uma pauta compartilhada de assuntos enfeixada na questão do adultério e nas maneiras de abordá-lo. Machado de Assis jamais repetiria a ousadia de dar a pena a uma mulher, para ela própria contar a história de seus desejos sexuais fora do matrimônio.

Memórias póstumas de Brás Cubas é um romance no qual quase nada acontece — "o livro anda devagar", enquanto "tu [o leitor] amas a narração direita e nutrida" (cap. LXXI). Mais precisamente, tudo o que ocorre nele é o adultério de Brás e Virgília, transformado ele próprio em não acontecimento: Virgília parece feliz no matrimônio, visto que Lobo Neves a seduz com teatro, distinção social, até título de nobreza; os amantes são dissimulados sem esforço, pois a duplicidade lhes é inata; a "opinião pública" se compraz em observar os adúlteros, compartilhar com eles o "segredo" da situação, sem propriamente condená-los; o marido traído não se vinga da esposa e do amante, nem é tampouco insosso ou alheado; a punição aos adúlteros não chega nunca, havendo mesmo uma cena em que Lobo Neves fica próximo de pegar os pecadores em flagrante, porém o desenrolar do episódio é ridiculamente cômico, em vez de sangrento (cap. CIV); Virgília não tem remorsos, muito menos Brás. Em suma, há apropriações do repertório inteiro do romance de adultério, mas às avessas, em negativo. Não fosse o adultério mesmo fato incontroverso das *Memórias*, este autor estaria baldo ao naipe, sem mais assunto.

Se o adultério de Brás e Virgília é realidade da ficção, no contexto da produção literária atinente ao tema no Oitocentos, então o esforço de Machado em subverter o protocolo, ironizando-o a cada passo, instaura outro regime de indícios e sentidos que convém examinar. Estamos em meados da década de 1840, talvez 1845 precisamente, pois "a baronesa X", "uma das pessoas que mais desconfiavam de nós", debocha de Brás dizendo-lhe que se apressasse em arrumar algum namoro, pois já estaria "com quarenta anos... ou perto disso" (cap. LXV). Brás morrera em 1869, aos 64 anos, logo nascera em 1805. O encontro com a tal baronesa deixa os amantes em sobressalto, pois ela insinua que eles haviam se tornado "objeto da suspeita pública" (cap. LXVII). O narrador reflete sobre a situação naquele momento, os perigos que corriam, pois além da baronesa havia o velho Viegas, "cangalho de setenta invernos, chupado e amarelado" (cap. LXV), mas com olhos muito vivos para espreitar a vida alheia; o Luís Dutra, primo de Virgília, poeta inseguro, cuja discrição se obtinha por meio de conversa sobre os seus versos; mais duas ou três senhoras, vários janotas e, claro, os escravos, que espiavam e comentavam o que os senhores faziam, pois "se desforravam assim da condição servil". Brás conclui que "tudo isso constituía uma verdadeira floresta de olheiros e escutas, por entre os quais tínhamos de resvalar com a tática e maciez das cobras" (cap. LXV).

Diante do cerco que aumentava, do receio de que o próprio marido traído já tivesse alguma aragem do que sucedia, Brás vislumbra a ideia de fugir com Virgília (cap. LXIII):

> Empunhara o binóculo da imaginação; lobrigava, ao longe, uma casa nossa, uma vida nossa, um mundo nosso, em que não havia Lobo Neves, nem casamento, nem moral, nem nenhum outro liame, que nos tolhesse a expansão da vontade. Esta ideia embriagou-me; eliminados assim o mundo, a moral e o marido, bastava penetrar naquela habitação dos anjos.

Virgília não gostou da ideia de fuga e transposição para esse mundo imaginário, ao que parece devido ao fato de que tal solução lhe subtraía as vantagens do mundo que existia, no qual ela vivia, luzia, amava o filho, sequer queria perder o marido, que "gostava muito dela". Por isso ela propôs a Brás outro alvitre, uma "transação" (cap. LXIV), que consistiria em arrumar "uma casinha só nossa, solitária, metida num jardim, em alguma rua escondida [...]; mas para que fugir?". Em outras palavras, Virgília queria ao mesmo tempo o amor clandestino com Brás e a "consideração pública" que o casamento lhe garantia — "era impossível separar duas cousas que no espírito dela estavam inteiramente ligadas" (cap. LXVII). Era preciso conciliar o cativeiro do coração e a conveniência das regras sociais, a força da escravidão e a aparência de domínio da lei, o contrabando de africanos e a vigência formal da lei de abolição do tráfico de 7 de novembro de 1831.

Brás aceita a proposta de "transação", arruma uma casinha em recanto da Gamboa, discreta, isolada, misteriosa. Reflete sobre a nova fase do amor entre ele e Virgília que, pressionado pela "floresta de olheiros e escutas", se aprofunda, encontra meios de "adormecer a consciência e resguardar o decoro" (cap. LXVII). No entanto, o sonho de eliminar a precisão de duplicidade, de instituir o império da vontade escravocrata, não passa inteiramente. Que bom seria o mundo caso se pudessem ostentar nele, sem peias, os amores clandestinos e a propriedade de cativos oriunda do contrabando:

> Já estava cansado das cortinas do outro, das cadeiras, do tapete, do canapé, de todas essas cousas, que me traziam aos olhos constantemente a nossa duplicidade. [...] A casa resgatava-me tudo; o mundo vulgar terminaria à porta; — dali para dentro era o infinito, um mundo eterno, superior, excepcional, nosso, somente nosso, sem leis, sem instituições, sem baronesas, sem olheiros, sem escutas, — um só mundo, um só casal, uma só vida, uma só vontade, uma só afeição, — a unidade moral de todas as cousas pela exclusão das que me eram contrárias [cap. LXVII].

A primeira frase do capítulo seguinte começa assim: "Tais eram as reflexões que eu vinha fazendo, por aquele Valongo fora [...]" (cap. LXVIII). Qualquer leitor brasileiro do século XIX faria a associação imediata entre Valongo e tráfico negreiro. A releitura das passagens citadas e referidas dos capítulos LXIII a LXVII, mais outras que lá estão, à luz da menção ao famoso local do mercado de escravos da Corte, que as sucede, sugere fortemente a homologia entre o tema do adultério de Brás e Virgília e o problema do contrabando de africanos e da propriedade escrava ilegal no Brasil imperial. O repertório de tópicos comuns é evidente: a produção de silêncios, a arte da dissimulação, a "hipocrisia paciente e sistemática" (cap. LIII), o argumento do cativeiro da necessidade (em cousas do coração) ou da necessidade do cativeiro (segundo os fazendeiros), o sonho de abolir a lei e as regras sociais, e o que mais houver, concernente às consequências sociais e ao legado político do tráfico ilegal. Além disso, o Valongo foi o local de entrada dos africanos no período em que o tráfico permaneceu legal; ou seja, a menção a ele naquela conjuntura significava não só a simples lembrança do tráfico africano, mas também o sonho de vê-lo de volta à legalidade, restabelecendo-se "a unidade moral de todas as cousas".

Nesse clima de enlevo escravocrata, Brás Cubas presenciou um episódio "torvo" (cap. LXVIII), ainda no Valongo. Prudêncio, ex-escravo da família, libertado havia alguns anos e que lhe servira de montaria tantas vezes durante a infância, estava na praça a vergalhar um escravo dele próprio. Ao reconhecer o algoz, Brás se dirigiu a ele, que de pronto lhe pediu a bênção e explicou que seu cativo era "um vadio e um bêbado muito grande", por isso lhe aplicava o castigo. Brás intercedeu, apadrinhou o escravo e foi embora a refletir sobre o significado da cena:

> Era um modo que o Prudêncio tinha de se desfazer das pancadas recebidas, — transmitindo-as a outro. Eu, em criança, montava-o, punha-lhe um freio na boca, e desancava-o sem compaixão; ele gemia e sofria. Agora, porém, que era livre, dispunha de si mesmo, dos braços, das pernas, podia trabalhar, folgar, dormir, desagrilhoado da antiga condição, agora é que ele se desbancava: comprou um escravo, e ia-lhe pagando, com alto juro, as quantias que de mim recebera. Vejam as sutilezas do maroto!

Em seguida, Brás recordou um doudo que conhecera, chamado Romualdo, que dizia ser Tamerlão, rei dos tártaros. Fora Romualdo, mas adoecera e tomara tanto tártaro que virara tártaro, depois rei dos tártaros. O narrador via semelhança entre

Prudêncio e Romualdo, o primeiro feito senhor de escravos por ter apanhado muito na escravidão, o segundo tornado rei dos tártaros por beber muito tártaro. O efeito da comparação entre Prudêncio e Romualdo é fazer com que a interpretação do narrador sobre o que pensava o ex-escravo pareça meio amalucada, inconfiável. Fosse qual fosse o motivo que fizera do liberto um senhor de escravos, parecia improvável que o fizesse apenas para impor a outro as mesmas agruras que sofrera no cativeiro.

De qualquer forma, o episódio de Prudêncio traz à tona, por outro ângulo, o tema da força da escravidão, o modo como a instituição conformava as relações sociais em todos os níveis. A escravidão cooptava, corrompia, encontrava exemplos de senhores cruéis até mesmo entre libertos. De maneira similar, o adultério de Brás e Virgília impunha humilhações aos outros, como no caso de dona Plácida, que devido à sua pobreza e devoção a nhanhã Virgília aceitara o papel de alcotiveira do casal de amantes, indo residir na casinha da Gamboa, para parecer a "verdadeira dona da casa" (cap. LXX). Doía-lhe o ofício, mas Brás a convenceu fazendo-lhe um pecúlio com os cinco contos que achara por acaso na praia de Botafogo e lhe contando uma história "patética", inteiramente inventada, sobre os amores dele com Virgília antes do casamento dela, resistência do pai, problemas com o marido e outros "toques de novela". Dona Plácida "aceitou" tudo, por "necessidade da consciência".

Por fim, os amantes não tinham remorsos. É curioso como Brás volta ao tema dos remorsos várias vezes, como se ele próprio, narrador de uma história de adultério, decerto leitor de romances de adultério, estranhasse que Virgília, em especial, não se carpisse de sofrimento por trair o marido. Certa vez, Lobo Neves recebera carta anônima denunciando a infidelidade da mulher. Mostrou a carta a Virgília, interrogou-a. A esposa negou tudo, afetou um rompante de indignação, considerou aquilo uma "calúnia infame" de algum galanteador malogrado (cap. XCVI). Depois Virgília contou a Brás o sucedido entre ela e o marido, e ele reagiu assim:

> Ouvi tudo isto um pouco turbado, não pelo acréscimo de dissimulação que era preciso empregar de ora em diante, até afastar-me inteiramente da casa do Lobo Neves, mas pela tranquilidade moral de Virgília, pela falta de comoção, de susto, de saudades, e até de remorsos.

Quanto ao próprio Brás, anos depois de findo o caso com Virgília o destino o colocou ao lado de Lobo Neves na Câmara, ambos deputados, "ele contendo o seu ressentimento, eu devendo conter o meu remorso". O narrador se apressa em explicar que usara a "forma suspensiva, dubitativa ou condicional" com o fito de expressar que ao acompanhar o discurso de Lobo Neves, o orador do dia, "não tinha remorsos", não sentia nada, salvo "a ambição de ser ministro" (cap. CXXVIII e CXXIX).

Falta de remorsos, leveza moral, cá está outro ponto a permitir que a história do adultério de Brás e Virgília alegorize aspectos da sociedade criada por contrabandistas de africanos e proprietários de gente ilegalmente escravizada. Brás Cubas, defunto autor, narrador zombeteiro, ao falar de si dizia de uma classe dominante inteira:

> Talvez espante ao leitor a franqueza com que lhe exponho e realço a minha mediocridade; advirta que a franqueza é a primeira virtude de um defunto. Na vida, o olhar da opinião, o contraste dos interesses, a luta das cobiças obrigam a gente a calar os trapos velhos, a disfarçar os rasgões e os remendos, a não estender ao mundo as revelações que faz à consciência; e o melhor da obrigação é quando, à força de embaçar os outros, embaça-se um homem a si

mesmo, porque em tal caso poupa-se o vexame, que é uma sensação penosa, e a hipocrisia, que é um vício hediondo (cap. XXIV).

Não foi outra a história do modo como a questão do contrabando de africanos e da propriedade escrava ilegal figurou no Parlamento imperial, nos ministérios, no cotidiano da administração pública, nos tribunais de justiça, no mundo doméstico: "calar", "disfarçar", "embaçar", "hipocrisia", tudo isso para ocultar um crime "hediondo" contra a humanidade. O legado disso à nação não poderia escapar a Machado de Assis, que passa de novo a pena a Brás Cubas, que por enquanto continua a ter a última palavra:

> Outrossim, afeiçoei-me à contemplação da injustiça humana, inclinei-me a atenuá-la, a explicá-la, a classificá-la por partes, a entendê-la, não segundo um padrão rígido, mas ao sabor das circunstâncias e lugares (cap. XI).

Notas

1. O GRANDE MEDO DE 1852 (À GUISA DE INTRODUÇÃO) [pp. 13-31]

1. Decreto nº 797, de 18 de junho de 1851, "Manda executar o regulamento para a organização do censo geral do Império", e decreto nº 798, de 18 de junho de 1851, "Manda executar o regulamento do registro dos nascimentos e óbitos", em *Collecção das Leis do Imperio do Brasil*, tomo 14, parte 2ª, seção 3, pp. 161-73. Em todo o livro, ao citar trechos de documentos de época, atualizei a ortografia; no entanto, pontuação, gramática e uso de letras maiúsculas e minúsculas aparecem conforme os textos originais.

2. Os parágrafos subsequentes baseiam-se nas seguintes fontes impressas: *Relatório apresentado à Assembléa Geral Legislativa na quarta sessão da oitava legislatura pelo ministro e secretário d'Estado dos Negócios da Justiça Eusébio de Queiróz Coitinho Mattoso Camara*. Rio de Janeiro, Typographia Nacional, 1852; *Relatório apresentado à Assembléa Geral Legislativa na quarta sessão da oitava legislatura pelo ministro e secretário d'Estado dos Negócios do Império Visconde de Mont'Alegre*. Rio de Janeiro, Typographia Nacional, 1852; *Relatório apresentado à Assembléa Geral Legislativa na primeira sessão da nona legislatura pelo ministro e secretário d'Estado dos Negócios do Império Francisco Gonçalves Martins*. Rio de Janeiro, Typographia Nacional, 1853; *Relatorio que à Assembléa Legislativa Provincial de Pernambuco apresentou na sessão ordinaria do 1º de março de 1852 o excellentissimo presidente da mesma provincia, o dr. Victor de Oliveira*. Pernam-

buco, Typ. de M. F. de Faria, 1852; *Relatorio apresentado à Assembléa Legislativa Provincial da Parahyba do Norte pelo excellentissimo presidente da provincia, o dr. Antonio Coelho de Sá e Albuquerque em 3 de maio de 1852*. Parahyba, Typ. de José Rodrigues da Costa, 1852; *Falla dirigida à Assembléa Legislativa da provincia das Alagoas, na abertura da primeira sessão ordinaria da nona legislatura, pelo exm. presidente da mesma provincia, o conselheiro José Bento da Cunha e Figueiredo em 26 de abril de 1852*. Maceió, Typ. Constitucional, 1852; *Relatorio apresentado à Assembléa Legislativa Provincial de Sergipe na abertura de sua sessão ordinaria no dia 8 de março de 1852 pelo exm. snr. presidente da provincia, dr. José Antonio de Oliveira Silva*. Sergipe, Typ. Provincial, 1852; *Relatorio do excellentissimo senhor doutor Joaquim Marcos d'Almeida Rego, presidente da provincia do Ceará, à respectiva Assembléa Legislativa na abertura da 1ª sessão ordinaria de sua 9ª legislatura, em o 1º de setembro de 1852*. Ceará, Typ. Cearense, [n.d.]; *Relatorio que à Assembléa Provincial da provincia de Minas Geraes apresentou na sessão ordinaria de 1852, o doutor Luiz Antonio Barboza, presidente da mesma provincia*. Ouro Preto, Typ. do Bom Senso, 1852; e nos seguintes maços de fontes manuscritas, consultados no Arquivo Nacional do Rio de Janeiro (doravante ANRJ): IJ1-360, Alagoas, ofícios dos presidentes, 1851-2; IJ1-698, Alagoas, ofícios dos presidentes ao Ministério da Justiça, 1852-5; IJ1-265, Ceará, ofícios dos presidentes, 1852-3; IJ1-721, Ceará, ofícios dos presidentes ao ministro da Justiça, 1850-5; IJ1-618, Minas Gerais, ofícios dos presidentes, 1851-2; IJ1-771, Minas Gerais, ofícios dos presidentes ao Ministério da Justiça, 1850-3; IJ1-303, Paraíba, ofícios dos presidentes, 1851-2; IJ1-304, Paraíba, ofícios dos presidentes, 1853-4; IJ1-798, Paraíba, ofícios dos presidentes ao ministro da Justiça, 1850-6; IJ1-325, Pernambuco, ofícios dos presidentes, 1851-2; IJ1-326, Pernambuco, ofícios dos presidentes, 1853-4; IJ1-824, Pernambuco, ofícios dos presidentes ao ministro da Justiça, 1850-3. Ao me referir a essas fontes citadas nos parágrafos seguintes, utilizarei notações abreviadas delas nas notas. Ver ainda: Guillermo Palacios, "Revoltas camponesas no Brasil escravista: a 'Guerra dos Maribondos' (Pernambuco, 1851-1852)", *Almanack Braziliense*, 3 (2006), pp. 9-39; Mara Loveman, "Blinded like a state: the revolt against civil registration in nineteenth-century Brazil", *Comparative Studies in Society and History*, vol. 49, 2007, pp. 5-39.

3. *Relatório apresentado* [...] *pelo ministro e secretário d'Estado dos Negócios da Justiça Eusébio de Queiróz Coitinho Mattoso Camara*, 1852, p. 3.

4. Idem, pp. 4-5.

5. *Relatório apresentado* [...] *pelo ministro e secretário d'Estado dos Negócios do Império Visconde de Mont'Alegre*, 1852, pp. 16-8.

6. *Falla dirigida á Assembléa Legislativa da provincia das Alagoas...*, 1852, pp. 4-5.

7. Ofício do presidente da província de Alagoas ao ministro da Justiça, Eusébio de Queiróz, em 19 de janeiro de 1852; maço IJ1-360, ANRJ.

8. Citado em Guillermo Palacios, "Revoltas camponesas no Brasil escravista", p. 22.

9. O presidente da província de Minas Gerais explicou esse ponto com clareza: "Por ocasião de executarem-se os regulamentos n.os 797 [censo] e 798 [registro civil] de 18 de junho de 1851 [...] a perversidade de alguns homens, abusando da ignorância dos habitantes de algumas comarcas centrais de Pernambuco, persuadiu-lhes de que o alistamento dos cidadãos e o registro dos nascimentos tinham por fim escravizar os pais e os filhos [respectivamente]"; *Relatorio... da provincia de Minas Geraes*, 1852, p. 4.

10. Tudo isso ainda no ofício do presidente Figueiredo ao ministro da Justiça, de 19 de janeiro de 1852, e no quadro que o acompanha, elaborado pela secretaria de polícia da província de Alagoas, dos "atentados" cometidos no início de janeiro; maço IJ1-360, ANRJ. A hostilidade aos escrivães e juízes de paz devido a supostos abusos deles na cobrança de emolumentos pelas certidões aparece com força nos papéis referentes a Sergipe; maço IJ1-380, ANRJ.

11. *Relatorio... da Parahyba do Norte*, 1852, p. 3.

12. Maço IJ1-798, ANRJ. As citações seguintes referem-se a este maço.

13. *Falla dirigida á Assembléa Legislativa da provincia das Alagoas...*, 1852, pp. 10-1.

14. *Relatorio... da Parahyba do Norte*, 1852, pp. 4-5.

15. Ofício do presidente da província de Pernambuco, Victor d'Oliveira, ao ministro da Justiça, Eusébio de Queiróz, em 13 de fevereiro de 1852; maço IJ1-824, ANRJ.

16. *Relatorio... Provincial de Pernambuco*, 1852, p. 6.

17. Idem, p. 3.

18. Ofício do presidente da província de Pernambuco, Victor d'Oliveira, ao ministro da Justiça, Eusébio de Queiróz, em 7 de janeiro de 1852; maço IJ1-824, ANRJ.

19. Maço IJ1-824, ANRJ. As citações seguintes referem-se a este maço.

20. Guillermo Palacios, "Revoltas camponesas no Brasil escravista", p. 19.

21. Documento dos revoltosos ao delegado suplente do Pau d'Alho, citado em Guillermo Palacios, p. 19.

2. ESCRAVISMO [pp. 33-43]

1. David Brion Davis explorou a história das ideias sobre escravidão e emancipação no Ocidente em estudos seminais: *Slavery and human progress*. Oxford,

Oxford University Press, 1986; *The problem of slavery in western culture*. Oxford, Oxford University Press, 1988; *The problem of slavery in the age of revolution, 1770-1823*. Oxford, Oxford University Press, 1999.

2. Seymour Drescher, *Capitalism and antislavery. British mobilization in comparative perspective*. Oxford, Oxford University Press, 1987.

3. Dale W. Tomich, *Through the prism of slavery: labor, capital, and world economy*. Lanham, Rowman & Littlefield Publishers, 2004, capítulo 3, "The 'second slavery': bonded labor and the transformation of the nineteenth-century world economy", pp. 56-71; para os dados sobre a população escrava em Cuba, p. 64. Ver também Dale Tomich, "World slavery and Caribbean capitalism: the Cuban sugar industry, 1760-1868", *Theory and Society*, vol. 20, nº 3, junho de 1991, pp. 297-319, e o comentário de Sidney Mintz, "Comment on articles by Tomich, McMichael, and Roseberry", *Theory and Society*, vol. 20, nº 3, junho de 1991, pp. 383-92 (Special Issue on Slavery in the New World).

4. Tomich, *Through the prism of slavery*, p. 67.

5. Dados compilados por Robert Slenes, a quem agradeço, em <www.slavevoyages.org>, acesso em 6 de setembro de 2010.

6. Tomich, *Through the prism of slavery*, pp. 58-61.

7. Jennifer Pitts, *A turn to Empire: the rise of imperial liberalism in Britain and France*. Princeton, Princeton University Press, 2005.

8. Leslie Bethell, *The abolition of the Brazilian slave trade: Britain, Brazil and the slave trade question, 1807-1869*. Londres, 1970; Robert Edgar Conrad, *World of sorrow: the African slave trade to Brazil*. Baton Rouge e Londres, Louisiana State University Press, 1986; Jaime Rodrigues, *De Costa a Costa: escravos, marinheiros e intermediários do tráfico negreiro de Angola ao Rio de Janeiro (1780-1860)*. São Paulo, Companhia das Letras, 2005. Para um relato de época da resistência brasileira ao fim do tráfico, W. D. Christie, *Notes on Brazilian questions*. Londres e Cambridge, Macmillan and Co., 1865.

9. João Pedro Marques, *Os sons do silêncio: o Portugal de Oitocentos e a Abolição do tráfico de escravos*. Instituto de Ciências Sociais da Universidade de Lisboa, 1999.

10. Para um estudo mais detalhado, ver Jaime Rodrigues, *O infame comércio: propostas e experiências no final do tráfico de africanos para o Brasil (1800-1850)*. Campinas, Editora da Unicamp, 2000.

11. Domingos Alves Branco Muniz Barreto, "Memória sobre a abolição do comércio da escravatura", em Graça Salgado, org., *Memórias sobre a escravidão*. Rio de Janeiro, Arquivo Nacional, 1988, pp. 79-99.

12. Conrad, op. cit., p. 93. Para um estudo detalhado dos debates parlamentares sobre o tráfico desde a primeira legislatura imperial, em 1826, até a tenta-

tiva de revogar a lei de 1831, em 1837, ver João Eduardo Finardi Álvares Scanavini, "Anglofilias e anglofobias: percursos historiográficos e políticos da questão do comércio de africanos (1826-1837)", Unicamp, dissertação de mestrado em história, 2003.

13. Barreto, "Memória", p. 81.

14. Para este parágrafo e parte do seguinte, ibidem, pp. 85-8.

15. Ibidem, pp. 88-98.

16. José Bonifácio de Andrada e Silva, "Representação à Assembleia Geral Constituinte e Legislativa do Império do Brasil sobre a escravatura", em Graça Salgado, org., *Memórias sobre a escravidão*, pp. 61-77. As citações que aparecem neste parágrafo e nos dois seguintes encontram-se nas pp. 64-9.

17. Ibidem, p. 64.

18. Ibidem, pp. 71-4.

19. Ver nota 3, acima. A ideia de traduzir "second slavery" por "segundo escravismo" me foi sugerida por Robert Slenes.

20. Para a articulação entre tráfico negreiro e formação do Estado no Brasil, vista na longa duração, Luiz Felipe de Alencastro, "Le versant brésilien de l'Atlantique-Sud: 1550-1850", *Annales. Histoire, Sciences Sociales*, vol. 61, nº 2, 2006, pp. 339-82.

3. SOB O DOMÍNIO DA ILEGALIDADE [pp. 45-69]

1. *Collecção das leis do Imperio do Brasil*, lei de 7 de novembro de 1831, "Declara livres todos os escravos vindos de fora do Império, e impõe penas aos importadores dos mesmos escravos".

2. *Collecção das leis do Imperio do Brasil*, decreto de 12 de abril de 1832, "Dá regulamento para a execução da lei de 7 de novembro de 1831, sobre o tráfico de escravos".

3. Para os dados sobre entradas de africanos, <www.slavevoyages.org>, acesso em 21 de outubro de 2010. Quanto ao vínculo entre regressistas e contrabando negreiro, Tâmis Parron, *A política da escravidão no império do Brasil*. Rio de Janeiro, Civilização Brasileira, 2011.

4. Maço IJ6-165, Secretaria de Polícia da Corte, ofícios com anexos, 1831-2, Arquivo Nacional do Rio de Janeiro (ANRJ).

5. O "encarregado" mencionou a remessa das cópias dos regulamentos anteriores em ofício de 9 de outubro de 1832; maço IJ6-165, ANRJ.

6. Thomas Flory, *Judge and jury in imperial Brazil, 1808-1871: social control and political stability in the new State*. Austin, University of Texas Press, 1981 e

Thomas Holloway, *Policing Rio de Janeiro: repression and resistance in a 19th-century city*. Stanford, Stanford University Press, 1993.

7. *Collecção das leis do Imperio do Brasil*, lei de 29 de novembro de 1832, artigos 12 e 118 a 120.

8. Maço IJ6-166, Secretaria de Polícia da Corte, ofícios com anexos, 1833, ANRJ.

9. Maço IJ6-169, Secretaria de Polícia da Corte, ofícios com anexos, 1834, ANRJ. "Africanos livres" foi a expressão cunhada para designar apenas os africanos legalmente apreendidos nos esforços de repressão ao tráfico e entregues à tutela do governo imperial; para um estudo detalhado do tema, Beatriz Galotti Mamigonian, "To be a liberated African in Brazil: labour and citizenship in the nineteenth century". University of Waterloo, Canadá, tese de Ph. D. em história, 2002. Eusébio de Queiróz foi chefe de polícia de março de 1833 a abril de 1844, com interrupção de cinco meses em 1840; S. A. Sisson, *Galeria dos brasileiros ilustres*, Brasília, Senado Federal, 1999, vol. 1, p. 29.

10. Além do maço IJ6-169, há vários ofícios sobre esses assuntos em IJ6-170, Secretaria de Polícia da Corte, ofícios com anexos, 1835, ANRJ. Neste último maço, veja-se, por exemplo: ofício de Eusébio de Queiróz ao ministro da Justiça, Manoel Alves Branco, em 4 de fevereiro de 1835, sobre grupo de africanos "roubados na Armação", que teriam sido "quase todos vendidos ao cigano Fernando, que os levou a Itaboraí"; idem, 27 de abril de 1835, tudo nesse mesmo ofício: sobre excesso de africanos doentes na Santa Casa, a respeito de um grupo deles enfermos dentro da embarcação na qual haviam sido apreendidos, e sobre a necessidade de uma "guarda forte para evitar alguma surpresa", quando tais africanos fossem transferidos para a Casa de Correção; idem, 18 de maio de 1835, a respeito do reforço de oito homens na guarda da Correção, devido à chegada lá de um grupo de africanos apreendidos; idem, 25 de maio de 1835, concernente ao excesso de africanos doentes na Santa Casa e, no mesmo ofício, sobre a insegurança reinante na enfermaria da Correção, para a qual se solicita o reforço "de três homens dos Municipais Permanentes", pois se temia "alguma violência, ou tentativa para extravio dos ditos Africanos". E assim por diante.

11. *Collecção das leis do Imperio do Brasil*, decreto de 19 de novembro de 1835, "Mandando observar as Instruções de 29 de outubro de 1834 relativas à arrematação dos serviços dos africanos livres, com as alterações anexas". Para um estudo detalhado da utilização da mão de obra dos africanos livres nas obras da Casa de Correção da Corte, ver Carlos Eduardo Moreira de Araújo, "Cárceres imperiais: a Casa de Correção do Rio de Janeiro. Seus detentos e o sistema prisional no Império, 1830-1861". Unicamp, tese de doutorado em história, 2009.

12. Maço IJ6-172, Secretaria de Polícia da Corte, ofícios com anexos, janeiro a julho de 1836, ANRJ.

13. Raimundo Magalhães Júnior, *Três panfletários do segundo reinado: Francisco de Sales Torres Homem e o "Libelo do povo"; Justiniano José da Rocha e "Ação; reação; transação"; António Ferreira Vianna e "A conferência dos divinos"*. São Paulo, Companhia Editora Nacional, 1956, pp. 151-2.

14. Maço IJ6-170, ANRJ.

15. Para os documentos citados, ainda maço IJ6-170, ANRJ. A respeito desse "escrito dos nagôs da Bahia", ver João José Reis, *Rebelião escrava no Brasil. A história do levante dos malês em 1835*. São Paulo, Companhia das Letras, 2003, pp. 256-60.

16. Maço IJ6-170, ANRJ.

17. Dados compulsados em <www.slavevoyages.org>, acesso em 3 de novembro de 2010.

18. Segundo João José Reis, o termo "mina" tinha acepções diferentes na Bahia e no Rio de Janeiro: na primeira, designava apenas os escravos da nação mina popo; no Rio, o termo era mais abrangente, referindo-se aos negros oriundos da África Ocidental, em especial "escravos procedentes dos portos no golfo do Benin, inclusive os nagôs"; ver João José Reis, *Rebelião escrava no Brasil*, pp. 328, 606.

19. Robert W. Slenes, *Na senzala, uma flor: esperanças e recordações na formação da família escrava — Brasil sudeste, século XIX*. Rio de Janeiro, Nova Fronteira, 1999; Robert W. Slenes, "'*Malungu, ngoma* vem!': África coberta e descoberta no Brasil", *Mostra do redescobrimento: negro de corpo e alma — Black in body and soul*. São Paulo, Fundação Bienal de São Paulo, 2000, pp. 212-20; Robert W. Slenes, "The great porpoise-skull strike: Central African water spirits and slave identity in early-nineteenth-century Rio de Janeiro", em L. Heywood, org., *Central Africans and cultural transformations in the American diaspora*. Cambridge, Cambridge University Press, 2001, pp. 183-208; Robert W. Slenes, "Saint Anthony in the crossroads in Kongo and Brazil: 'creolization' and identity politics in the black South Atlantic, ca. 1700-1850", em L. Sansone, E. Soumonni, e B. Barry, orgs., *Africa, Brazil and the construction of trans-Atlantic black identities*. Trenton, Asmara, Africa World Press, 2008, pp. 209-54; Robert W. Slenes, "A 'Great Arch' descending: manumission rates, subaltern social mobility and slave and free(d) black identities in Southeastern Brazil, 1791-1888", a ser publicado em John Gledhill e Patience Schell, orgs., *Rethinking histories of resistance in Brazil and Mexico* (prelo); Flávio dos Santos Gomes, *Histórias de quilombolas: mocambos e comunidades de senzalas no Rio de Janeiro — século XIX*. Rio de Janeiro, Arquivo Nacional, 1993; Ricardo Figueiredo Pirola, *Senzala insurgente: malungos, parentes e rebeldes nas fazendas de Campinas (1832)*. Campinas, Editora da Unicamp, 2011.

20. IJ6-170, ANRJ.

21. IJ6-171, Secretaria de Polícia da Corte, ofícios com anexos, 1835, ANRJ.

22. IJ6-172, Secretaria de Polícia da Corte, ofícios com anexos, janeiro a julho de 1836, ANRJ. Há outro ofício aparentemente sobre a mesma personagem em IJ6-174, Secretaria de Polícia da Corte, ofícios com anexos, 1837, ANRJ. Aí se diz que chegara a folha corrida de Antônio, limpinha, e por isso Eusébio pensava em deixar que desembarcasse.

23. Para o que se segue, IJ6-174, ANRJ.

24. *Collecção das leis do Imperio do Brasil*, decreto de 12 de abril de 1832, artigos 1º ao 7º.

25. IJ6-173, Secretaria de Polícia da Corte, ofícios com anexos, 1836, ANRJ.

26. IJ6-174, Secretaria de Polícia da Corte, ofícios com anexos, 1837, ANRJ.

27. IJ6-185, Secretaria de Polícia da Corte, ofícios com anexos, setembro a dezembro de 1837, ANRJ.

28. Robert Conrad, *World of sorrow*, pp. 97-8.

29. IJ6-185, ANRJ.

30. IJ6-190, Secretaria de Polícia da Corte, ofícios com anexos, outubro a dezembro de 1838, ANRJ.

31. Discurso transcrito em Perdigão Malheiro, *A escravidão no Brasil: ensaio histórico, jurídico, social*. Petrópolis, Vozes/INL, 1976, vol. II, pp. 201-22; passagem referida na p. 209.

32. IJ6-196, Secretaria de Polícia da Corte, ofícios com anexos, 1840-1, ANRJ.

33. Para um estudo do tráfico ilegal, mostrando as interações entre negreiros no Brasil, África e Portugal, a estrutura do negócio e a experiência de pessoas envolvidas nos dois lados do Atlântico, considerando-se os diferentes contextos da pressão inglesa nos anos 1830 e 1840, ver João José Reis, Flávio dos Santos Gomes e Marcus J. M. de Carvalho, *O alufá Rufino. Tráfico, escravidão e liberdade no Atlântico negro (c.1822-c.1853)*, São Paulo, Companhia das Letras, 2010, em especial a parte II.

4. MODOS DE SILENCIAR E DE NÃO VER [pp. 71-108]

1. Robert Conrad, *World of sorrow*, pp. 91-2. Montezuma afirmou a sua disposição de combater o tráfico ilegal em ao menos dois pronunciamentos na Câmara dos Deputados, em 14 e 16 de agosto de 1837; ver *Annaes do Parlamento Brasileiro, Camara dos Srs. Deputados*, sessão de 1837, coligidos por Jorge João Dodsworth, Rio de Janeiro, Typographia de Viuva Pinto & Filho, 1887, tomo segundo, pp. 319, 323.

2. <www.slavevoyages.org>, acesso em 21 de outubro de 2010.

3. *Anais do Senado*, 1837, sessão de 30 de junho, pp. 175-8.

4. Idem, p. 181.

5. Idem, p. 204.

6. Idem, p. 206.

7. Idem, sessão de 17 de julho, p. 230.

8. Idem, sessão de 26 de julho, p. 252.

9. Idem, sessão de 22 de julho, pp. 247-8.

10. Idem, p. 280.

11. Idem, p. 208. Tâmis Parron localizou mais de vinte representações pró-tráfico oriundas de Câmaras Municipais e enviadas ao Parlamento desde o final da década de 1820 até 1840, em *A política da escravidão*, pp. 163-8. Para uma análise detalhada das discussões do Senado em 1837, Scanavini, "Anglofilias e anglofobias", pp. 239-53.

12. Lizandra Meyer Ferraz, *Entradas para a liberdade: formas e frequência da alforria em Campinas no século XIX*. Unicamp, dissertação de mestrado em história, 2010, pp. 75-6.

13. *Annaes do Parlamento Brasileiro, Camara dos Srs. Deputados*, sessão em 2 de setembro de 1837, p. 453.

14. Idem, p. 453.

15. Idem, p. 454.

16. Idem, p. 545.

17. Idem, sessão em 30 de setembro, p. 599.

18. Idem, p. 615.

19. Robert Conrad, *World of sorrow*, p. 97; Leslie Bethell, *The abolition of the Brazilian slave trade*, p. 83.

20. Conrad, *World of sorrow*, p. 97.

21. *Annaes do Parlamento Brasileiro, Camara dos Srs. Deputados*, sessão de 1837, p. 453.

22. A forma sumária é o jeito típico de registrar esses casos óbvios. Em 4 de janeiro de 1844, do chefe de polícia ao ministro da Justiça, em estilo barnabé sem cortes: "Tenho a honra de comunicar a V. Exa., que às 11½ horas da noite de dia 30 passado, foi encontrado por Manoel Joaquim Cordeiro dentro de sua chácara, o Africano buçal Sabino Moange, o qual sendo examinado em minha presença por dois peritos, declararam ser o dito africano inteiramente buçal, à vista do que o remeti para a Casa de Correção à disposição do Juiz Municipal da 1ª vara, a quem enviei cópia do auto de exame, para proceder na forma da lei. Deus guarde a V. Exa.", seguem o nome e cargo do destinatário e a assinatura do remetente; IJ6-202, Secretaria de Polícia da Corte, ofícios com anexos, janeiro a dezembro de 1844, ANRJ.

23. IJ6-199, Secretaria de Polícia da Corte, ofícios com anexos, 1842-3, ANRJ.

24. IJ6-191, Secretaria de Polícia da Corte, ofícios com anexos, janeiro a maio de 1839, ANRJ.

25. IJ6-196, Secretaria de Polícia da Corte, ofícios com anexos, 1840-1, ANRJ.

26. IJ6-199, Secretaria de Polícia da Corte, ofícios com anexos, 1842-3, ANRJ.

27. *Collecção das leis do Imperio do Brasil*, decreto nº 151, 11 de abril de 1842, artigo 6º. Sobre a motivação fiscal da preocupação em facilitar aos senhores o reconhecimento da propriedade escrava obtida ao arrepio da lei, ver Wilma Peres Costa, "Estratégias ladinas: o imposto sobre o comércio de escravos e a 'legalização' do tráfico (1831-1850)", *Novos Estudos CEBRAP*, nº 67, São Paulo, novembro de 2003, pp. 57-75.

28. IJ6-203, Secretaria de Polícia da Corte, ofícios com anexos, janeiro a abril de 1845, ANRJ. As páginas seguintes baseiam-se em dossiês constantes desse maço, salvo indicação em contrário.

29. Leslie Bethell, *The abolition of the Brazilian slave trade*, capítulo 9.

30. Sobre o conceito de ladinização, ver João José Reis, *Domingos Sodré, um sacerdote africano: escravidão, liberdade e candomblé na Bahia do século XIX*. São Paulo, Companhia das Letras, 2008, p. 317.

31. IJ6-204, Secretaria de Polícia da Corte, ofícios com anexos, maio a dezembro de 1845, ANRJ.

32. IJ6-203, ANRJ.

33. Sobre africanos livres nas obras da Casa de Correção e noutras repartições públicas, além do estudo citado acima, nota 11, capítulo 3, ver Casa de Correção da Corte, ofícios com anexos, maços IJ7-10 (1834-48), IJ7-13 (1855-8), IJ7-14 (1859-63), ANRJ. O governo assumiu o controle direto da iluminação pública da Corte no final de 1848, passando logo a empregar nele africanos livres. Ao que parece, começaram a faltar africanos para o serviço a partir de 1853, pois não chegavam novos em decorrência da lei de abolição do tráfico de 1850. A partir de agosto de 1854 se iniciou a substituição dos lampiões a azeite por lampiões a gás e o serviço voltou a ser concedido a particulares. Esse é o resumo da ópera a partir do que entendi do que há em vários maços: Secretaria de Polícia da Corte, ofícios com anexos, maços IJ6-211 (ano de 1848), 212 (1849), 215 (1851-2), 216 (1853), ANRJ. Neste último maço, em ofício de 29 de outubro de 1853, o chefe de polícia contava que, diante da falta de africanos livres, tentara alugar escravos para a iluminação pública, oferecendo aos senhores o pagamento de 24 mil-réis mensais; mas não apareciam proprietários interessados em alugar seus escravos para esse serviço "porque nele adquirem moléstias às quais sucumbem, provenientes de trabalharem toda a noite ao sereno, e à chuva quando as noites se tornam tempestuosas". Isto é apenas uma anedota, salvo pelo que

indica quanto à principal vantagem de empregar africanos livres, tanto para particulares quanto para o governo: ao governo, eles não custavam nada além da subsistência deles; para os particulares, os aluguéis eram baixíssimos, a ponto de se dizer que esses africanos eram "dados"; para todos, numa sociedade escravista, os africanos livres não requeriam investimento inicial, logo pareciam ideais para alocar em ofícios arriscados.

34. IJ6-204, ANRJ.

35. Analisei esses documentos anteriormente em Sidney Chalhoub, "Costumes senhoriais: escravização ilegal e precarização da liberdade no Brasil império", em Elciene Azevedo, Jefferson Cano, Maria Clementina Pereira Cunha e Sidney Chalhoub, orgs., *Trabalhadores na cidade: cotidiano e cultura no Rio de Janeiro e em São Paulo, séculos XIX e XX*. Campinas, Editora da Unicamp, 2010, pp. 27-30.

36. Aviso do Ministério de Justiça, número 274, de 12 de agosto de 1834, em *Collecção das decisões do governo do Imperio do Brazil de 1834*, Rio de Janeiro, Typographia Nacional, 1866.

37. Ofício do chefe de polícia ao ministro da Justiça, 25 de novembro de 1835; maço IJ6-171, Secretaria de Polícia da Corte, ofícios com anexos, agosto a dezembro de 1835, ANRJ.

38. Anotação a lápis, nas margens do ofício acima, provavelmente do punho do próprio Limpo de Abreu. Consta uma cópia do ofício enviado ao chefe de polícia no mesmo dossiê.

39. Ofício de Eusébio de Queiróz a Limpo de Abreu, em 7 de dezembro de 1835; IJ6-171, ANRJ.

40. De novo, anotação a lápis, pelas margens do ofício anterior, no mesmo dossiê.

41. Expressão que aparece em correspondência enviada pelo juiz de paz do segundo distrito da freguesia de Sacramento ao chefe de polícia, em 17 de dezembro de 1835; maço IJ6-171. Para a atuação de Eusébio de Queiróz como chefe de polícia, ver Thomas H. Holloway, *Policing Rio de Janeiro*, capítulos 4 e 5; especificamente sobre a repressão aos capoeiras, Carlos Eugênio Líbano Soares, *A capoeira escrava e outras tradições rebeldes no Rio de Janeiro (1808-1850)*. Campinas, Editora da Unicamp, 2001, capítulo 6.

5. EM 1850, A PRECISÃO DE CALAR SOBRE 1831 [pp. 109-140]

1. <www.slavevoyages.org>, acesso em 21 de outubro de 2010. Registre-se que os dados gerais do movimento do tráfico clandestino eram conheci-

dos das autoridades brasileiras, informadas deles pelo governo britânico. Há alguma discrepância para menos em relação ao que se sabe hoje em dia, mas a ordem de grandeza dos números é semelhante; ver, por exemplo, a citação dos dados levantados por comissão do Parlamento britânico sobre o tráfico em discurso do ministro dos Estrangeiros, Paulino José Soares de Souza, na Câmara dos Deputados, sessão de 15 de julho de 1850; *Annaes do Parlamento Brasileiro, Camara dos Srs. Deputados*, segunda sessão de 1850, tomo segundo, pp. 199-200.

2. *Annaes do Parlamento Brasileiro, Camara dos Srs. Deputados*, primeiro ano da sétima legislatura, sessão de 1848, tomo segundo, pp. 324-6.

3. Idem, p. 327.

4. Idem, pp. 329, 327, respectivamente.

5. Idem, p. 328.

6. Idem, p. 333.

7. Ibidem.

8. Idem, p. 339.

9. Para tudo isso, idem, pp. 342-3.

10. Idem, p. 345.

11. Ibidem.

12. Idem, p. 334.

13. Idem, pp. 409-10.

14. A ata da sessão de 26 de setembro, a que se seguiu à sessão de 22 de setembro, começa assim: "À uma hora da tarde declara-se a câmara em sessão pública". Como o horário normal de início das sessões era dez horas, esse jeito de começar, além de inusual, parece sugerir que algo acontecera antes de uma hora da tarde, que deve ter sido outra sessão secreta em seguimento à realizada no dia 22; idem, p. 415. Essa hipótese se confirma no livro de W. D. Christie, que reproduz correspondência entre autoridades britânicas na qual consta que na sessão de 26 de setembro Carvalho Moreira, deputado por Sergipe e ex-ministro brasileiro em Londres, propôs o adiamento da discussão do artigo 13 para o ano seguinte, obtendo a aprovação de 32 parlamentares, 29 foram contrários; *Notes on Brazilian questions*, p. 186.

15. Segundo Joaquim Nabuco, o ministério caiu por haver insistido em manter o "artigo que revogava expressamente a lei de 7 de novembro de 1831. Aos Liberais declarados contra o tráfico era impossível aceitar essa revogação; quanto aos Conservadores, o caminho para derribar o governo e o projeto estava indicado"; Joaquim Nabuco, *Um estadista do Império. Nabuco de Araújo, sua vida, suas opiniões, sua época.* Rio de Janeiro e Paris, H. Garnier Livreiro-Editor, tomo I, s/d (1897), p. 92.

16. *Annaes do Parlamento Brasileiro, Camara dos Srs. Deputados*, primeiro ano da oitava legislatura, sessão de 1849, tomo primeiro, sessão de 10 de janeiro de 1850.

17. Idem, tomo segundo, sessão de 2 de maio de 1850.

18. Idem, tomo primeiro, p. 194 e seguintes.

19. *Annaes do Parlamento Brasileiro, Camara dos Srs. Deputados*, segundo ano da oitava legislatura, segunda sessão de 1850, tomo segundo, sessões de 2, 3 e 4 de julho de 1850.

20. Trecho de discurso do deputado Pereira da Silva, idem, p. 37.

21. Idem, p. 100.

22. Idem, pp. 106, 159, respectivamente.

23. *Atas do Conselho de Estado*, vol. 3, sessão de 11 de julho de 1850.

24. *Annaes do Parlamento Brasileiro, Camara dos Srs. Deputados*, segundo ano da oitava legislatura, sessão de 1850, tomo segundo, pp. 192-208.

25. Idem, pp. 210-2.

26. *Anais do Senado*, 1850, vol. 6, p. 120.

27. O primeiro caso que veio à tona foi o da apreensão do brigue *Piratinin* por um cruzeiro inglês; trazia "noventa e tantos escravos ladinos" da Bahia, comprados por um fazendeiro do interior da província de São Paulo, segundo o relato de um deputado na sessão de 26 de julho de 1851; *Annaes do Parlamento Brasileiro, Camara dos Srs. Deputados*, terceiro ano da oitava legislatura, sessão de 1851, tomo segundo, p. 319.

28. Ver Beatriz Gallotti Mamigonian, "A Grã-Bretanha, o Brasil e as 'complicações no estado atual da nossa população': revisitando a abolição do tráfico atlântico de escravos (1848-1851)", trabalho apresentado no 4º Encontro Escravidão e Liberdade no Brasil Meridional, Curitiba, maio de 2009; Beatriz Gallotti Mamigonian, "O direito de ser africano livre: os escravos e as interpretações da lei de 1831", em Silvia H. Lara e Joseli M. N. Mendonça, orgs., *Direitos e justiças no Brasil. Ensaios de história social*. Campinas, Editora da Unicamp, 2006, pp. 129-60.

29. *Annaes do Parlamento Brasileiro, Camara dos Srs. Deputados*, terceiro ano da oitava legislatura, sessão de 1851, tomo segundo, p. 527.

30. *Annaes do Parlamento Brasileiro, Camara dos Srs. Deputados*, primeiro ano da sétima legislatura, sessão em 6 de setembro de 1848, pp. 349-51.

31. Para ser preciso, o Conselho de Estado não adquiriu a competência de um tribunal de segunda instância por efeito da lei de 4 de setembro de 1850; ele realizava uma "consulta" sobre o recurso ao julgamento em primeira instância, votava o seu parecer, e o fazia "subir" à Sua Majestade imperial, que emitia a "resolução" que lhe aprouvesse — na prática, o imperador seguiu o parecer dos conselheiros nos recursos sobre o tráfico; para o esclarecimento do assunto à

época, ver resoluções de 30 de outubro e 14 de novembro de 1850, em José Prospero Jehovah da Silva Caroatá, *Imperiais resoluções tomadas sobre consultas da seção de Justiça do Conselho de Estado. Desde o anno de 1842, em que começou a funccionar o mesmo Conselho, até hoje.* Rio de Janeiro, B. L. Garnier Livreiro Editor, 1884, parte I, pp. 237-9, 242-6, respectivamente.

32. <www.slavevoyages.org>, acesso em 21 de outubro de 2010.

33. Robert W. Slenes, "'*Malungu, ngoma* vem!': África coberta e descoberta no Brasil"; Robert W. Slenes, "Saint Anthony in the crossroads in Kongo and Brazil: 'creolization' and identity politics in the black South Atlantic, ca. 1700-1850"; Sidney Chalhoub, *Visões da liberdade: uma história das últimas décadas da escravidão na Corte.* São Paulo, Companhia das Letras, 1990, pp. 194-8.

34. Marcos Ferreira de Andrade, "Rebelião escrava na comarca do Rio das Mortes, Minas Gerais: o caso Carrancas", *Afro-Ásia*, nos 21-2, 1998-9, pp. 45-82; Flávio dos Santos Gomes, *Histórias de quilombolas*; João José Reis, *Rebelião escrava no Brasil.*

35. Sidney Chalhoub, *Cidade febril: cortiços e epidemias na Corte imperial.* São Paulo, Companhia das Letras, 1996, capítulo 2.

36. Ilmar Rohloff de Mattos, *O tempo saquarema.* São Paulo, Hucitec, 1987; Tâmis Parron, *A política da escravidão*, capítulo 3; Jeffrey D. Needell, *The party of order: the conservatives, the State, and slavery in the Brazilian monarchy, 1831-1871.* Stanford, Stanford University Press, 2006.

37. Leslie Bethell, *The abolition of the Brazilian slave trade*, capítulo 12.

38. IJ6-215, Secretaria de Polícia da Corte, ofícios com anexos, 1851-2, ANRJ.

39. Resolução de 5 de julho de 1851, em Caroatá, *Imperiais resoluções*, parte I, pp. 270-3.

40. Para outro caso semelhante, ver Resolução de 5 de novembro de 1851, idem, pp. 296-7.

41. Idem, pp. 256-7.

42. Idem, pp. 265-6.

43. Idem, pp. 273-9.

44. Para um estudo detalhado dos Breves e seu envolvimento no tráfico ilegal, Thiago Campos Pessoa Lourenço, "O império dos Souza Breves nos Oitocentos: política e escravidão nas trajetórias dos comendadores José e Joaquim de Souza Breves", Universidade Federal Fluminense, mestrado em história, 2010.

45. Beatriz Mamigonian menciona que na década de 1850 houve escravos ladinos que buscaram passar por boçais no intuito de se misturar a contingentes de africanos recém-chegados e aprisionados pelas forças de repressão ao tráfico; *To be a liberated African in Brazil*, p. 263.

46. IJ6-216, Secretaria de Polícia da Corte, ofícios com anexos, 1853, ANRJ.

47. Para um relato detalhado desse episódio de desembarque clandestino, ver Martha Abreu, "O caso do Bracuhy", em Hebe Maria Mattos de Castro e Eduardo Schnoor, *Resgate: uma janela para o Oitocentos*. Rio de Janeiro, Topbooks, 1995, pp. 165-95. Há referência a Brás na p. 189. Ver também Lourenço, "O império dos Souza Breves...", pp. 149-63.

48. Citado em Martha Abreu, "O caso do Bracuhy", p. 190.

49. IIIJ7-42, Registro de ofícios relativos ao Calabouço, agosto de 1844 a fevereiro de 1848, ANRJ.

6. O QUE OS ESCRAVOS SABIAM [pp. 141-173]

1. *Annaes do Parlamento Brasileiro, Camara dos Srs. Deputados*, terceiro ano da oitava legislatura, sessão de 1851, tomo segundo, p. 319.

2. Ibidem.

3. Idem, p. 525.

4. Idem, p. 319.

5. Caroatá, *Imperiais resoluções*, parte I, pp. 507-9.

6. Lei nº 4, de 10 de junho de 1835, *Collecção das leis do Imperio do Brazil de 1835*, Rio de Janeiro, Typographia Nacional, 1864.

7. Ver trabalhos citados na nota 34, capítulo 5, acima.

8. IJ6-194, Secretaria de Polícia da Corte, ofícios com anexos, junho a dezembro de 1839, ANRJ.

9. Ver, ainda no maço IJ6-194, os papéis relativos ao julgamento de Antônio, de nação mina, em junho de 1839.

10. Caroatá, *Imperiais resoluções*, parte I, pp. 15-6.

11. Palavras do conselheiro Manoel Alves Branco em sessão do Conselho de Estado pleno em 10 de agosto de 1843; *Atas do Conselho de Estado*, vol. 3.

12. Resolução de 17 de dezembro de 1853, em Caroatá, *Imperiais resoluções*, parte I, p. 388.

13. Ver resoluções de 18 de março de 1854, pp. 422-3; 17 de junho de 1854, pp. 465-7; 7 de julho de 1854, pp. 478-80; 27 de setembro de 1854, pp. 486-7; 25 de outubro de 1854, pp. 504-6; tudo em Caroatá, *Imperiais resoluções*, parte I.

14. Idem, pp. 386-9.

15. Resolução de 16 de dezembro de 1854, *idem*, pp. 525-8.

16. Diretoria-geral de Estatística, *Recenseamento Geral do Brazil de 1872*.

17. Maço IJ6-165, Secretaria de Polícia da Corte, ofícios com anexos, 1831-2, ANRJ.

18. IJ6-166, ANRJ.

19. IJ6-169, ANRJ.

20. IJ6-169, ANRJ.

21. IJ6-172, ANRJ.

22. IJ6-173, ANRJ.

23. IJ6-185, ANRJ.

24. Processo criminal, 1837, Tribunal da Relação do Rio de Janeiro, nº 1281, maço 139, galeria C, ANRJ.

25. Autos de pedido de *habeas corpus*, 1836, Tribunal da Relação do Rio de Janeiro, nº 910, maço 5, galeria F, ANRJ.

26. IJ6-165, ANRJ.

27. O desafio da presença dos libertos no espaço urbano no que concerne às políticas de dominação social estava posto ao menos desde meados do século XVIII; Silvia Hunold Lara, *Fragmentos setecentistas. Escravidão, cultura e poder na América portuguesa*. São Paulo, Companhia das Letras, 2007.

28. IJ6-194, ANRJ.

29. IJ6-194, ANRJ.

30. Para um caso de pretos-minas deportados por suspeita de insurreição, IJ6-191 (ano de 1839). Em 1844, um membro da família Nabuco de Araújo pediu e obteve do governo o obséquio da reexportação do africano livre Felício, de nação mina, que teria passado de jardineiro fiel a preto fugido e perigoso para a família. Foi enviado para Angola; maço IJ6-202.

31. *Collecção das leis do Brazil*, Cartas de lei, alvarás, decretos e cartas régias, 1818. Há referência à presença de pretos-minas prestando serviços na Corte em decorrência do alvará de janeiro de 1818 em ofício do encarregado da polícia de 25 de maio de 1831; IJ6-165, ANRJ.

32. A aparente facilidade para expulsar estrangeiros valeu no caso do português Francisco José de Amorim, "conhecido ladrão de escravos, e também salteador", segundo Eusébio de Queiróz. Amorim fora deportado, mas "atreveu-se a regressar a esta Corte". Detido de novo, o chefe de polícia ordenou nova deportação, sumária, em outubro de 1838; IJ6-190, ANRJ.

33. IJ6-199, ANRJ.

34. Para prática semelhante em Pernambuco, ver Marcus J. M. Carvalho, "'Quem furta mais e esconde': o roubo de escravos em Pernambuco, 1832-1855", *Revista do Instituto Histórico e Geográfico Brasileiro*, vol. 150, nº 363, abril/junho de 1989, pp. 327-8.

35. IJ6-204, ANRJ.

36. IJ6-212, ANRJ.

37. Jean Hébrard, "Esclavage et dénomination: imposition et appropriation d'un nom chez les esclaves de la Bahia au XIXᵉ siècle", *Cahiers du Brésil Contemporain*, Paris, nºs 53/54, 2003, pp. 31-92.

38. Maço IIIJ7-42, Registro de ofícios do Calabouço, 1844-8, ANRJ.

39. Idem.

40. *Annaes do Parlamento Brazileiro. Camara dos Srs. Deputados*, primeiro ano da nona legislatura, sessão de 1853, tomo primeiro, pp. 229-45.

41. Fala do deputado Nebias, idem, p. 231.

42. Idem, p. 238.

43. Ibidem.

44. Idem, p. 230.

45. Machado de Assis, *Memórias póstumas de Brás Cubas*, capítulo XLIV.

7. O QUE OS INGLESES VIAM [pp. 175-210]

1. Charles Pradez, *Nouvelles études sur le Brésil*. Paris, Ernest Thorin Éditeur, 1872, pp. 133-6.

2. Para a diferença entre liberto e ingênuo, e suas consequências quanto ao exercício de direitos políticos, ver Sidney Chalhoub, *Machado de Assis, historiador*. São Paulo, Companhia das Letras, 2003, pp. 171-82, 269-83.

3. No início da década de 1860, Christie conseguira uma lista de 1301 africanos livres cujos serviços estavam concedidos a particulares; estimava haver 2 mil deles trabalhando para os governos das províncias do Rio de Janeiro e de São Paulo, outros 2 mil a serviço das outras províncias; Christie, *Notes on Brazilian questions*, pp. 44-5. Charles Pradez, sem mencionar a fonte dos dados, diz terem existido 10 719 africanos livres, 2447 deles tendo recebido cartas de emancipação, 3856 considerados mortos, não se sabendo o paradeiro de 4416; Pradez, *Nouvelles études*, p. 135. Os números de Pradez coincidem em quase tudo com as informações mais completas constantes do *Relatorio do Ministerio da Justiça apresentado à Assembléa Geral Legislativa na segunda sessão da decima terceira legislatura*, 1868, ministro Martim Francisco Ribeiro de Andrada; à p. 16, item "africanos livres", lê-se que segundo "informações e documentos obtidos com máxima dificuldade, alguns deficientes, conhece-se o estado de 10 719 africanos", assim distribuídos: 354 emancipados por aviso de 15 de julho de 1835; 459 reexportados; dois "estiveram cumprindo" sentença; 2447 haviam recebido carta de emancipação; 3856 falecidos; 191 evadidos; 3410 sem destino conhecido.

4. Maço IJ6-487, Secretaria de Polícia da Corte, ofícios com anexos, terceiro trimestre de 1859, ANRJ.

5. Sobre ações judiciais de reescravização e de manutenção de liberdade, ver Keila Grinberg, "Reescravização, direitos e justiças no Brasil do século XIX", em Silvia H. Lara e Joseli M. N. Mendonça, orgs., *Direitos e justiças no Brasil. Ensaios*

de história social, pp. 101-28, e Keila Grinberg, "Senhores sem escravos: a propósito das ações de escravidão no Brasil imperial", em José Murilo de Carvalho e Lúcia Maria Bastos Pereira das Neves, orgs., *Repensando o Brasil do Oitocentos*. Rio de Janeiro, Civilização Brasileira, 2009, pp. 415-35. Hebe Mattos já havia observado a importância das ações de manutenção de liberdade em *Das cores do silêncio: os significados da liberdade no Sudeste escravista — Brasil, século XIX*. Rio de Janeiro, Nova Fronteira, 1998, capítulo 9.

6. *Collecção das leis do Imperio do Brasil*, decreto nº 1303 de 28 de dezembro de 1853.

7. A lei de 28 de setembro de 1871, dita "do ventre livre", colocou "sob a inspeção do governo", por cinco anos, os escravos que declarou libertos — os pertencentes à nação, os dados em usufruto à Coroa, os de heranças vagas, os abandonados pelos senhores. Nesse período "sob inspeção", eles teriam de "contratar seus serviços", sob pena de serem constrangidos "a trabalhar nos estabelecimentos públicos"; artigo 6º da lei, em *Lei nº 2040 de 28 de setembro de 1871 sobre o estado servil e decretos regulando a sua execução*, São Paulo, Typ. Americana, 1872, p. 10. De qualquer modo, essas exigências se aplicavam a categorias específicas de libertos; não se podem confundir com a situação dos africanos livres, obrigados todos a cumprir as mesmas exigências.

8. Resolução de 28 de outubro de 1874, em Caroatá, *Imperiais resoluções*, parte II, pp. 1721-5; o trecho citado se encontra à p. 1723.

9. Maço IJ7-10, Casa de Correção da Corte, ofícios com anexos, 1834-48, ANRJ.

10. Idem.

11. IJ7-13, Casa de Correção da Corte, ofícios com anexos, 1855-8, ANRJ.

12. O maço IJ7-14, Casa de Correção da Corte, ofícios com anexos, 1859-63, ANRJ, traz muito disso tudo; consta nele uma lista de mais de duzentos africanos existentes na Correção em abril de 1861. A informação de que o marquês de Caxias contava com os serviços de "23 ou 24" africanos livres está em Christie, *Notes on Brazilian questions*, pp. 20-1; há informações sobre cinco africanos livres concedidos a Caxias no maço IIIJ7-5, Casa de Correção, Africanos. Ofícios da Secretaria de Polícia da Corte e de diversas autoridades, 1863, ANRJ.

13. Maço IIIJ7-42, Registro de ofícios do Calabouço, 1844-8, ANRJ.

14. Sobre os bilhetes dos senhores às autoridades públicas a respeito da correção de seus escravos, e sobre outros temas, há referência a eles por toda parte, mas é raro encontrá-los nesses maços. A razão disso pode ser o ofício do chefe de polícia da Corte, Dario Rafael Callado, ao diretor da Casa de Correção e administrador do Calabouço, Daniel José Thompson, de 29 de outubro de 1866, no qual se diz que "se pode proceder à queima dos papéis antigos que existem

no arquivo desse estabelecimento, e constantes de ordens dos senhores de escravos aí recolhidos e papeletas de enfermaria [...] visto tornarem-se inúteis". Logo em seguida, por ironia, aparece um bilhete que dá alguma dimensão da riqueza histórica do que se queimou:

"Exmo. Snr. Major Thompson,

Tomo a liberdade de importunar a V. Sa. para o fim de muito respeitosamente solicitar em favor de meu escravo, por nome Ernesto, que se acha recolhido ao Calabouço, algumas concessões inteiramente compatíveis com a disciplina da Casa.

Assim peço que lhe seja tirado um pesado ferro, que traz ao pescoço, e que seja igualmente dispensado do serviço com a cabeça exposta ao sol, porquanto, além de sofrer ele de uma hérnia, é muito sujeito a violentíssimos ataques da cabeça.

Atentas as razões expostas, espero, pois que V. Sa. se digne atender a minha súplica.

Honório Augusto Ribeiro"

15. Ofício do administrador do Calabouço ao chefe de polícia, janeiro de 1873; maço IIIJ7-94, Minutas de ofícios do Calabouço, 1872, ANRJ:

"[...] tenho a informar que as ordens de castigo são sempre cumpridas. Outrossim, que raramente acontece que o castigo seja modificado a juízo do médico que sempre é ouvido sobre as condições de saúde, idade e constituição física do paciente, cautela que desprezada teria dado lugar a consequências bem dignas de condenação, por uma desculpável imprevidência.

As queixas dos Senrs. dos escravos de que fala V. Excia., têm também por causa o fato de eu não permitir que os castigos se façam perante eles, que incessantemente isso solicitam como que pondo em dúvida (suponho eu) a regularidade com que aqui se cumprem as ordens recebidas."

Há um dossiê sobre a questão da aplicação de castigos no Calabouço em IJ6-518, Secretaria de Polícia da Corte, ofícios com anexos, 1870-3, ANRJ. O Calabouço foi desativado em seguida.

16. IIIJ7-42, Registro de ofícios do Calabouço, 1844-8, ANRJ. Em Salvador, africanos libertos sofriam multa de três mil-réis, ou oito dias de prisão, se fossem encontrados nas ruas à noite sem levar "bilhetes de qualquer cidadão brasileiro"; João José Reis, *Domingos Sodré, um sacerdote africano: escravidão, liberdade e candomblé na Bahia do século XIX*, São Paulo, Companhia das Letras, 2008, p. 88. No caso da Corte, parece que quase só escravos eram detidos por andar "fora de horas" sem autorização por escrito, logo não sei se havia proibição aos libertos de estar na rua à noite sem bilhete. Quanto à proibição aos escravos, ver, por exemplo, ofício do ministro da Justiça ao chefe de polícia da Corte, em mar-

ço de 1835, mandando prender "todos os escravos, que forem apanhados na rua depois das oito horas da noite sem escrito dos seus senhores sendo-lhes entregues no dia seguinte depois de correcionalmente castigados"; IJ6-170, ANRJ. Os Livros da Casa de Detenção da Corte referentes ao movimento diário de detenções na cidade nas décadas de 1860 e 1870 trazem 2697 ocorrências relativas a escravos, 437 delas por "andar fora de horas" (69 referentes a mulheres cativas); há apenas seis registros de livres ou libertos detidos pelo mesmo motivo, talvez porque se suspeitasse que fossem escravos no momento da prisão. Logo, não sei ao certo o conteúdo do bilhete que uma africana livre fugida deveria carregar "para não ser presa" na Corte. Seria um no qual passasse por escrava? Os Livros da Casa de Detenção da Corte são originários do Arquivo Público do Estado do Rio de Janeiro; existem cópias deles em microfilme no Arquivo Edgard Leuenroth da Unicamp. As informações constantes dos três rolos referentes às décadas de 1860 e 1870 — com muitas lacunas para anos inteiros — foram inseridas em banco de dados existente no Centro de Pesquisa em História Social da Cultura (Cecult), da Unicamp (mais de 90% dos registros até junho de 2010, porém 100% dos relativos a escravos).

17. IIIJ7-5, Casa de Correção, Africanos. Ofícios da Secretaria de Polícia da Corte e de diversas autoridades, 1863, ANRJ.

18. Idem.

19. Barão de Javary, *Camara dos Deputados. Organisações e programmas ministeriais desde 1822 a 1889*. Rio de Janeiro, Imprensa Nacional, 1889, p. 130.

20. IIIJ7-5, ANRJ. Nos Livros da Casa de Detenção da Corte, registros referentes aos anos de 1863 e 1864, há 31 casos de escravos que foram à polícia "apadrinhar-se".

21. Processo cível, nº 2548, maço 922, galeria B, 1859-63, ANRJ. Para análise detalhada dessa história, Sidney Chalhoub, *Visões da liberdade*, pp. 115-21.

22. Nos Livros da Casa de Detenção da Corte, dados referentes às décadas de 1860 e 1870, há o registro de 337 detenções de escravos sob rubricas tais como "desobediência", "requisição", "insubordinação", "a pedido", que devem ter ocorrido, em sua maioria, por iniciativa dos próprios senhores deles.

23. Maço IJ6-515, Secretaria de Polícia da Corte, ofícios com anexos, 1860-1, ANRJ.

24. IJ6-516, Secretaria de Polícia da Corte, ofícios com anexos, 1862-5, ANRJ.

25. IJ6-221, Secretaria de Polícia da Corte, ofícios com anexos, setembro a dezembro de 1855, ANRJ.

26. IJ7-15, Casa de Correção da Corte, ofícios com anexos, 1864-5, ANRJ; também IIIJ7-8, Ofícios da Secretaria de Polícia da Corte, 1863-4, ANRJ. Num caso curioso, de 1862, o governo entrou em dúvida sobre a carta de emancipa-

ção que devia passar ao africano livre Agostinho, de nação moçambique. Os "sinais" do preto não coincidiam com os que constavam nos livros. Interrogado, o africano explicou que havia muitos anos fora enviado da Casa de Correção para a repartição das obras públicas. Na Correção, seu nome era Ambrósio; todavia, como à época ele não conseguia pronunciar tal alcunha, nas obras públicas disse que se chamava Agostinho. Os africanos tinham sido enviados para as obras públicas sem uma lista nominal, logo ficou assim. Agostinho recebeu a carta de emancipação; IJ6-516, ANRJ.

27. IJ6-516, ANRJ.

28. IJ6-220, Secretaria de Polícia da Corte, ofícios com anexos, maio a agosto de 1855, ANRJ. Ofício do chefe de polícia ordenando a soltura de Bernardo foi enviado ao diretor da Casa de Correção em 26 de novembro de 1855; Maço IIIJ7-137, Ofícios da Secretaria de Polícia da Corte, 1853-5, ANRJ.

29. Códice 306, Consultas do Conselho de Estado, seção da Justiça, 1843-79, vol. 3, folhas 108-9; Caroatá, *Imperiais resoluções*, parte I, p. 118.

30. Christie, *Notes on Brazilian questions*, p. 36, tradução minha; Beatriz Gallotti Mamigonian, "A Grã-Bretanha, o Brasil e as 'complicações no estado atual da nossa população'", pp. 1-5.

31. IJ6-220, ANRJ; Christie, *Notes on Brazilian questions*, pp. 39-40.

32. Christie, p. 45. Segundo Joaquim Nabuco, grande parte dos africanos livres "foram fraudulentamente incorporados à escravatura"; "Tudo que a esse respeito alegava a legação inglesa nas suas reclamações por mais de trinta anos, é pura verdade"; Joaquim Nabuco, *Um estadista do Império*, tomo I, p. 243.

33. IJ6-217, Secretaria de Polícia da Corte, ofícios com anexos, janeiro a julho de 1854, ANRJ.

34. Christie, p. 82.

35. IJ6-218, Secretaria de Polícia da Corte, ofícios com anexos, agosto a dezembro de 1854, ANRJ.

36. Resultou no decreto nº 731, de 5 de junho de 1854, que determinava a competência dos auditores de Marinha para processar e julgar os réus mencionados no artigo 3º da lei de 4 de setembro de 1850, "ainda quando a perseguição dos delinquentes e dos escravos desembarcados não se realize no ato do desembarque, qualquer que seja a distância da costa em que eles se achem"; *Relatório do Ministério das Relações Exteriores*, 1854, anexo D, número 8.

37. *Anais do Senado*, 1853, volume 2, p. 291.

38. Joaquim Nabuco, *Um estadista do Império*, tomo I, p. 242.

39. Idem, pp. 242-3. Sobre esse documento, ver também Argemiro Eloy Gurgel, "A lei de 7 de novembro de 1831 e as ações de liberdade na cidade de Valença (1870 a 1888)". UFRJ, dissertação de mestrado, 2004, pp. 35-6.

40. Christie, *Notes on Brazilian questions*, p. 50.

41. GIFI, 6H-18, ANRJ.

42. José Carlos Pereira de Almeida Torres, visconde de Macaé, foi ministro do Império e interino da Justiça no gabinete de 26 de maio de 1845; ministro do Império e presidente do conselho no gabinete de 8 de março de 1848, que foi substituído já em 31 de maio do mesmo ano; barão de Javary, *Camara dos Deputados. Organisações e programmas ministeriais*, pp. 95-6, 103.

43. Processo cível, nº 2353, maço 919, galeria A, ANRJ. Analisei essa história com outro objetivo em *Visões da liberdade*, pp. 233-5.

44. Processo cível, nº 1317, maço 901, galeria A, ANRJ.

45. Elciene Azevedo, *O direito dos escravos. Lutas jurídicas e abolicionismo na província de São Paulo*. Campinas, Editora da Unicamp, 2010, em especial capítulo 2.

46. Quanto ao recurso à lei de 1831 nos tribunais, ver os artigos de Elciene Azevedo, "Para inglês ver? Os advogados e a lei de 1831"; Maria Angélica Zubaran, "'Sepultados no silêncio': a lei de 1831 e as ações de liberdade nas fronteiras meridionais (1850-1880)"; Ricardo Tadeu Caíres Silva, "O resgate da lei de 7 de novembro de 1831 no contexto abolicionista baiano", em dossiê organizado por Beatriz Mamigonian e Keila Grinberg, *Estudos Afro-Asiáticos*, ano 29, nºs 1/2/3, jan.-dez. 2007, pp. 245-80, 281-99, 301-40, respectivamente.

47. Resolução de 28 de outubro de 1874, em Caroatá, *Imperiais resoluções*, parte II, pp. 1721-5.

48. Em junho de 1883, por ocasião de uma discussão no Senado a respeito de "averbações de escravos", Silveira da Motta leu sentença de um juiz de direito de Pouso Alto, província de Minas Gerais, que libertava o preto Galdino, natural da costa d'África, incluído no inventário de seu falecido senhor, porque lhe fora dada a idade de 36 anos na matrícula de 1872. Disso resultava ter ele nascido em 1836, logo viera para o Brasil necessariamente após a lei de 1831. Da matrícula determinada pela lei de 1871 não constava naturalidade, por conseguinte o juiz combinara a informação sobre idade nela constante com a naturalidade informada no inventário para concluir que a lei de 1831 havia sido violada. O senador dizia que sabia de juízes que procediam de modo diverso, desconsiderando a lei de 1831. Por isso perguntava: "A lei de 7 de novembro de 1831 ainda está em vigor?". Queria que o governo se pronunciasse. Na sessão seguinte, o presidente do conselho, Lafayette Rodrigues Pereira, defendeu a doutrina de que essas questões "pertencem ao direito civil e, como tais, são da inteira e exclusiva competência do Poder Judiciário"; o Poder Executivo "não pode invadir as atribuições do outro". Em suma, nessa época parecia haver menos preocupação do governo imperial quanto às decisões do Poder Judiciário nessa matéria. *Anais do*

Senado, 1883, volume 2, sessões de 26 e 27 de junho, pp. 294-7, 299-301; o Senado continuou a discutir o assunto nas sessões seguintes.

8. QUE SE CUMPRA A LEI [pp. 211-225]

1. *Annaes do Parlamento Brazileiro. Camara dos Srs. Deputados*, segundo ano da segunda legislatura, sessão de 1831, tomo segundo, p. 30.

2. Ver, por exemplo, documentos do maço IJ6-165, Secretaria de Polícia da Corte, ofícios com anexos, 1831-2, ANRJ.

3. *Annaes do Parlamento Brazileiro. Camara dos Srs. Deputados*, 1831, tomo segundo, p. 238.

4. IJ6-169, Secretaria de Polícia da Corte, ofícios com anexos, 1834, ANRJ.

5. IJ6-170, idem, janeiro a julho de 1835, ANRJ.

6. Aviso nº 118, Justiça, 9 de maio de 1835, "Dá providências para que não desembarque, nem resida no Império, homem de cor, que venha de fora, sem que no seu passaporte esteja declarado que é ingênuo"; *Collecção das leis do Imperio do Brasil*, 1835. Em 30 de junho de 1835, expediu-se circular aos presidentes de província mandando cumprir o aviso de 9 de maio; em GIFI 6D-87, ANRJ.

7. IJ6-171, Secretaria de Polícia da Corte, ofícios com anexos, agosto a dezembro de 1835, ANRJ.

8. IJ6-191, idem, janeiro a maio de 1839, ANRJ.

9. IJ6-172, idem, janeiro a julho de 1836, ANRJ.

10. Os exemplos se repetem regularmente nessa série documental. Para alguns outros casos, ver maços IJ6-202, janeiro a dezembro de 1844; IJ6-203, janeiro a abril de 1845; IJ6-215, 1851-2, ANRJ.

11. IJ6-186, idem, janeiro a abril de 1838, ANRJ.

12. *Anais do Senado*, 1837, sessão de 30 de junho, p. 178.

13. Idem, 1837, p. 230.

14. *Annaes do Parlamento Brasileiro, Camara dos Srs. Deputados*, primeiro ano da sétima legislatura, 1848, sessão em 1º de setembro, pp. 324.

15. Ao menos foi o que entendi das explicações do ministro da Justiça, Campos Mello, na sessão de 2 de setembro; idem, p. 334.

16. Idem, p. 333.

17. Idem, ibidem.

18. IJ6-216, Secretaria de Polícia da Corte, ofícios com anexos, 1853, ANRJ.

19. IJ6-229, idem, setembro a dezembro de 1857, ANRJ.

20. IJ6-516, idem, 1862-5, ANRJ.

21. Essas tentativas, e outras, às vezes mirabolantes, para o envio de negros norte-americanos para o Brasil estão descritas minuciosamente em Gerald Horne, *O sul mais distante. Os Estados Unidos, o Brasil e o tráfico de escravos africanos*. São Paulo, Companhia das Letras, 2010. O livro de Horne, aliás, demonstra de forma cabal a participação intensa de negociantes norte-americanos, em geral sediados em Nova York, na empresa do tráfico africano ilegal para o Brasil.

22. Caroatá, *Imperiais resoluções*, parte II, pp. 1378-80.

23. Esse parecer não foi compilado em Caroatá, *Imperiais resoluções*. Não o localizei tampouco nos anexos referentes à legislação nos relatórios ministeriais da Justiça de 1866 e 1867.

24. Wlamyra R. de Albuquerque, *O jogo da dissimulação. Abolição e cidadania negra no Brasil*. São Paulo, Companhia das Letras, 2009, pp. 65-81; os papéis se encontram no maço IJ1-426, ANRJ, que consiste em ofícios enviados pela presidência da província da Bahia ao Ministério da Justiça em 1877.

25. Há uma cópia manuscrita — completa, ao que parece — da consulta da seção de Justiça do Conselho de Estado de 30 de novembro de 1866 em IJ1-426, ANRJ.

26. Contrastar com o verbete "liberto" no dicionário de Moraes Silva, o mais reputado no Brasil do século XIX: "O que era escravo, e se acha livre, ou forro"; *Diccionario da Lingua Portugueza composto pelo padre dom Rafael Bluteau, reformado, e accrescentado por Antonio de Moraes Silva natural do Rio de Janeiro*, tomo segundo, L-Z, Lisboa, Officina de Simão Thaddeo Ferreira, 1789. A definição se repetiu na edição de 1813. Em sua análise do parecer sobre o caso do fazendeiro Cole, Wlamyra Albuquerque já observara a invenção dessa acepção ampliada do vocábulo "liberto"; *O jogo da dissimulação*, p. 74.

27. Sobre o conceito de racialização, ver Wlamyra Albuquerque, *O jogo da dissimulação*, *passim*, e Silvia Hunold Lara, "No jogo das cores: liberdade e racialização das relações sociais na América portuguesa setecentista", a ser publicado nos anais do Encontro Escravidão e Liberdade no Brasil Meridional, Porto Alegre, 2011.

28. IJ6-483, Secretaria de Polícia da Corte, ofícios com anexos, 2º semestre de 1858, ANRJ.

9. LIBERDADE PRECÁRIA [pp. 227-276]

1. Ofício de Eusébio de Queiróz a Limpo de Abreu, 7 de dezembro de 1835; maço IJ6-171, ANRJ.

2. Nelson de Castro Senra, *História das estatísticas brasileiras*. Rio de Janeiro, IBGE, 2006, vol. 1, pp. 418-9, 423; e Diretoria-geral de Estatística, *Recenseamento Geral do Brazil de 1872*.

3. Sobre origem e localização dos Livros da Casa de Detenção, ver nota 16, capítulo 7, acima.

4. De forma coerente, o banco de dados contém quiçá uma dúzia de exemplos de escravos detidos por "vadiagem"; em contraste, essa era a justificativa mais comum para a detenção de pessoas livres, ao lado talvez de embriaguez, que também se aplicava a escravos.

5. Esse foi o meu tema em *Visões da liberdade*, em especial no capítulo 3.

6. Maço IJ6-169, Secretaria de Polícia da Corte, ofícios com anexos, 1834, ANRJ.

7. Aviso do Ministério de Justiça, número 274, de 12 de agosto de 1834, em *Collecção das decisões do governo do Imperio do Brazil de 1834*, Rio de Janeiro, Typographia Nacional, 1866.

8. Códice 329, Polícia da Corte, correspondência com diversas autoridades, vol. 7, folhas 47 verso e 50.

9. Maço IJ6-171, ANRJ.

10. Nos parágrafos que seguem, reproduzo, com adaptações, o que já apareceu em Sidney Chalhoub, "Costumes senhoriais", pp. 32-6.

11. Até aqui, tudo do maço IJ6-171, ANRJ.

12. Para os dois últimos trechos, IJ6-172, ANRJ.

13. Sobre recrutamento, ver Álvaro Pereira do Nascimento, *A ressaca da marujada: recrutamento e disciplina na Armada Imperial*. Rio de Janeiro, Arquivo Nacional, 2001; Peter M. Beattie, *The tribute of blood: army, honor, race, and nation in Brazil, 1864-1945*. Durham e Londres, Duke University Press, 2001; Hendrik Kraay, *Race, state, and armed forces in independence-era Brazil, Bahia, 1790's-1840's*. Stanford, Stanford University Press, 2001.

14. GIFI 6H-15, ANRJ.

15. Maço IIIJ7-42, Registro de ofícios relativos ao Calabouço, 1844-8, ANRJ.

16. Idem.

17. Idem.

18. *Collecção das leis do Imperio do Brasil*, 1842.

19. Ver ofício de 1º de fevereiro de 1854, do chefe de polícia Alexandre Joaquim de Siqueira ao administrador do Calabouço; maço IIIJ7-137, Ofícios da Secretaria de Polícia da Corte, 1853-5, ANRJ.

20. Maço IIIJ7-137, ANRJ.

21. Caroatá, *Imperiais resoluções*, parte I, pp. 649-51.

22. Conselho de Estado, códice 306, volume 14, documento 7, folhas 150 a 169, ANRJ; é a mesma consulta de 11 de fevereiro de 1856 que aparece em Caroatá, porém com documentos anexados.

23. *Collecção das leis do Imperio do Brasil*, 1857.

24. IIIJ7-39, Registro de ofícios relativos ao Calabouço, julho de 1867 a junho de 1868, ANRJ. Há várias listas de pessoas enviadas à arrematação em todos os maços dessa série concernentes à década de 1860 e início da de 1870, tais como IIIJ7-38, julho de 1866 a junho de 1867; IIIJ7-40, julho de 1868 a junho de 1869; IIIJ7-41, julho de 1870 a junho de 1871 etc.

25. IIIJ7-40, ANRJ.

26. IIIJ7-22, Ofícios da Secretaria de Polícia da Corte e de diversas autoridades, 1871-2, ANRJ.

27. IIIJ7-38, Registro de ofícios relativos ao Calabouço, julho de 1866 a junho de 1867, ANRJ.

28. Os estudos sobre alforria são um campo vasto na historiografia sobre a escravidão brasileira; para um balanço recente dessa literatura, ver Herbert S. Klein e Francisco Vidal Luna, *Slavery in Brazil*. Nova York, Cambridge University Press, 2010, capítulo 9. Para dois estudos esclarecedores sobre alforria condicional e indenização de preço, Peter L. Eisenberg, "Ficando livre: as alforrias em Campinas no século XIX", em *Homens esquecidos: escravos e trabalhadores livres no Brasil, séculos XVIII e XIX*. Campinas, Editora da Unicamp, 1989, pp. 255-314; Manolo Florentino, "Sobre minas, crioulos e a liberdade costumeira no Rio de Janeiro, 1789-1871", em Manolo Florentino, org., *Tráfico, cativeiro e liberdade. Rio de Janeiro, séculos XVII-XIX*. Rio de Janeiro, Civilização Brasileira, 2005, pp. 331-59.

29. IIIJ7-38, ANRJ. Noutra história parecida, o pardo Alexandre foi enviado ao Calabouço para ser castigado. Mas descobriu-se que ele fora alforriado por dona Josefa Ribeiro, com cláusula de prestar serviços a dona Maria Gracinda enquanto esta vivesse. Maria Gracinda morrera, logo Alexandre ficara plenamente livre, contudo os testamenteiros de dona Maria Gracinda o mandaram deter para ser castigado. Maço IIIJ7-8, Ofícios da Secretaria de Polícia da Corte, 1863-4, ANRJ. Outro caso de testamenteiro escroque concerne a um finado todo-poderoso, Bernardo Pereira de Vasconcelos. João Dias, que se intitulava "padrinho" de alguns escravos de Vasconcelos, denunciou que o finado os deixara forros sob a condição de indenizar a quinta parte de seu preço, porém o testamenteiro vendera os negros como escravos. Maço IJ6-516, Secretaria de Polícia da Corte, ofícios com anexos, 1862-5, ANRJ.

30. Em 21 de fevereiro de 1833, o preto forro Manoel Joaquim foi preso no Aljube, por ordem de um juiz de paz da freguesia de São José, porque a preta quitandeira Rosa da Conceição o acusava de lhe haver furtado "vários trastes". Mais de três anos depois, em julho de 1836, o preto forro entrou com pedido de *habeas corpus* junto ao tribunal da Relação da Corte. Pedia para ser solto. O processo ficara parado devido à "inopinada morte" do escrivão! *Habeas corpus*, nº 913, maço 5, galeria F, Relação do Rio de Janeiro, ANRJ.

31. IIIJ7-39, ANRJ.

32. Idem. O caso de Fiel, mais um ou outro já citado, chama a atenção também pelo fato de ele declarar ter sido escravo de uma africana, preta-mina como ele. Para outros estudos que abordam em detalhe situações semelhantes, Zephyr Frank, *Dutra's world. Wealth and family in nineteenth-century Rio de Janeiro*. Albuquerque, University of New Mexico Press, 2004; João José Reis, *Domingos Sodré, um sacerdote africano*; Sheila Siqueira de Castro Faria, "Sinhás pretas, damas mercadoras: as pretas-minas nas cidades do Rio de Janeiro e de São João del Rey (1700-1850)". Universidade Federal Fluminense, tese para concurso de professor titular, 2004; Maykon Rodrigues dos Santos, "Cruzando o Atlântico: a construção da identidade mina entre forras e escravas no pequeno comércio de Vila Rica, 1753 a 1797", mestrado em história, Unicamp, 2011. O estudo de Frank sugere que a um negro liberto a propriedade escrava parecia o único investimento factível com vistas a um possível processo de mobilidade social. Quem sabe, na situação de constrição à liberdade que temos visto, adquirir um ou mais escravos pode ter se afigurado a alguns libertos como o modo mais seguro de afastar o risco de voltar ao cativeiro. A história do liberto Dutra, dono de barbearia e banda de música, proprietário de vários escravos da mesma etnia dele, indica a possibilidade de condições particulares na escravização de uns africanos por outros. O que não exclui a hipótese de senhores cruéis ou avarentos aqui também, pois acabamos de ver uma mãe castigada cruelmente e privada da filha por sua senhora africana, e a tal africana, Rosa, senhora de Fiel, a exigir o preço guloso de dois contos de réis por uma alforria. Em suma, precisamos de mais pesquisa sobre essas situações para entendê-las melhor.

33. Para todos esses exemplos, IIIJ7-39, ANRJ.

34. IIIJ7-95, Minutas de ofícios relativos ao Calabouço, 2º semestre de 1871 e 1º semestre de 1872, ANRJ.

35. IIIJ7-91, Minutas de ofícios relativos ao Calabouço, 2º semestre de 1873, ANRJ.

36. GIFI 6H-18, ANRJ.

37. IIIJ7-95, ANRJ.

38. IIIJ7-94, Minutas de ofícios relativos ao Calabouço, 2º semestre de 1872 e 1º semestre de 1873, ANRJ.

39. GIFI 6H-18, ANRJ.

40. IIIJ7-151, Registro de ofícios da diretoria da Casa de Correção a diversas autoridades, 1870, ANRJ.

41. Idem.

42. IJ6-518, Secretaria de Polícia da Corte, ofícios com anexos, 1870-3, ANRJ.

43. IIIJ7-151, ANRJ.

44. Idem.

45. *Annaes do Parlamento Brasileiro, Camara dos Srs. Deputados*, 1854, sessão em 1º de setembro, pp. 345-50. Tive notícia deste debate e do discurso de Wanderley comentado aqui por meio do livro de Robert Edgar Conrad, *Children's of God's fire. A documentary history of black slavery in Brazil.* University Park, The Pennsylvania State University Press, 1994, pp. 343-50.

46. *Annaes do Parlamento Brasileiro*, 1854, sessão em 1º de setembro, p. 349.

47. Robert Slenes, "The Brazilian internal slave trade, 1850-1888. Regional economies, slave experience, and the politics of a peculiar market", em Walter Johnson, org., *The chattel principle: internal slave trades in the Americas.* New Haven e Londres, 2004, pp. 325-70; as passagens citadas estão às páginas 355-6. Para histórias de escravos originários do Nordeste que se encontravam na Corte devido ao tráfico interno, às vezes em busca de uma oportunidade para retornar a suas comunidades de origem, ver Sidney Chalhoub, *Visões da liberdade*, capítulo 1.

48. Maço IJ6-214, Secretaria de Polícia da Corte, ofícios com anexos, 1850, ANRJ.

49. IJ6-215, Secretaria de Polícia da Corte, ofícios com anexos, 1851-2, ANRJ.

50. Processo criminal, 1865-6, Tribunal da Relação do Rio de Janeiro, rolo 84.0.ACR.163, Arquivo Edgard Leuenroth, Unicamp, cópia de original pertencente ao ANRJ.

51. Jean Hébrard, "Esclavage et dénomination".

52. Ofício de um juiz de direito ao presidente da província de Pernambuco, ao qual já me referi na introdução, citado em Guillermo Palacios, "Revoltas camponesas no Brasil escravista", p. 22.

53. Judy Bieber Freitas, "Slavery and social life: attempts to reduce free people to slavery in the sertão mineiro, Brazil, 1850-1871", *Journal of Latin American Studies*. Londres, vol. 26, nº 3, outubro de 1994, pp. 597-619; Marcus J. M. de Carvalho, *Liberdade: rotinas e rupturas do escravismo no Recife, 1822-1850*. Recife, Editora da UFPE, 1998, pp. 242-53.

54. Maço IJ6-219, Secretaria de Polícia da Corte, ofícios com anexos, janeiro a abril de 1855, ANRJ.

55. Processo cível, 1862, Juízo Municipal da Segunda Vara do Rio de Janeiro, nº 1, caixa 523, galeria C, ANRJ.

56. Sobre práticas de escravização ilegal noutro contexto, ver Rebecca J. Scott, "Paper thin: freedom, re-enslavement, and determinations of status in the diaspora of the Haitian revolution", *Law and History Review*, novembro de 2011. Scott aborda a reescravização de refugiados haitianos em Cuba e Louisiana no

início do século XIX para mostrar que não havia requisitos rigorosos de prova de aquisição legal da propriedade escrava, o que facilitava a redução ilegal ao cativeiro. A prática consistia em presumir a propriedade do negro em decorrência da posse e domínio efetivos dele pelo suposto senhor. Agradeço a Rebecca Scott pelo envio do artigo quando ainda se encontrava no prelo.

57. Processo cível, 1869-72, Tribunal da Relação do Rio de Janeiro, nº 8118, caixa 2, ANRJ.

58. Processo cível, 1848, Tribunal da Relação do Rio de Janeiro, nº 4, caixa 42, ANRJ.

59. Analisei situações desse tipo em *Visões da liberdade*, em especial no capítulo 2.

60. Processo cível, 1865, Tribunal da Relação do Rio de Janeiro, nº 4989, caixa 1730, ANRJ.

61. *Collecção das leis do Imperio do Brasil*, 1869.

62. *Lei nº 2040 de 28 de setembro de 1871 sobre o estado servil e decretos regulando a sua execução*, São Paulo, Typ. Americana, 1872, pp. 10-1.

63. Aviso da Justiça, 10 de setembro de 1872, em Luis Francisco da Veiga, *Livro do estado servil e respectiva libertação contendo a lei de 28 de setembro de 1871 e os decretos e avisos expedidos pelos ministérios da Agricultura, Fazenda, Justiça, Império e Guerra desde aquela data até 31 de dezembro de 1875 precedidos dos atos legislativos e executivos em benefício da liberdade, anteriores à referida lei*. Rio de Janeiro, Typographia Nacional, 1876.

64. Aviso da Agricultura, 12 de novembro de 1875, em *Annexos ao relatorio apresentado à Assembléa Geral Legislativa na primeira sessão da décima sexta legislatura pelo ministro e secretario de Estado dos Negocios da Agricultura, Commercio e Obras Publicas Thomaz José Coelho de Almeida*, Rio de Janeiro, Typographia Perseverança, 1877.

65. Aviso da Agricultura, 13 de abril de 1880, em *Annexos ao relatorio apresentado à Assembléa Geral Legislativa na terceira sessão da decima setima legislatura pelo ministro e secretario de Estado dos Negocios da Agricultura, Commercio e Obras Publicas Manoel Buarque de Macedo*, Rio de Janeiro, Typographia Nacional, 1880.

66. Os casos de Adão e Generoso foram mencionados no aviso de 13 de abril de 1880. Um dossiê bastante completo sobre essas histórias está em GIFI 4H-197, ANRJ, e é nele que me baseio para o que se segue.

67. *Annexos ao relatorio apresentado* [...] *pelo ministro e secretario de Estado dos Negocios da Agricultura, Commercio e Obras Publicas Manoel Buarque de Macedo*, 1880.

10. MACHADO DE ASSIS (REMATE) [pp. 277-296]

1. O que se segue sobre as *Memórias póstumas* pressupõe muito do que está em Roberto Schwarz, *Um mestre na periferia do capitalismo: Machado de Assis*. São Paulo, Duas Cidades, 1990; e Sidney Chalhoub, *Machado de Assis, historiador*. São Paulo, Companhia das Letras, 2003. No texto, remeto-me apenas aos capítulos das *Memórias póstumas*, que são curtos, o que facilita a localização das passagens citadas em qualquer boa edição do romance. Cito a partir de Machado de Assis, *Memórias póstumas de Brás Cubas*. Rio de Janeiro, Civilização Brasileira e Brasília, INL, 1975.

2. Ver acima, p. 85.

3. Ver acima, pp. 48-9

4. Para o que segue, utilizei a seguinte edição: Gustave Flaubert, *Madame Bovary: costumes de província*. São Paulo, Nova Alexandria, 2007, tradução de Fúlvia M. L. Moretto, cotejando com a edição francesa da GF-Flammarion, 1986, com introdução, notas, bibliografia e apêndice de Bernard Ajac. As duas edições trazem a transcrição do processo movido contra Flaubert, documento, aliás, que passou a fazer parte de reedições do livro desde a década de 1870, ainda em vida do autor. Recorri também a vários textos, literatura secundária que "canibalizei" sem compromisso de exatidão, pois o que estudei sobre Flaubert foi meio de voltar a Machado por outro ângulo: Pierre Bourdieu, "Flaubert's point of view", *Critical Inquiry*, vol. 14, nº 3, 1988, pp. 539-62; Eric Gans, *Madame Bovary: the end of romance*. Boston, Twayne Publishers, 1989; Priscilla Meyer, "*Anna Karenina*: Tolstoy's polemic with *Madame Bovary*", *The Russian Review*, vol. 54, abril de 1995, pp. 243-59; Bill Overton, "Children and childlessness in the novel of female adultery", *The Modern Language Review*, vol. 94, nº 2, abril de 1999, pp. 314-27; Frances Ferguson, "Emma, or happiness (or sex work)", *Critical Inquiry*, vol. 28, nº 3, 2002, pp. 749-79; Jacqueline Merriam Paskow, "Rethinking Madame Bovary's motives for committing suicide", *The Modern Language Review*, vol. 100, nº 2, abril de 2005, pp. 323-39. Os textos que ajudaram a pensar a questão da ficção realista foram: Eric Auerbach, *Mimesis. The representation of reality in western literature*. Princeton, Princeton University Press, 1991 (1953); Peter Gay, *Represálias selvagens. Realidade e ficção na literatura de Charles Dickens, Gustave Flaubert e Thomas Mann*. São Paulo, Companhia das Letras, 2010; Jacques Rancière, "The politics of literature", *SubStance*, vol. 33, nº 1, issue 103, 2004, pp. 10-24; James Wood, *Como funciona a ficção*. São Paulo, Cosac Naify, 2011.

5. "O ministério público contra Gustave Flaubert", em Gustave Flaubert, *Madame Bovary*, p. 315.

6. Idem, p. 317.

7. "Defesa apresentada pelo acusado através do sr. Sénard", em Gustave Flaubert, *Madame Bovary*, p. 319.

8. Idem, p. 323.

9. Idem, p. 338.

10. Idem, p. 321.

11. "Sentença", em Gustave Flaubert, *Madame Bovary*, p. 359.

12. A história apareceu depois em *Contos fluminenses* (1870); Aluizio Leite, Ana Lima Cecílio e Heloísa Jahn, orgs., *Machado de Assis. Obra completa em quatro volumes*. Rio de Janeiro, Nova Aguilar, 2008, vol. 2. Para a controvérsia sobre o conto na imprensa, sigo Daniela Magalhães da Silveira, "Contos de Machado de Assis. Leituras e leitores do *Jornal das Famílias*", Unicamp, dissertação de mestrado em história, 2005, pp. 17-24; os artigos atinentes à querela publicados à época estão quase todos em Jean-Michel Massa, *Dispersos de Machado de Assis*. Rio de Janeiro, INL, 1965.

13. "Confissões de uma viúva moça", *Machado de Assis. Obra completa em quatro volumes*, vol. 2, p. 100.

14. Idem, p. 100.

15. Idem, p. 83.

16. Ao que parece, Raimundo Magalhães Júnior foi o primeiro a levantar a hipótese da polêmica fabricada; ver Silveira, "Contos de Machado de Assis", p. 23.

Fontes

1. PRINCIPAIS FONTES MANUSCRITAS CONSULTADAS (ARQUIVO NACIONAL, RIO DE JANEIRO, SALVO INDICAÇÃO EM CONTRÁRIO)

Polícia da Corte:

Secretaria de Polícia da Corte. Ofícios com anexos. Maços 1J6-165 (anos de 1831-2); 166 (ano de 1833); 169 (1834); 170 (janeiro a julho de 1835); 171 (agosto a dezembro de 1835); 172 (janeiro a julho de 1836); 173 (agosto a dezembro de 1836); 174 (janeiro a maio de 1837); 177 (junho a agosto de 1837); 185 (setembro a dezembro de 1837); 186 (janeiro a abril de 1838); 187 (maio a setembro de 1838); 190 (outubro a dezembro de 1838); 191 (janeiro a maio de 1839); 194 (junho a dezembro de 1839); 196 (1840-1); 199 (1842-3); 202 (1844); 203 (janeiro a abril de 1845); 204 (maio a dezembro de 1845); 207 (1846); 208 (1847); 211 (1848); 212 (1849); 214 (1850); 215 (1851-2); 216 (1853); 217 (janeiro a julho de 1854); 218 (agosto a dezembro de 1854); 219 (janeiro a abril de 1855); 220 (maio a agosto de 1855); 221 (setembro a dezembro de 1855); 222 (1º semestre de 1856); 223 (2º semestre de 1856); 227 (janeiro a agosto de 1857); 229 (setembro a dezembro de 1857); 239 (1º semestre de 1858); 483 (2º semestre de 1858); 484 (1º trimestre de 1859); 485 (2º trimestre de 1859); 487 (3º trimestre de 1859); 482 (4º trimestre de 1859); 515 (1860-1); 516 (1862-5); 517 (1866-9); 518 (1870-3); 519 (1874-87).

Registro de correspondência reservada recebida pela polícia (1833-40). Códice 334 (1 volume).

Registro de correspondência reservada expedida pela polícia (1835-44). Códice 335 (2 volumes).

Registro de ofícios expedidos pela polícia à Secretaria de Estado dos Negócios da Justiça (1827-41). Códice 324 (3 volumes).

Prisões da Corte:

Registro de ofícios relativos ao Calabouço. Maços IIIJ7-42 (1844-8); 162 (1861-2); 38 (1866-7); 39 (1867-8); 40 (1868-9); 41 (1870-1); 95 (1871-2); 94 (1872-3); 91 (1873).

Casa de Correção da Corte. Ofícios com anexos. Maços IJ7-10 (1834-1848); 11 (1849-51); 12 (1852-4); 13 (1855-8); 14 (1859-63); 15 (1864-5); 16 (1866-9); 17 (1870-2); 18 (1873-6); 19 (1877-87).

Casa de Correção da Corte. Minutas de ofícios. Maços IIIJ7-96 (1872); 90 (1874); 87 (1875); 83 (1º semestre de 1876); 84 (2º semestre de 1876).

Ofícios da Secretaria de Polícia da Corte e de diversas autoridades (enviados à direção da Casa de Correção). Maços IIIJ7-137 (1853-5); 128 (1859-62); 5 (1863); 8 (1863-4); 7 (1865-6); 10 (1867-8); 18 (1869); 19 (1870); 20 (1871-2); 22 (1873-4); 1 (1875-6).

Registro de ofícios da direção da Casa de Correção a diversas autoridades. Maços IIIJ7-150 (1869); 151 (1870); 152 (1871).

Livros da Casa de Detenção da Corte (1860-80). Originais pertencentes ao Arquivo Público do Estado do Rio de Janeiro; consultados microfilmes existentes no Arquivo Edgard Leuenroth do Instituto de Filosofia e Ciências Humanas da Unicamp.

Processos cíveis e criminais citados:

Autos de pedido de *habeas corpus*, 1836, Tribunal da Relação do Rio de Janeiro, nº 910, maço 5, galeria F, ANRJ.

Autos de pedido de *habeas corpus*, 1836, Tribunal da Relação do Rio de Janeiro, nº 913, maço 5, galeria F, ANRJ.

Processo criminal, 1837, Tribunal da Relação do Rio de Janeiro, nº 1281, maço 139, galeria C, ANRJ.

Processo criminal, 1865-6, Tribunal da Relação do Rio de Janeiro, rolo 84.0.ACR.163, Arquivo Edgard Leuenroth, Unicamp, cópia de original pertencente ao ANRJ.

Processo cível, 1848, Tribunal da Relação do Rio de Janeiro, nº 4, caixa 42, ANRJ.

Processo cível, 1859-63, nº 2548, maço 922, galeria B, ANRJ.

Processo cível, 1862, Juízo Municipal da Segunda Vara do Rio de Janeiro, nº 1, caixa 523, galeria C, ANRJ.

Processo cível, 1865, nº 2353, maço 919, galeria A, ANRJ.

Processo cível, 1865, Tribunal da Relação do Rio de Janeiro, nº 4989, caixa 1730, ANRJ.

Processo cível, 1869-72, Tribunal da Relação do Rio de Janeiro, nº 8118, caixa 2, ANRJ.

Ofícios dos presidentes de província ao Ministério da Justiça:

Maços IJ1-360, Alagoas, ofícios dos presidentes, 1851-2; IJ1-698, Alagoas, ofícios dos presidentes ao Ministério da Justiça, 1852-5; IJ1-426, Bahia, 1877; IJ1-265, Ceará, ofícios dos presidentes, 1852-3; IJ1-721, Ceará, ofícios dos presidentes ao ministro da Justiça, 1850-5; IJ1-618, Minas Gerais, ofícios dos presidentes, 1851-2; IJ1-771, Minas Gerais, ofícios dos presidentes ao Ministério da Justiça, 1850-3; IJ1-303, Paraíba, ofícios dos presidentes, 1851-2; IJ1-304, Paraíba, ofícios dos presidentes, 1853-4; IJ1-798, Paraíba, ofícios dos presidentes ao ministro da Justiça, 1850-6; IJ1-325, Pernambuco, ofícios dos presidentes, 1851-2; IJ1-326, Pernambuco, ofícios dos presidentes, 1853-4; IJ1-824, Pernambuco, ofícios dos presidentes ao ministro da Justiça, 1850-3.

Outras fontes manuscritas:

Chancelaria. Ofícios com anexos de petições ao imperador. Maços IJ3-25 (1834-78); 3-24 (1837); 3-21 (1823-55); 3-26 (1823, 1826, 1846).

GIFI, **Ministério da Justiça:** caixas 4H-197; 5H-58; 5H-72; 6D-83; 6D-91; 6H-15; 6H-18.

Consultas do Conselho de Estado, seção Justiça (1843-79), códice 306: consultados os volumes 3 (1847-8); 14 (1856); 20 (1859); 21 (1859).

2. PRINCIPAIS FONTES IMPRESSAS CONSULTADAS

Relatórios ministeriais e provinciais:

Annexos ao relatorio apresentado à Assembléa Geral Legislativa na primeira sessão da décima sexta legislatura pelo ministro e secretario de Estado dos Negocios da Agricultura, Commercio e Obras Publicas Thomaz José Coelho de Almeida. Rio de Janeiro, Typographia Perseverança, 1877.

Annexos ao relatorio apresentado à Assembléa Geral Legislativa na terceira sessão da decima setima legislatura pelo ministro e secretario de Estado dos Negocios da Agricultura, Commercio e Obras Publicas Manoel Buarque de Macedo. Rio de Janeiro, Typographia Nacional, 1880.

Falla dirigida à Assembléa Legislativa da provincia das Alagoas, na abertura da primeira sessão ordinaria da nona legislatura, pelo exm. presidente da mesma provincia, o conselheiro José Bento da Cunha e Figueiredo em 26 de abril de 1852. Maceió, Typ. Constitucional, 1852.

Relatório apresentado à Assembléa Geral Legislativa na quarta sessão da oitava legislatura pelo ministro e secretário d'Estado dos Negócios da Justiça Eusébio de Queiróz Coitinho Mattoso Camara. Rio de Janeiro, Typographia Nacional, 1852.

Relatório apresentado à Assembléa Geral Legislativa na quarta sessão da oitava legislatura pelo ministro e secretário d'Estado dos Negócios do Império Visconde de Mont'Alegre. Rio de Janeiro, Typographia Nacional, 1852.

Relatório apresentado à Assembléa Geral Legislativa na primeira sessão da nona legislatura pelo ministro e secretário d'Estado dos Negócios do Império Francisco Gonçalves Martins. Rio de Janeiro, Typographia Nacional, 1853.

Relatorio que à Assembléa Legislativa Provincial de Pernambuco apresentou na sessão ordinaria do 1º de março de 1852 o excellentissimo presidente da mesma provincia, o dr. Victor de Oliveira. Pernambuco, Typ. de M. F. de Faria, 1852.

Relatorio apresentado à Assembléa Legislativa Provincial da Parahyba do Norte pelo excellentissimo presidente da provincia, o dr. Antonio Coelho de Sá e Albuquerque em 3 de maio de 1852. Parahyba, Typ. de José Rodrigues da Costa, 1852.

Relatorio apresentado à Assembléa Legislativa Provincial de Sergipe na abertura de sua sessão ordinaria no dia 8 de março de 1852 pelo exm. snr. presidente da provincia, dr. José Antonio de Oliveira Silva. Sergipe, Typ. Provincial, 1852.

Relatorio do excellentissimo senhor doutor Joaquim Marcos d'Almeida Rego, presidente da provincia do Ceará, à respectiva Assembléa Legislativa na abertura da 1ª sessão ordinaria de sua 9ª legislatura, em o 1º de setembro de 1852. Ceará, Typ. Cearense, [n.d.].

Relatorio que à Assembléa Provincial da provincia de Minas Geraes apresentou na sessão ordinaria de 1852, o doutor Luiz Antonio Barboza, presidente da mesma provincia. Ouro Preto, Typ. do Bom Senso, 1852.

Relatorio do ministerio da Justiça apresentado à Assembléa Geral Legislativa na segunda sessão da decima terceira legislatura. 1868.

Relatorio do Ministerio das Relações Exteriores. 1854.

Anais parlamentares, legislação:
Anais do Senado. 1837, 1848, 1850, 1853, 1883.

Annaes do Parlamento Brasileiro, Camara dos Srs. Deputados. 1831, 1837, 1848, 1850, 1851, 1852, 1853, 1854.

Atas do Conselho de Estado. 1850.

Barão de Javary, *Camara dos Deputados. Organisações e programmas ministeriais desde 1822 a 1889*. Rio de Janeiro, Imprensa Nacional, 1889.

Caroatá, José Prospero Jehovah da Silva, *Imperiais resoluções tomadas sobre consultas da seção de Justiça do Conselho de Estado. Desde o anno de 1842, em que começou a funccionar o mesmo Conselho, até hoje*. Rio de Janeiro, B. L. Garnier Livreiro Editor, 1884.

Colecção das leis do Imperio do Brasil (identificação precisa das leis, decretos e avisos citados aparece nas notas referentes aos capítulos).

Diccionario da Lingua Portugueza composto pelo padre dom Rafael Bluteau, reformado, e accrescentado por Antonio de Moraes Silva natural do Rio de Janeiro. tomo segundo, L-Z, Lisboa, Officina de Simão Thaddeo Ferreira, 1789.

Diretoria Geral de Estatística, *Recenseamento Geral do Brazil de 1872*.

Lei nº 2040 de 28 de setembro de 1871 sobre o estado servil e decretos regulando a sua execução. São Paulo, Typ. Americana, 1872.

Sisson, S. A., *Galeria dos brasileiros ilustres*. Brasília, Senado Federal, 1999 (1859-61), 2 volumes.

Veiga, Luis Francisco da, *Livro do estado servil e respectiva libertação contendo a lei de 28 de setembro de 1871 e os decretos e avisos expedidos pelos ministérios da Agricultura, Fazenda, Justiça, Império e Guerra desde aquela data até 31 de dezembro de 1875 precedidos dos atos legislativos e executivos em benefício da liberdade, anteriores à referida lei*. Rio de Janeiro, Typographia Nacional, 1876.

Textos políticos e literários de época:

Barreto, Domingos Alves Branco Muniz, "Memória sobre a abolição do comércio da escravatura", em Graça Salgado, org., *Memórias sobre a escravidão*. Rio de Janeiro, Arquivo Nacional, 1988 (texto escrito entre 1815-20), pp. 79-99.

Flaubert, Gustave, *Madame Bovary: costumes de província*. São Paulo, Nova Alexandria, 2007, tradução de Fúlvia M. L. Moretto.

Christie, W. D., *Notes on Brazilian questions*. Londres e Cambridge, Macmillan and Co., 1865.

Machado de Assis, *Memórias póstumas de Brás Cubas*. Rio de Janeiro, Civilização Brasileira e Brasília, INL, 1975.

Machado de Assis. Obra completa em quatro volumes. Organização de Aluizio Leite, Ana Lima Cecílio e Heloísa Jahn, Rio de Janeiro, Nova Aguilar, 2008.

Malheiro, A. M. Perdigão, *A escravidão no Brasil: ensaio histórico, jurídico, social*. Petrópolis, Vozes/INL, 1976 (1866-7), 2 volumes.

Nabuco, Joaquim, *Um estadista do Império. Nabuco de Araújo, sua vida, suas opiniões, sua época*. Rio de Janeiro e Paris, H. Garnier Livreiro-Editor, 2 tomos, s/d (1897).

Pradez, Charles, *Nouvelles études sur le Brésil*. Paris, Ernest Thorin Éditeur, 1872.

Silva, José Bonifácio de Andrada e, "Representação à Assembleia Geral Constituinte e Legislativa do Império do Brasil sobre a escravatura", em Graça Salgado, org., *Memórias sobre a escravidão*. Rio de Janeiro, Arquivo Nacional, 1988 (1823), pp. 61-77.

Bibliografia citada

ABREU, Martha, "O caso do Bracuhy", em Hebe Maria Mattos de Castro e Eduardo Schnoor, *Resgate: uma janela para o Oitocentos*. Rio de Janeiro, Topbooks, 1995, pp. 165-95.

ALBUQUERQUE, Wlamyra R., *O jogo da dissimulação: abolição e cidadania negra no Brasil*. São Paulo, Companhia das Letras, 2009.

ALENCASTRO, Luiz Felipe de, "Le versant brésilien de l'Atlantique-Sud: 1550--1850", volume 61, número 2, 2006, pp. 339-82.

ANDRADE, Marcos Ferreira de, "Rebelião escrava na comarca do Rio das Mortes, Minas Gerais: o caso Carrancas", *Afro-Ásia*. N°s 21-2, 1998-9, pp. 45-82.

ARAÚJO, Carlos Eduardo Moreira de, "Cárceres imperiais: a Casa de Correção do Rio de Janeiro. Seus detentos e o sistema prisional no Império, 1830-1861". Tese de doutorado em história, Unicamp, 2009.

AUERBACH, Erich, *Mimesis. The representation of reality in western literature*. Princeton, Princeton University Press, 1991 (1953).

AZEVEDO, Elciene, *O direito dos escravos. Lutas jurídicas e abolicionismo na província de São Paulo*. Campinas, Editora da Unicamp, 2010.

______, "Para inglês ver? Os advogados e a lei de 1831", *Estudos Afro-Asiáticos*. Ano 29, n°s 1/2/3, jan.-dez. 2007, pp. 245-80.

AZEVEDO, Elciene; CANO, Jefferson; CUNHA, Maria Clementina Pereira e CHALHOUB, Sidney, orgs., *Trabalhadores na cidade: cotidiano e cultura no Rio de Janeiro e em São Paulo, séculos XIX e XX*. Campinas, Editora da Unicamp, 2010.

BEATTIE, Peter M., *The tribute of blood: army, honor, race, and nation in Brazil, 1864-1945*. Durham e Londres, Duke University Press, 2001.

BETHELL, Leslie, *The abolition of the Brazilian slave trade: Britain, Brazil and the slave trade question, 1807-1869*. Cambridge, Cambridge University Press, 1970.

BOURDIEU, Pierre, "Flaubert's point of view", *Critical Inquiry*. Vol. 14, nº 3, 1988, pp. 539-62.

CARVALHO, Marcus J. M. de, *Liberdade: rotinas e rupturas do escravismo no Recife, 1822-1850*. Recife, Editora da UFPE, 1998.

______, "'Quem furta mais e esconde': o roubo de escravos em Pernambuco, 1832-1855", *Revista do Instituto Histórico e Geográfico Brasileiro*. Vol. 150, nº 363, abril/junho de 1989, pp. 317-44.

CHALHOUB, Sidney, *Visões da liberdade: uma história das últimas décadas da escravidão na Corte*. São Paulo, Companhia das Letras, 1990.

______, *Cidade febril: cortiços e epidemias na corte imperial*. São Paulo, Companhia das Letras, 1996.

______, *Machado de Assis, historiador*. São Paulo, Companhia das Letras, 2003.

CONRAD, Robert Edgar, *World of sorrow: the African slave trade to Brazil*. Baton Rouge e Londres, Louisiana State University Press, 1986.

______, *Children's of God's fire. A documentary history of black slavery in Brazil*. University Park, The Pennsylvania State University Press, 1994.

COSTA, Wilma Peres, "Estratégias ladinas: o imposto sobre o comércio de escravos e a 'legalização' do tráfico (1831-1850)", *Novos Estudos CEBRAP*. Nº 67, São Paulo, novembro de 2003, pp. 57-75.

DAVIS, David Brion, *Slavery and human progress*. Oxford, Oxford University Press, 1986.

______, *The problem of slavery in western culture*. Oxford, Oxford University Press, 1988.

______, *The problem of slavery in the age of revolution, 1770-1823*. Oxford, Oxford University Press, 1999.

DRESCHER, Seymour, *Capitalism and antislavery. British mobilization in comparative perspective*. Oxford, Oxford University Press, 1987.

EISENBERG, Peter L., "Ficando livre: as alforrias em Campinas no século XIX", em *Homens esquecidos: escravos e trabalhadores livres no Brasil, séculos XVIII e XIX*. Campinas, Editora da Unicamp, 1989, pp. 255-314.

FARIA, Sheila Siqueira de Castro, "Sinhás pretas, damas mercadoras: as pretas-minas nas cidades do Rio de Janeiro e de São João del Rey (1700-1850)". Tese para concurso de professor titular, Universidade Federal Fluminense, 2004.

FERGUSON, Frances, "Emma, or happiness (or sex work)", *Critical Inquiry*. Vol. 28, nº 3, 2002, pp. 749-79.

FERRAZ, Lizandra Meyer, *Entradas para a liberdade: formas e frequência da alforria em Campinas no século XIX*. Dissertação de mestrado em história, Unicamp, 2010.

FLORENTINO, Manolo, "Sobre minas, crioulos e a liberdade costumeira no Rio de Janeiro, 1789-1871", em Manolo Florentino, org., *Tráfico, cativeiro e liberdade. Rio de Janeiro, séculos XVII-XIX*. Rio de Janeiro, Civilização Brasileira, 2005, pp. 331-59.

FLORY, Thomas, *Judge and jury in imperial Brazil, 1808-1871: social control and political stability in the new State*. Austin, University of Texas Press, 1981.

FRANK, Zephyr, *Dutra's world. Wealth and family in nineteenth-century Rio de Janeiro*. Albuquerque, University of New Mexico Press, 2004.

FREITAS, Judy Bieber, "Slavery and social life: attempts to reduce free people to slavery in the sertão mineiro, Brazil, 1850-1871", *Journal of Latin American Studies*. Londres, vol. 26, nº 3, outubro de 1994, pp. 597-619.

GANS, Eric, *Madame Bovary: the end of romance*. Boston, Twayne Publishers, 1989.

GAY, Peter, *Represálias selvagens. Realidade e ficção na literatura de Charles Dickens, Gustave Flaubert e Thomas Mann*. São Paulo, Companhia das Letras, 2010.

GOMES, Flávio dos Santos, *Histórias de quilombolas: mocambos e comunidades de senzalas no Rio de Janeiro — século XIX*. Rio de Janeiro, Arquivo Nacional, 1993.

GRINBERG, Keila, "Reescravização, direitos e justiças no Brasil do século XIX", em Silvia H. Lara e Joseli M. N. Mendonça, orgs., *Direitos e justiças no Brasil. Ensaios de história social*. Campinas, Editora da Unicamp, 2006, pp. 101-28.

______, "Senhores sem escravos: a propósito das ações de escravidão no Brasil imperial", em José Murilo de Carvalho e Lúcia Maria Bastos Pereira das Neves, orgs., *Repensando o Brasil do Oitocentos*. Rio de Janeiro, Civilização Brasileira, 2009, pp. 415-35.

GURGEL, Argemiro Eloy, "A lei de 7 de novembro de 1831 e as ações de liberdade na cidade de Valença (1870 a 1888)". Dissertação de mestrado, UFRJ, 2004.

HÉBRARD, Jean, "Esclavage et dénomination: imposition et appropriation d'un nom chez les esclaves de la Bahia au XIXe siècle", *Cahiers du Brésil Contemporain*. Paris, nºs 53/54, 2003, pp. 31-92.

HOLLOWAY, Thomas, *Policing Rio de Janeiro: repression and resistance in a 19th-century city*. Stanford, Stanford University Press, 1993.

HORNE, Gerard, *O sul mais distante: os Estados Unidos, o Brasil e o tráfico de escravos africanos*. São Paulo, Companhia das Letras, 2010.

KLEIN, Herbert S. e LUNA, Francisco Vidal, *Slavery in Brazil*. Nova York, Cambridge University Press, 2010.

KRAAY, Hendrik, *Race, state, and armed forces in independence-era Brazil, Bahia, 1790's-1840's*. Stanford, Stanford University Press, 2001.

LARA, Silvia Hunold, *Fragmentos setecentistas. Escravidão, cultura e poder na América portuguesa*. São Paulo, Companhia das Letras, 2007.

______, "No jogo das cores: liberdade e racialização das relações sociais na América portuguesa setecentista", Anais do Encontro Escravidão e Liberdade no Brasil Meridional, Porto Alegre, 2011.

LOURENÇO, Thiago Campos Pessoa, "O império dos Souza Breves nos Oitocentos: política e escravidão nas trajetórias dos comendadores José e Joaquim de Souza Breves". Dissertação de mestrado em história, Universidade Federal Fluminense, 2010.

LOVEMAN, Mara, "Blinded like a state: the revolt against civil registration in nineteenth-century Brazil", *Comparative Studies in Society and History*. Vol. 49, 2007, pp. 5-39.

MAGALHÃES JÚNIOR, Raimundo, *Três panfletários do segundo reinado: Francisco de Sales Torres Homem e o "Libelo do povo"; Justiniano José da Rocha e "Ação; reação; transação"; Antônio Ferreira Vianna e "A conferência dos divinos"*. São Paulo, Companhia Editora Nacional, 1956.

MAMIGONIAN, Beatriz Galotti, "To be a liberated African in Brazil: labour and citizenship in the nineteenth century". Tese de Ph.D. em história, University of Waterloo, Canadá, 2002.

______, "O direito de ser africano livre: os escravos e as interpretações da lei de 1831", em Silvia H. Lara e Joseli M. N. Mendonça, orgs., *Direitos e justiças no Brasil. Ensaios de história social*. Campinas, Editora da Unicamp, 2006, pp. 129-60.

______, "A Grã-Bretanha, o Brasil e as 'complicações no estado atual da nossa população': revisitando a abolição do tráfico atlântico de escravos (1848-1851)", trabalho apresentado no 4º Encontro Escravidão e Liberdade no Brasil Meridional, Curitiba, maio de 2009.

MARQUES, João Pedro, *Os sons do silêncio: o Portugal de Oitocentos e a abolição do tráfico de escravos*. Instituto de Ciências Sociais da Universidade de Lisboa, 1999.

MASSA, Jean-Michel, *Dispersos de Machado de Assis*. Rio de Janeiro, INL, 1965.

MATTOS, Hebe, *Das cores do silêncio: os significados da liberdade no Sudeste escravista — Brasil, século XIX*. Rio de Janeiro, Nova Fronteira, 1998.

MATTOS, Ilmar Rohloff de, *O tempo saquarema*. São Paulo, Hucitec, 1987.

MEYER, Priscilla, "*Anna Karenina*: Tolstoy's polemic with *Madame Bovary*", *The Russian Review*. Vol. 54, abril de 1995, pp. 243-59.

MINTZ, Sidney, "Comment on articles by Tomich, McMichael, and Roseberry", *Theory and Society*. Vol. 20, nº 3, junho de 1991, pp. 383-92.

NASCIMENTO, Álvaro Pereira do, *A ressaca da marujada: recrutamento e disciplina na Armada Imperial*. Rio de Janeiro, Arquivo Nacional, 2001.

NEEDELL, Jeffrey D., *The party of order: the conservatives, the State, and slavery in the Brazilian monarchy, 1831-1871*. Stanford, Stanford University Press, 2006.

OVERTON, Bill, "Children and childlessness in the novel of female adultery", *The Modern Language Review*. Vol. 94, nº 2, abril de 1999, pp. 314-27.

PALACIOS, Guillermo, "Revoltas camponesas no Brasil escravista: a 'Guerra dos Maribondos' (Pernambuco, 1851-1852)", *Almanack Braziliense*. Nº 3, 2006, pp. 9-39.

PARRON, Tamis, *A política da escravidão no império do Brasil, 1826-1865*. Rio de Janeiro, Civilização Brasileira, 2011.

PASKOW, Jacqueline Merriam, "Rethinking Madame Bovary's motives for committing suicide", *The Modern Language Review*. Vol. 100, nº 2, abril de 2005, pp. 323-39.

PIROLA, Ricardo Figueiredo, *Senzala insurgente: malungos, parentes e rebeldes nas fazendas de Campinas (1832)*. Campinas, Editora da Unicamp, 2011.

PITTS, Jennifer, *A turn to Empire: the rise of imperial liberalism in Britain and France*. Princeton, Princeton University Press, 2005.

RANCIÈRE, Jacques, "The politics of literature", *SubStance*. Vol. 33, nº 1, issue 103, 2004, pp. 10-24.

REIS, João José, *Rebelião escrava no Brasil. A história do levante dos malês em 1835*. São Paulo, Companhia das Letras, 2003.

______, *Domingos Sodré, um sacerdote africano: escravidão, liberdade e candomblé na Bahia do século XIX*. São Paulo, Companhia das Letras, 2008.

REIS, João José; GOMES, Flávio dos Santos e CARVALHO, Marcus J. M. de, *O alufá Rufino: tráfico, escravidão e liberdade no Atlântico negro (c. 1822- c. 1853)*. São Paulo, Companhia das Letras, 2010.

RODRIGUES, Jaime, *De Costa a Costa: escravos, marinheiros e intermediários do tráfico negreiro de Angola ao Rio de Janeiro (1780-1860)*. São Paulo, Companhia das Letras, 2005.

______, *O infame comércio: propostas e experiências no final do tráfico de africanos para o Brasil (1800-1850)*. Campinas, Editora da Unicamp, 2000.

SANTOS, Maykon Rodrigues dos, "Cruzando o Atlântico: a construção da identidade mina entre forras e escravas no pequeno comércio de Vila Rica, 1753 a 1797". Dissertação de mestrado em história, Unicamp, 2011.

SCANAVINI, João Eduardo Finardi Álvares, "Anglofilias e anglofobias: percursos historiográficos e políticos da questão do comércio de africanos (1826-1837)". Dissertação de mestrado em história, Unicamp, 2003.

SCHWARZ, Roberto, *Um mestre na periferia do capitalismo: Machado de Assis*. São Paulo, Duas Cidades, 1990.

SCOTT, Rebecca J., "Paper thin: freedom, re-enslavement, and determinations of status in the diaspora of the Haitian revolution", *Law and History Review*. No prelo, novembro de 2011.

SENRA, Nelson de Castro, *História das estatísticas brasileiras*. Rio de Janeiro, IBGE, 2006, vol. 1.

SILVA, Ricardo Tadeu Caíres, "O resgate da lei de 7 de novembro de 1831 no contexto abolicionista baiano", *Estudos Afro-Asiáticos*. Ano 29, n°s 1/2/3, jan.-dez. 2007, pp. 301-40.

SILVEIRA, Daniela Magalhães da, "Contos de Machado de Assis. Leituras e leitores do *Jornal das Famílias*". Dissertação de mestrado em história, Unicamp, 2005.

SLENES, Robert W., *Na senzala, uma flor: esperanças e recordações na formação da família escrava — Brasil sudeste, século XIX*. Rio de Janeiro, Nova Fronteira, 1999.

______, "A 'Great Arch' descending: manumission rates, subaltern social mobility and slave and free(d) black identities in Southeastern Brazil, 1791-1888", a ser publicado em John Gledhill e Patience Schell, orgs., *Rethinking histories of resistance in Brazil and Mexico* (prelo).

______, "The Brazilian internal slave trade, 1850-1888. Regional economies, slave experience, and the politics of a peculiar market", em Walter Johnson, org., *The chattel principle: internal slave trades in the Americas*. New Haven e Londres, 2004, pp. 325-70.

______, "The great porpoise-skull strike: Central African water spirits and slave identity in early-nineteenth-century Rio de Janeiro", em L. Heywood, org., *Central Africans and cultural transformations in the American diaspora*. Cambridge, Cambridge University Press, 2001, pp. 183-208.

______, "'*Malungu, ngoma* vem!': África coberta e descoberta no Brasil", *Mostra do redescobrimento: negro de corpo e alma — Black in body and soul*. São Paulo, Fundação Bienal de São Paulo, 2000, pp. 212-20.

SOARES, Carlos Eugênio Líbano, *A capoeira escrava e outras tradições rebeldes no Rio de Janeiro (1808-1850)*. Campinas, Editora da Unicamp, 2001.

TOMICH, Dale, *Through the prism of slavery: labor, capital, and world economy*. Lanham, Rowman & Littlefield Publishers, 2004.

______, "World slavery and Caribbean capitalism: the Cuban sugar industry, 1760-1868", *Theory and Society*. Vol. 20, nº 3, junho de 1991, pp. 297-319.

WOOD, James, *Como funciona a ficção*. São Paulo, Cosac Naify, 2011.

ZUBARAN, Maria Angélica, "'Sepultados no silêncio': a lei de 1831 e as ações de liberdade nas fronteiras meridionais (1850-1880)", *Estudos Afro-Asiáticos*. Ano 29, n°s 1/2/3, jan.-dez. 2007, pp. 281-99.

Créditos das imagens

pp. 33, 141 e 227: Paul Harro-Harring/ Iconografia Brasileira/ Acervo Instituto Moreira Salles

pp. 45, 71 e 211: Biblioteca Brasiliana Guita e José Mindlin

p. 109: *Fuga de escravos* de F. Biard, óleo sobre tela, 1859. Coleção Sérgio Fadel. Reprodução de Jaime Acioli

p. 175: Akg-Images/ Latinstock

p. 277: Acervo Iconographia

Índice remissivo

Os números de páginas em *itálico* referem-se às legendas das ilustrações

Abaeté, visconde de *ver* Abreu, Limpo de
abolição do tráfico negreiro, 34, 48, 81, 105, 118, 197, 281, 291, 306*n*, 309*n*
Abreu, Limpo de, 105-7, 216, 307*n*, 320*n*
açúcar, 34-5
Adão, escravo, 274
administração pública, 30-1, 104, 144, 296
Afonso, Nicolau, crioulo, 236
África, 36, 40-1, 46, 47, 60, 62-3, 65, 67-8, 72-3, 120, 129-30, 134, 137, 161-2, 171, 180, 190, 212, 220, 240, 259, 303-4*n*, 310*n*, 318*n*
"africanos livres", 28, 53, 55-6, 64-5, 79, 85-7, 89, 99, 101, 103-4, 123, 137, 143, 171-3, 176-96, 199, 203, 205-9, 244, 250, 302*n*, 306-7*n*, 309*n*, 312-4*n*, 317*n*
Alagoas, 14, 15, 17, 19-21, 23, 224, 260, 298-9*n*
Alberto, africano livre, 188-9
Albino, crioulo, 94
Albuquerque, Almeida e, 79
Albuquerque, Antônio Coelho de Sá e, 21-2
Albuquerque, Benedito Antônio de, 260
Albuquerque, José Pedro de, 154
Albuquerque, Wlamyra, 222, 320*n*
Alencar, José de, 191, 272
Alexandre, africano, 97-8, 100
Alexandre, preto-mina, 162
alfândega, 40, 62, 72, 93
algodão, 34-5, 43, 220
Aljube, 53, 322*n*
Almeida, João José de, 241
Almeida, José Mendes de, 196
Almeida, Manoel Antônio de, 159, 241
Amaral, Manoel dos Anjos Victorino do, 155
Amaral, Manoel Maria do, 82
Amazônia, 220
Amélia, crioula, 240

Amorim, Antônio, 263
Andrade, Américo Marcondes de, 275
Andrade, Fuão, 240
Andrade, José Pinto de, 54
Angola, 159, 165, 212, 224-5, 312*n*
Angola, Antônio, escravo, 246
Angola, Mateus, escravo, 236
Antônio, africano, 97, 100
Antônio, crioulo, 246
Antônio, Veríssimo, 243
Araújo, Nabuco de, 196-9, 201, 202, *211*, 220, 222, 263, 312*n*
Argentina, 221
Armada Nacional, 256
Arsenal de Guerra, 190, 194
Arsenal de Marinha, 154, 194, 236, 238, 253
Assis, José de, 117
Assis, Machado de, 31, 72, 142, 228, *277*, 278, 282-5, 288-9, 296, 326-7*n*
autoridades policiais, 23, 46, 49, 52, 134, 140, 142, 153, 166, 231; *ver também* Polícia

Babo, Sabino Lopes do, 255
Bahia, 56-61, 142, 146, 166, 197, 224, 254-5, 258, 260, 303*n*, 306*n*, 309*n*, 315*n*, 320*n*
Banco do Brasil, 256-7
Barbacena, marquês de, *71*, 72-3, 75-9, 81, 83, 84, 91, 108, 110, 112-3, 125, 200, 217
Barbosa, Ana Maria de Jesus, 246
Barcelos, João Fernando, 255
Barreto, Domingos Alves Branco Muniz, 37-40, 76, 300*n*
Barros, F., 155
Barros, José Manoel da Costa, 178
Bastos, Manoel Joaquim Vieira, 155
Belo, José dos Reis, 246
Benedita, preta, 251
Benguela, Domingos, escravo, 94-6
Benguela, Francisco, preto, 155
Benguela, Manoel, 198
Bento, africano, 201
Bento, escravo, *211*
Bento, José, 264
Benvinda, preta, 91-3
Bernardes, José, 154
Bernardo, africano livre, 192-3
Bernardo, preto forro, 184
Bill Aberdeen, 97, 110
boçais, 29, 47, 53-4, 64, 84-6, 88-90, 93, 97, 99, 101-4, 132, 133, 136-9, 143, 153, 170-1, 173, 180, 218, 310*n*
Bonfim, barão do, 241
Bonifácio, José *ver* Silva, José Bonifácio de Andrada e
Borges, José Ignácio, 79
Braga, João José da Silva, 260
Branco, Manoel Alves, 58, 302*n*, 311*n*
Brás, africano, 137-8
Brás, africano livre, 190
Breves, Joaquim José de Souza, 133, 135-7
Brito, Luiz Fortunato de, 164
Brown, marinheiro, 221-3
Brum, Justo, 236
Bullington, W. H., 97

Cabinda, Antônio, escravo, 198
Cabinda, Clemente, escravo, 157
Cabinda, Diogo, escravo, 155
Cabinda, Domingos, escravo de Mariano, 236
Cabinda, Domingos, escravo de Thereza Carolina, 246
Cabinda, Francisco, escravo, 154, 156

Cabinda, Joaquim, escravo de Breves, 136, 138
Cabinda, Joaquim, escravo de Manoel Joaquim, 250
Caetano, José, preto forro, 214
Caetano, preto, 153, 156
café, 30, 35-6, 43, 75-6, 80, 110, 133, 149
Calabouço, 53, 105-7, 154, 167-9, 183, 234, 236-9, 241-2, 244, 246-50, 252-3, 255, 257, 280, 314-5*n*, 322*n*
Caldas, Mariana Rangel de, 264
Callado, Dario Rafael, 314*n*
Câmara dos Deputados, 67, 81, 118, 122, 170, 258, 283, 304*n*, 308*n*
Campos, Antônio Machado de, 80
Campos, Martinho, *277*
Cândido, africano livre, 185
capitalismo, 35, 43
Carrazedo, Izidoro Manoel, 216
carta de alforria, 107, 178, 188-93, 203, 228, 235, 236, 241-3, 250-1, 267, 270-1, 313*n*, 316-7*n*
Carvalho Júnior, José Gonçalves de, 219
Carvalho, Antônio João de, 216
Carvalho, comerciante, 60
Carvalho, José de, 155
Casa de Correção, 54-5, 86, 90, 102-3, 133, 135, 137-40, 180-2, 185-94, 203, 205, 240, 242-50, 252, 255-7, 302*n*, 305-6*n*, 314*n*, 316-7*n*, 323*n*
Casa de Detenção, 190-1, 230-3, 242, 250, 257, 274, 316*n*, 321*n*
Cassange, Joaquim, 237
Cassange, Luzia, 94
Cassange, Maria, 184
Castro, Cláudio Manoel de, 22
Castro, Manoel Mariano de, 264
Castro, Rita Emiliana Pereira de, 204
Castro, Tenente Coronel, 153
Cavalcanti, Holanda, 81
Caxias, marquês de, 182, 314*n*
Ceará, 14, 169, 298*n*
Cesário, preto, 240
Chagas, Francisca das, 268-9
Charpentier, Thereza Carolina, 246
Christie, W. D., *175*, 176, 194-5, 197, 202-3, 300*n*, 308*n*, 313-4*n*, 317-8*n*
Cole, J. A., 221
Comissão Mista, 181, 193
Conceição, Joana Maria da, 261
Conceição, Leocádia Maria da, 264
Conceição, Maria da, preta forra, 249
Conceição, Maria Luiza da, 250
Conceição, Paulina Maria da, 247
Conceição, Silvéria Maria da, 261
Conga, Francisca, africana livre, 186
Congo, Joaquim, escravo, 155
Congo, Simão, escravo, 139-40
Congresso de Viena (1815), 37
Conrad, Robert, 83
Conselho de Estado, 18, 31, 113, 118, 120, 125, 128-30, 144, 146, 149, 151-2, 179, 193, 208, 221, 244, 309*n*
Constituição, 75, 114, 213, 239
Correa, Antônio, 236
Correção *ver* Casa de Correção
Correia, Mariano Carlos de Souza, 246
Costa Pimentel, Fidélis da, 246
Costa, Antônio Severino da, 183
Costa, Fernando Antônio da, 236
Costa, Isabel da, 196
Costa, José Alexandre da, 167
Costa, Manoel José da, padre, 266-7
Costa, Martiniano da, 267
Cotegipe, barão de *ver* Wanderley, João Maurício

Coutinho, Antônio Lauriano Lopes, 262
Coutinho, Aureliano de Souza e Oliveira, 52, 214, 234
Crioulo, Antônio, escravo, 255
Crioulo, José, escravo, 239
crioulos, 29, 59, 94, 135, 154-6, 167-8, 236, 238, 243-4, 246-51, 258-60
Cuba, 34, 300*n*, 324*n*
Cunha, Luiz Antônio da, 267

deportação de negros, 140, 162, 165, 220, 240, 312*n*
Diário do Rio de Janeiro, 86
Dias, Alberto, 236
Dias, Joaquim Antônio, 246
Diniz, Lopo d'Albuquerque, 247
Diogo, preto sapateiro, 154, 156
direitos civis, 34
Dois ou o inglês maquinista, Os (Martins Pena), 120
Dores, Maria das, preta forra, 249
Durão, Cônego, 224
Dutra, João Antônio de Souza, 155-6

economia escravista, 34
Emílio, crioulo, 248
Erving, Guilherme, 206
escravos furtados, 154, 156, 163-4, 167, 169
Espírito Santo, 129
Espírito Santo, Delfina Rosa do, 250
Espírito Santo, João Pantaleão do, 270, 272
Espírito Santo, Maria Joana do, 206
Espírito Santo, Valentina Joaquina do, 270
Estados Unidos, 212, 220, 222, 258
Executivo *ver* Poder Executivo
Exército brasileiro, 231, 238, 253, 271

Faria, Manoel José de, 196
Faustino, escravo, 155
fazendeiros, 47-8, 56, 75-6, 79-80, 83, 91, 139, 143, 156, 163, 170, 172, 200-1, 208, 221, 223, 263, 281, 293, 309*n*, 320*n*
febre amarela, 118, 128
Feijó, Diogo Antônio, 72, 159
Feijó, Hermenegildo Ribeito, 185
Feio, Leonídio José, 158
Felicidade, africana, 196
Felicidade, preta-mina, 247
Felisberto, africano livre, 184
Felismina, preta, 264-6
Fernandes, Pedro, 236
Ferrão, Jaime, 91
Ferraz, deputado, 117
Ferreira, João Antônio, 255-6
Ferreira, Maurício José, 251
Figueiredo, José Bento da Cunha, 20
Flaubert, Gustave, 285-8, 326-7*n*
Flores, Francisco, 224
Fragoso, José, 90
França, Francisca Candida Ferreira, 224
França, Souza, 113
Francisco, escravo, 154
Francisco, João, africano, 217
Francisco, José, preto, 244
Francisco, Manoel, crioulo, 154
Francisco, Manoel, grumete, 240
Francisco, Manoel, pardo, 153, 156
Francisco, Martim, 82
Francisco, preto, 57
Franco, Mello, 119
Franco, Souza, 116, 119
Fulgino, africano livre, 191

Galdino, preto, 318*n*
Galvão, Manoel Antônio, 101
Gama, Luiz, 208
Generosa, preta, 91
Generoso, escravo, 274
Geraldo, José, 246
Germana, africana livre, 189
Getúlio, crioulo, 247
Godói, Antônio de, 263
Gomes, Joaquina Rosa, 251
Gomes, Maria Joaquina de Medeiros, 240
Goulart, Fuão, 261
Gouvêa, Manoel Francisco da Luz, 155
Gouvêa, Teixeira de, 77-9, 82, 124, 202
Gouveia, Joaquim da Costa, 267
governo imperial, 13, 20, 27, 30, 55, 60, 93, 102, 113, 120, 126-8, 133, 139, 148-9, 153, *175*, 176-7, 179, 181-2, 193, 196, 199-200, 203, 208, 212, 220-1, 223, 244, 254, 256, 263, 302*n*, 318*n*
Grã-Bretanha, 36, 82, 97, 309*n*, 317*n*; *ver também* Inglaterra
Graça, André Gonçalves da, 131-2
Graça, José Alves da, 169
Guarda Nacional, 15, 20, 253, 262
Guerra Civil (EUA), 220
Guerra do Paraguai, 249, 253, 255, 257
Guerra, Albino Gomes, 154
Guimarães, Antônio, 263

Haiti, 35, 150
Henrique, liberto, 103
Henrique, Manoel José, 57
Henriqueta, africana livre, 203-6
Hesketh, cônsul, 193, 194
Homem, Francisco de Salles Torres, 268
Hora, Teresa Maria da, 266

ingênuos, 28, 37, 46, 159, 177, 179, 215-7, 219, 221, 223, 313*n*, 319*n*
Inglaterra, 81, 282
ingleses, 111, 120-1, 123, 127, 129, 142-3, 173, *175*, 192-3, 195-7, 199, 282-3, 308*n*
Irajá, Conde de, 268
Isadora, crioula, 207

Jacinto, africano livre, 185
Januário, africano, 102-3
Jequitinhonha, visconde de *ver* Montezuma, Francisco Gê Acaiaba de
Jesuína, cabocla, 252
Jesuíno, africano livre, 184
Jesus, Clara Maria de, 236
Jesus, Maria Tereza de, 207
Jesus, Mariana Joaquina de, 271
Joana, escrava, 189
João VI, dom, 37
João, africano livre, 177-8
João, preto, 255
Joaquim, crioulo, 246
Joaquim, crioulo forro, 236
Joaquim, Manoel, 250
Joaquina, Maria, preta forra, 241-3
Jorge, africano, 97, 100
Jornal das Famílias, 288, 289, 327*n*
Jornal do Commercio, 82, 139, 196, 197, 203
José Maria, Padre, 168
José, crioulo, 168
José, Henrique, preto-mina, 165
José, Manoel, preto forro, 214
Josefa, africana livre, 207
Josefa, parda, 224
Judiciário *ver* Poder Judiciário
Júlia, preta, 206

ladinos, 29, 51, 58, 73, 90-2, 99, 101, 104, 133, 135-40, 142-3, 158, 170, 173, 180, 198, 259, 309-10*n*
Ladislau, pardo, 247
Le Blom, Carlos, 168
Leandro, preto, 243
Leão, Honório Hermeto Carneiro, 49, 199
Legislativo *ver* Poder Legislativo
Lei de 1831, 29, 37, *45*, 46-8, 51, 57, 64, 66, 72, 75-7, 80-4, 87, 92, 97, 99, 101-2, *109*, 111-9, 122-7, 131, 136, 138-9, 142-4, 152, 161-2, 173, 179-80, 187, 196, 198-202, 207-10, *211*, 212-25, 301*n*, 308-9*n*, 317-8*n*
Lei Eusébio de Queiróz, 105
leilão de escravos, 29, 85, 105, 198, *227*, 234, 242, 245-6, 248, 250-2, 254, 260, 272-3
Leonarda, escrava, 94
Leopoldina, parda, 188
Leopoldo, escravo, 188
Libéria, 212
libertos, 28, 31, 43, 46, 52, 57-8, 94, 102, 124, 140, 143, 154, 156, 158-9, 161-2, 165-6, 170, 177-9, 182, 184, 189-90, 193, 209, 212-23, 229-31, 234-5, 238, 240-4, 247, 249-51, 254, 258, 267, 269, 273-4, 294, 312-5*n*, 320*n*, 323*n*
Lima, Araújo, 48
Lima, Costa, 249
Lima, José Joaquim de, 154, 156
Lima, Manoel de, 155
Lincoln, Abraham, 220
língua portuguesa, 47, 73, 84, 87, 100, 103, 131, 134, 137-8, 172, 196
Lisboa, Nicolau da Silva, 93, 97-8, 103
Livros da Casa de Detenção, 230, 233, 242, 316*n*, 321*n*
Lobato, João Evangelista de Faria, 79
Loureiro, Thereza Rita, 86-90
Luiz, congo, 86-92
Luíza, preta, 263

Macaé, visconde de, 204-5, 318*n*
Macedo, Ana Rangel de, 264-5
Machado, Nunes, 117
Machado, Severo da Cunha, 251
Madame Bovary (Flaubert), 285-9, 326-7*n*
Madeira, Joaquim José, 206
Magalhães Júnior, Raimundo, 327*n*
Maia, José Pereira, 236
Malaquias, escravo, 241
Manoel Mina, escravo, 156
Manoel, cabra, 260
Manoel, crioulo, 246
Manoel, escravo, 155
Manoel, receptador, 153
Marcolino, escravo, 60
Maria Luiza, dona, 154
Maria, crioula, 246
Maria, preta, 250
Mariana, preta, 169, 236
Marinha brasileira, 113, 119, 125, 129-36, 200, 209, 222, 231
Marinha de Guerra inglesa, 110, 118, 120, 126
Marinho, Antônio Ribeiro, 247
Marinho, João Coelho, 269
Marques, Antônio José, 155
Martinho, crioulo, 167
Martins, Silveira, 203, 205
Mateus, preto, 157
Matias, pardo, 268
Mato Grosso, 18

Maximiano, Damásio, 238-9
Medeiros, Pachedo de, 207
Mello Filho, João Capistrano Bandeira de, 208
Mello, Bartolomeu de Siqueira e, 188
Mello, Bento José de, 236
Mello, Campos, 112, 319*n*
Mello, Couto e, 243
Mello, Jerônimo Martiniano Figueira de, 24-5, 171-2
Mello, Venceslau Cordovil de Siqueira e, 188
Melo, José Paes Brito e, 250
"Memória sobre a abolição do comércio da escravatura" (Muniz Barreto), 37, 300*n*
Memórias póstumas de Brás Cubas (Machado de Assis), 31, 172, *277*, 278, 283-5, 289, 293, 295-6, 326*n*
Mendes, Manoel Pereira, 54
Menezes, Gomes de, 218-9
Mesquita, Florinda, 241
Mina, Antônio, escravo de F. Barros, 155-6
Mina, Antônio, liberto, 156
Mina, Aprígio, preto, 255
Mina, José, escravo, 154-5
minas (etnia) *ver* pretos-minas
Minas Gerais, 14, 49, 51, 137, 146, 156, 158, 163-5, 234, 298-9*n*, 318*n*
Ministério da Agricultura, 273, 276
Ministério da Guerra, 55
Ministério da Justiça, 19, 25, 50, 97, 103, 105, 129, 179-80, 189, 214, 256, 273, 298*n*, 320*n*
Ministério do Império, 55
Miquelina, escrava, 244
Moçambique, 212, 214, 216
Moçambique, Domingos, escravo, 154-5
Moçambique, Joana, escrava, 236-8
Moçambique, Miguel, escravo, 154-5
Moçambique, Pedro, escravo, 154-5
Moçambique, Rosa, 94-6
Monjola, Maria, 246
Monjolo, Daniel, 90-1
Monjolo, Francisco, 94
Monjolo, Manoel, 157-8
Mont'Alegre, visconde de, 17-9, 297-8*n*
Monteiro, Izidro Borges, 177, 224
Montezuma, Francisco Gê Acaiaba de, 72, *211*, 212-3, 222, 304*n*
Moreira, Carvalho, 117, 308*n*
Moreira, Manoel Coelho, 197
Mota, Luiz da, 254
Mota, Silveira da, 260
mulheres, 14, 17, 21, 23, 59-60, 145, 188, 194, 222, 259, 262, 316*n*
Muritiba, barão de, 257

Nabuco, Joaquim, 200-2, 308*n*, 317*n*
Nagô, Antônio, 60
nagôs *ver* pretos-minas
avios negreiros, 68, 101, 119, 128, 130, 134, 181, 199
Nebias, deputado, 170, 172
Negócios do Império, 18
Neves, Francisco José Pereira das, 86
Nicolau, pardo, 94, 96
Nordeste brasileiro, 324*n*
Notes on Brazilian questions (Christie), 176, 300*n*, 308*n*, 313-4*n*, 317-8*n*
Novo, José Vieira, 164

Odorico, pardo, 263-6
Oliveira, Albino Augusto de, 224
Oliveira, Ladislau José de, 155
Oliveira, Luiz José de, 79
Oliveira, Vicente d', 187

Oliveira, Victor d', 24-5, 299*n*
"opinião pública", 80, 286, 290
Ordenações, 39

"Pai contra mãe" (Machado de Assis), 72, 142, 228
Paiva, João Martins de, 196
Palmerston, Lorde, 65, 66
Pantoja, Gustavo Adolfo de Aguilar, 239
Paraíba, 14-5, 17, 21-3, 298*n*
Paraná, marquês de *ver* Leão, Honório Hermeto Carneiro
Paranaguá, João Lustosa da Cunha, 177
Paranaguá, marquês de, 79
pardos, 21, 27, 30, 59, 94-6, 107, 153-4, 156, 217-9, 221, 224-5, 229, 236, 238, 247, 253-4, 256, 262-3, 268-70, 322*n*
Parlamento imperial brasileiro, 31, 36, 67, *71*, *109*, 111, 122-3, 148, 162, 201, 296, 305*n*
Parlamento britânico, 97, 308*n*
Partido Liberal, 18
Passos, Leopoldino, 207
Passos, Maria Augusta, 207
Paulo, escravo, 86
Pedro I, dom, 40, 52
Pedro, africano livre, 187
pena de morte, 145-50
Pena, Martins, 120
Perdigão, Manoel Marques, 264
Perdigão, Tabelião, 264
Pereira, Antônio José, 155
Pereira, Antônio Luiz, 61
Pereira, José Clemente, 192
Pereira, Lafayette Rodrigues, 318*n*
Pereira, Leopoldino dos Santos, 265
Pernambuco, 14-20, 22, 24-6, 168-9, 171, 239, 243, 254, 261-2, 297-9*n*, 312*n*, 324*n*
Perpétua, escrava, 188
Pinard, Ernest, 286
Pinheiro, Domingos, 236
Pinto, Antônio Luiz Fernandes, 204
Pinto, Bernardo, 261
Poder Executivo, 202, 318*n*
Poder Judiciário, 30, 102, 113, 199, 201-2, 208, 210, 265, 318*n*
Poder Legislativo, 73
Poder Moderador, 147-51
Policarpo, escravo, 189
Polícia, 48-51, 57, 62, 68, 106, 135, 161, 164-5, 201, 214
Pontes, Maria Umbelina de Siqueira, 256
população branca, 128, 229
população brasileira, 229
população negra, 151, 184, 229-30, 235
Portão, Maria do, 267
Portela, Zeferino Francisco, 255, 258
Porto, Sinfrônio da Costa, 244
Portugal, 36, 198, 300*n*, 304*n*
português *ver* língua portuguesa
Pradez, Charles, 176, 313*n*
pretos livres, 29, 78, 124, 159-60, 217-9, 228
pretos-minas, 57, 60-1, 158-9, 161-2, 165-6, 242, 249, 312*n*
Primo, escravo, 189
Proença, Joaquim José de, 154

Queiróz, Eusébio de, 15-9, 22, *45*, 53, 54-6, 58, 60-2, 64-5, 67-9, 85-7, 90, 105, 107, 121-3, 128, 161, 163, 166, *211*, 213, 222, 228-9, 233-4, 239, 260, 283, 297-9*n*, 302*n*, 307*n*, 312*n*, 320*n*

Queiróz, Padre, 155

Raimundo, Francisco, 91
Raimundo, José, africano livre, 191, 193
Ramos, Antônio Gonçalves, 191
Ramos, Joaquim de Azevedo, 263, 265
Rangel, Ana, 264
Rebouças, deputado, 82, 213
Redondo, Maria, 236
reexportação de africanos, 79, 215-7, 219-21, 312*n*
Regência, 48-9
registro civil, 13-4, 17, 19-20, 22, 26-7, 262, 299*n*
Reis, João José, 303-4*n*, 306*n*, 310*n*, 315*n*
Relíquias de casa velha (Machado de Assis), 72, 142, 228
"Representação à Assembleia Geral Constituinte e Legislativa do Império do Brasil sobre a escravatura" (José Bonifácio), 40, 301*n*
Resende, Teófilo Ribeiro de, 198
Revue de Paris, 285
Rezende, deputado, 81-3
Ribeiro, Ana Teixeira de Barros Leite, 271
Ribeiro, Lourenço Armão Leite, 251, 271
Ribeiro, Luiz, 224
Rio de Janeiro, 28, 49, 51, 55, 60, 65-6, 131, 133, 135, 156, 158, 164-5, 183, 193, 263-5, 271, 274-6, 303*n*, 313*n*
Rio Grande do Norte, 111, 114-6, 122, 128, 208, 209
Rio Grande do Sul, 260, 263
Rita, parda, 94
Roiz, José Antônio, 168
Roque, preto, 149
Rosa, José Bento da, 139-40
Rosa, Maria da Costa, 267
Rosa, preta-mina, 249
Rufino, africano livre, 250

Salvador, preto-mina, 162
Santa Anna, Jacinto, 94-6
Santa Casa de Misericórdia, 55, 191, 192, 236, 302*n*
Santa Catarina, 129
Santos, Antônio Tertuliano dos, 239
Santos, Damásia Maria dos, 253
Santos, João Batista dos, 253-4
Santos, João Corrêa dos, 163
Santos, Manoel dos, 236
Santos, Rodrigues dos, 123, 142-3
Santos, Timóteo João Batista dos, 253
São Domingos, 212
São Paulo, 28, 49, 51, 142, 145, 148-9, 156, 166, 170, 201, 208, *211*, 274, 309*n*, 313*n*
Sarmento, Moraes, 111-6, 122, 124, 126, 144
Sebastião, preto, 247
"segundo escravismo", 43, 301*n*
Segundo Reinado, 37
Senado, 72, 75, 77-9, 81-2, 110, 118, 121-3, 125, 200, 212, 218, 302*n*, 305*n*, 318*n*
Sénard, sr., 286-7, 327*n*
senhores de escravos, 30-1, 42, 56, 75, 85-6, 89, 93, 105-6, 139, *141*, 144, 146-50, 153, 158, 164, 166, 183-6, 194, 210, 229, 234, 237, 242, 245-6, 252, 254, 256, 273-4, 280, 291, 294, 306*n*, 314-6*n*, 323*n*
Sergipe, 14, 17, 260, 298-9*n*, 308*n*
Silva, Antônio Ferreira da, 154

Silva, Antônio Simões da, 260
Silva, Francisco Antônio da, 237
Silva, Hermogenio Pereira da, 97-8, 101
Silva, Joana Thereza da, 243
Silva, João Antônio da, 236
Silva, José Bonifácio de Andrada e, 40-3, 301*n*
Silva, Ludgero Gonçalves da, 252
Silva, Manoel do Nascimento Castro e, 224
Silva, Manoel Joaquim da Fonseca e, 255, 258
Silva, Maria Helena da, 235
Silva, Miguel Geraldo da, 264
Silva, Pedro Antonio da, 56
Silva, Rodrigues da, 203-6
Silva, Tomás José da, 94-5
Silva, Tomé José da, 94
Silvério, preto, 163
Simplício, africano livre, 190
Sinfrônio, crioulo, 246
Sinimbu, Cansansão de, 187
Siqueira, Alexandre Joaquim de, 242, 243, 321*n*
Slenes, Robert, 259, 300-1*n*, 324*n*
Soares, Clementina Rosa, 248
Souza, José da Costa e, 249
Souza, Manoel Bernardo de, 246
Souza, Manoel Pereira de, 256
Souza, Paulino Soares de, 121
Sudeste brasileiro, 30, 35, 59, 261

Taques, deputado, 219
Tavares, Clara, 196
Tavares, Justino José, 97-101
Tavares, Porfírio da Silva, 26
Teixeira, Guilherme da Costa, 219
Teixeira, Joaquim Antônio, 207
Teixeira, José Antônio, 265
Teixeira, Manoel, 261
Tereza, escrava, 169
Thereza, preta, 250
Thompson, Daniel, 185, 246, 248-51, 314*n*
Timóteo, pardo, 253
Tomich, Dale, 43, 300*n*
traficantes de escravos, 36, 39-41, 51, 56, 63, 65-7, 76, 80, 84, 87, 91, 110, 115, 120, 125, 128, 212, 263, 281-2
tráfico negreiro, 20-1, 29, 30, *33*, 34-8, 40, 42, *45*, 46, 52, 65, 69, *71*, 72, 77, 99-100, 105, 108, *109*, 111, 118, 120, 125, 127, 142-3, 162, 177, 181, 200, 204, 258, 278, 284, 292-3, 300-1*n*, 320*n*
Trindade, Guilherme Novaes da, 243

urbanização, 34

Vale do Paraíba, 35, 37
Valentina, escrava, 271
Vasconcelos, Bernardo Pereira de, 63-5, 72, 118, 138, 180, 322*n*
Vasconcelos, Francisco Diogo Pereira de, 137-8, 219, 224
Vasconcelos, José do Carmo e, 163
Vasconcelos, Zacarias de Góes e, 191
Veloso, Francisco José, 241
Vianna, Antônio de Castro, 224
Vilaça, Manoel, 263

Wanderley, João Maurício, 258-9, 324*n*
Woivodick, Catarina Joaquina Maciel, 253

Zacarias, escravo, 60

1ª EDIÇÃO [2012]

ESTA OBRA FOI COMPOSTA PELO ACQUA ESTÚDIO EM MINION
E IMPRESSA PELA UMLIVRO EM PROCESSO DE IMPRESSÃO SOB
DEMANDA SOBRE PAPEL PÓLEN SOFT DA SUZANO S.A. PARA
A EDITORA SCHWARCZ A PARTIR DE MARÇO DE 2021

FSC
www.fsc.org
MISTO
Papel produzido
a partir de
fontes responsáveis
FSC® C128038

A marca FSC® é a garantia de que a madeira utilizada na fabricação do papel deste livro provém de florestas que foram gerenciadas de maneira ambientalmente correta, socialmente justa e economicamente viável, além de outras fontes de origem controlada.